■ 国家社科基金西部项目"社会建设优先发展——民族地区现代化的新型路径选择"(11XMZ008)结项成果

社会建设优先发展

民族地区现代化的新型路径选择

李红梅 著

中国社会科学出版社

图书在版编目（CIP）数据

社会建设优先发展：民族地区现代化的新型路径选择／李红梅著.
—北京：中国社会科学出版社，2019.9
ISBN 978-7-5203-4931-4

Ⅰ.①社… Ⅱ.①李… Ⅲ.①区域规划—关系—现代化建设—研究—中国 Ⅳ.①D61

中国版本图书馆 CIP 数据核字（2019）第 195854 号

出 版 人	赵剑英
责任编辑	孔继萍
责任校对	李　莉
责任印制	郝美娜
出　　版	中国社会科学出版社
社　　址	北京鼓楼西大街甲 158 号
邮　　编	100720
网　　址	http://www.csspw.cn
发 行 部	010-84083685
门 市 部	010-84029450
经　　销	新华书店及其他书店
印刷装订	环球东方（北京）印务有限公司
版　　次	2019 年 9 月第 1 版
印　　次	2019 年 9 月第 1 次印刷
开　　本	710×1000　1/16
印　　张	18.75
插　　页	2
字　　数	287 千字
定　　价	108.00 元

凡购买中国社会科学出版社图书，如有质量问题请与本社营销中心联系调换
电话：010-84083683
版权所有　侵权必究

摘　　要

作为我国国土空间开发的战略性、基础性和约束性规划,《全国主体功能区规划》于 2010 年 6 月正式出台。按照规划,今后的国土空间开发将根据资源环境承载能力、现有开发密度和发展潜力,划分为优化开发、重点开发、限制开发和禁止开发四类主体功能区。其中,限制开发区和禁止开发区的主要职能是保护自然资源和生态环境,因此,大规模、高强度的工业化和城镇化开发活动在这两类地区将受到限制甚至被禁止。而限制开发区和禁止开发区大多在生态环境脆弱的西部,且多为少数民族地区。从科学开发国土空间、保护生态环境的角度来看,对这些地区实行限制开发,既是从全局上遏制我国生态环境恶化趋势和解决耕地减少过多过快问题的迫切需要,也是坚持可持续发展的时代要求,同时还是从根本上提高这些区域人民生活水平的长远之计。然而,不能不看到的一个现实是,实行限制开发和禁止开发的这些地区恰恰是经济发展水平比较落后的地区,所以其本身对谋求发展有着很强的欲望。实行限制开发和禁止开发后,对工业开发有着严格的控制,这无疑会对这些地区的经济社会发展产生重大影响。对于发展基础薄弱的民族地区来说,这尤其是个两难选择。在这样一个新的时代发展要求下,民族地区的现代化建设究竟应选择一条怎样的发展路径才能有效推进其现代化的发展进程?这是当前我们需要认真反思和重新认识的一个重大问题。

在以往的民族地区现代化建设进程中,受传统现代化理论的影响,民族地区一直把工业化视为摆脱贫困的唯一出路,在发展中以追赶汉族发达地区为目标,单纯追求 GDP 快速增长,从而形成了资源开发导向型的工业化发展道路。这一传统发展模式和道路并没有充分考虑到民族地区在人文、地域以及现实发展基础等方面的特殊性，也没有综合协调好经济发展与社会发展尤其是人的发展的关系，以至于虽然一定程度上实现了经济的快速增长，但同时也导致了环境不断恶化、收入差距持续扩大、民族边缘化程度加剧等结果的产生。

面对各种严峻的挑战以及新的时代发展要求，必须要重新认识民族地区的现代化发展道路问题。笔者认为，民族地区必须跳出以往单纯追求GDP增长、以工业化来带动现代化的传统发展路径，转而确立"社会建设优先发展"的新型现代化发展道路。即把人的发展放在首位，优先加快社会发展与社会转型，优先发展和保证有利于人口素质提高和福利改善的开发内容，努力提高以健康、教育、文化、信息、交通、社会公平为标志的少数民族群众的生活质量。只有这样，才能逐步增强各民族的发展能力，切实扩大各民族的发展机会，从而真正实现民族地区的现代化。

本书共分为六章。各章内容具体安排如下：

第一章是导论。着重对本研究的选题背景及意义进行阐述，并对相关研究现状进行梳理，以说明本课题的研究基础。同时，简要阐述本书的研究思路与方法，以及逻辑结构和框架内容。

第二章是概念与理论。主要对民族地区、工业化、现代化、主体功能区等几个关键概念进行界定，并梳理和阐述马克思关于社会发展的思想、现代化理论、可持续发展理论等，为民族地区现代化的新型路径选择提供理论支撑。

第三章是现实与困境。重点对民族地区现代化建设面临的新形势即国家主体功能区建设的开启进行阐述分析。从其提出的背景意义、主要内容以及主体功能区建设对民族地区现代化的重大影响等几个方面，分析了民族地区当前推进现代化建设的新的约束条件和双重困境。

第四章是回顾与反思。着重分析以往民族地区现代化建设所沿用的传统发展路径。对民族地区现代化传统发展路径的理论渊源进行了阐释，并梳理了该路径下民族地区所进行的开发实践，最后对该传统发展路径的缺陷和问题进行了深入的探讨和总结分析。

第五章是审视与定位。在反思回顾的基础上,重新对民族地区现有的现代化建设的现实基础和条件进行了认真的审视,从区位特征、经济结构、人力资源状况三个方面进行了详细的梳理。

第六章是转变与重塑。着重提出并分析当前民族地区现代化的新型路径即社会建设优先发展。这是本研究的最终落脚点,也是本书的重点章节。分别论述了这一新路径即民族地区社会建设优先发展的总体思路、基本内容和相关的政策建议。

最后是结语部分,对全书进行最后的简要总结。

关键词:主体功能区;民族地区现代化;传统发展路径;社会建设优先

目　　录

第一章　导论 …………………………………………………………（1）
　第一节　选题背景及意义 …………………………………………（1）
　第二节　研究综述 …………………………………………………（4）
　　一　关于少数民族和民族地区现代化发展战略的研究 ………（4）
　　二　关于少数民族现代化发展模式和道路的相关研究 ………（5）
　　三　关于主体功能区规划与民族地区发展问题的相关研究 …（7）
　　四　对民族地区现代化一些理论问题的研究 …………………（8）
　　五　关于对民族地区现代化建设中存在问题及对策的研究 …（9）
　第三节　基本思路与研究方法 ……………………………………（10）
　　一　基本思路 ……………………………………………………（10）
　　二　研究方法 ……………………………………………………（11）
　第四节　基本框架与内容 …………………………………………（11）

第二章　概念与理论：相关概念界定与理论基础阐释 ……………（13）
　第一节　几个概念的界定 …………………………………………（13）
　　一　民族地区 ……………………………………………………（13）
　　二　工业化 ………………………………………………………（14）
　　三　民族地区现代化 ……………………………………………（15）
　　四　主体功能区 …………………………………………………（15）
　第二节　理论基础 …………………………………………………（16）
　　一　马克思主义的社会发展理论 ………………………………（17）

二　现代化理论 …………………………………………… (24)
　　三　可持续发展理论 ……………………………………… (31)

第三章　现实与困境：民族地区现代化建设的新环境与新挑战 …… (42)
　第一节　主体功能区规划的提出 ………………………………… (42)
　　一　主体功能区规划提出的背景 ………………………… (43)
　　二　进行主体功能区规划及建设的意义 ………………… (47)
　第二节　全国主体功能区的划分内容 …………………………… (50)
　　一　主体功能区的划分类型 ……………………………… (50)
　　二　各类主体功能区的功能定位 ………………………… (53)
　第三节　主体功能区规划与建设对民族地区现代化的影响 …… (56)
　　一　主体功能区规划与建设给民族地区带来的机遇 …… (60)
　　二　主体功能区规划与建设给民族地区带来的挑战 …… (63)

**第四章　回顾与反思：民族地区现代化的传统发展路径及
　　　　　突出问题** ………………………………………………… (68)
　第一节　民族地区现代化传统发展路径的理论渊源 …………… (71)
　　一　发展经济学的相关理论 ……………………………… (71)
　　二　比较优势理论 ………………………………………… (83)
　　三　后发优势理论及扩展 ………………………………… (86)
　第二节　民族地区传统发展路径下的开发实践 ………………… (93)
　　一　新中国成立后至改革开放前的建设时期
　　　　(1949—1978年) ……………………………………… (93)
　　二　改革开放后的发展时期(1979—1998年) ………… (105)
　　三　西部大开发以来的加速推进时期(1999年至今) … (114)
　第三节　传统发展路径下民族地区现代化建设的突出问题 …… (121)
　　一　以工业化为中心的民族地区现代化进程的特征分析 …… (121)
　　二　传统发展路径下民族地区现代化建设存在的突出问题 … (130)

第五章 审视与定位：民族地区现代化建设的现实基础与条件……(138)

第一节 民族地区的自然资源禀赋分析……(138)
一 民族地区地理区位条件偏远封闭……(139)
二 自然生态环境复杂脆弱……(141)
三 自然资源丰富多样,但赋存条件差,开发难度大……(147)

第二节 民族地区的经济结构分析……(153)
一 民族地区的产业结构……(153)
二 民族地区的就业结构……(159)
三 民族地区的城乡结构……(161)
四 民族地区的对外开放度……(166)

第三节 民族地区的人力资源状况分析……(169)
一 人力资源和人力资本……(170)
二 民族地区人力资源的特点……(171)
三 民族地区人力资源的投资开发状况……(179)

第六章 转变与重塑：民族地区现代化的新型路径
——社会建设优先发展……(191)

第一节 社会建设优先发展的总体设想……(192)
一 "以人为中心"的新发展观全面确立……(192)
二 以人为中心,社会建设优先发展是民族地区现代化的新路径……(194)

第二节 社会建设优先发展的基本思路……(197)
一 大力提升民族地区基本公共服务水平……(197)
二 健全和落实民族地区的生态补偿制度安排……(235)
三 努力做好少数民族优秀传统文化的保护与发展……(245)

第三节 社会建设优先发展的政策建议……(261)
一 尽快调整政府的投资领域和投资重点……(261)
二 制定有民族特色的产业发展政策……(263)
三 加大对民族地区的财政支持力度,并适当调整财政

　　　　支出结构 …………………………………………………（270）
　　四　加快民族地区服务型政府的构建 ……………………（274）

结　语 ……………………………………………………………（279）

参考文献 …………………………………………………………（281）

第 一 章

导 论

第一节 选题背景及意义

作为我国国土空间开发的战略性、基础性和约束性规划,《全国主体功能区规划》(下称《规划》)在历时四年多后已于2011年6月正式出台。按照《规划》,今后的国土空间开发将根据资源环境承载能力、现有开发密度和发展潜力,划分为四类主体功能区:即优化开发区、重点开发区、限制开发区和禁止开发区。其中,限制开发区和禁止开发区的主要功能,除了一部分是作为农产品主产区,以保障国家农产品安全外,更主要的功能是保护自然资源和生态环境。因此,大规模、高强度的工业化和城镇化开发活动在这两类地区将受到严格限制甚至被禁止。从《规划》所划定的范围看,限制开发区和禁止开发区大多在生态环境脆弱的西部,且多为少数民族地区。其中,"国家重点生态功能区25个地区,总计436个县级行政区,属于西部民族地区的国家重点生态功能区有20个地区,共198个县级行政区,占全国生态功能区的80%,占县级行政区个数的45.4%"[①]。在国家层面被划定为限制开发的农产品主产区的"七区二十三带"中,属于西部民族地区的主要有:长江流域主产区、河套灌区主产区、华南主产区、甘肃新疆主产区等农产品主产区,以及西南地区的小麦产业带、玉米产业带、西南西北的马铃薯产业带、云南的

---

① 徐宁、赵金锁:《西部民族地区限制开发区经济发展方式评价》,《甘肃理论学刊》2014年第3期。

天然橡胶产业带、广西、云南的甘蔗产业带、西北的奶牛产业带、西北的肉牛、肉羊产业带等其他农业地区，合计有"四区八带"。

从科学开发国土空间、保护生态环境的角度来看，对这些地区实行限制开发，既是从全局上遏制我国生态环境恶化趋势和解决耕地减少过多过快问题的迫切需要，也是坚持可持续发展的时代要求，同时还是从根本上提高这些区域人民生活水平的长远之计。然而，不能忽视的一个现实是，实行限制开发和禁止开发的这些地区恰恰是经济发展水平比较落后的地区，所以其本身对谋求发展有着很强的愿望。实行限制开发和禁止开发后，对工业开发有着严格的控制，这无疑会对这些地区的经济社会发展产生重大影响。对于发展基础薄弱的民族地区来说，这尤其是个两难选择。在这样一个新的时代发展要求下，民族地区的现代化建设究竟应选择一条怎样的发展路径，才能既有利于生态建设又能有效推进其现代化的发展进程？这是当前我们需要认真反思和重新认识的一个重大问题。

在以往的民族地区现代化建设进程中，受传统现代化理论的影响，民族地区一直把工业化视为摆脱贫困的唯一出路，在发展中以追赶汉族发达地区为目标，追求GDP快速增长，从而形成了资源开发导向型的工业化发展道路。这一工业化的过程先后经历了中华人民共和国成立后到改革开放前30年的起步建设、改革开放后的逐步发展和西部大开发以来的深入推进这三个历史时期。客观地看，经过几十年的工业化建设，民族地区的工业确实实现了一个从无到有的发展，并初步建立起了具有一定技术水平和生产能力的现代工业体系，带动了民族地区的整体发展。然而不容否认的是，长期以来，民族地区的总体发展水平始终居于全国下游，尤其与东部发达地区相比更是差距明显，且这种差距还在日益拉大。究其原因，是因为这一传统发展模式和道路并没有充分考虑到民族地区在人文、地域以及现实发展条件与基础等方面的特殊性，也没有很好地将经济发展与社会发展尤其是人的发展的关系协调好，以至于虽一定程度上实现了经济的快速增长，但同时也导致了环境不断恶化、收入差距持续扩大、民族边缘化程度加剧等结果的产生。这种民族地区与汉族发达地区之间的发展失衡在当前已成为民族纠纷和矛盾的诱发因素，一定程度上甚至影响了社会的稳定和我国现代化建设事业的顺利推进。

作为一个统一的多民族国家，少数民族和民族地区是祖国大家庭的重要组成部分。根据国家统计局公布的《2015年全国1%人口抽样调查主要数据公报》，我国少数民族人口约为11735万人，占全国总人口的8.54%。[①] 尽管比重不算高，但其绝对量却超过了欧盟任何一个国家的人口数。不仅如此，民族地区在我国还具有特殊重要的战略地位。从地缘政治的角度看，民族地区地接"亚欧大陆心脏地带"；从军事上看，民族地区是我国国家安全的军事战略屏障区；在经济上，民族地区是我国主要的战略资源储备与保障区，同时也是我国贫困人口和贫困地区集中分布的地区，是我国扶贫的重点地区和难点地区，还是我国对外开放新格局的前沿地带；在文化上，民族地区地处欧亚大陆之间，是多元文化的交汇区，是我国文化多样性最典型的区域，是我国原生态民族文化发源地和传承地；在生态上，民族地区是我国最重要的生态平衡和保障区，是生物多样性的典型区域。因此，我国的经济社会发展必须要充分考虑民族因素。

新时期以来，我国民族地区的现代化建设问题日益凸显出其重要性。尤其是中央"确保到2020年实现全面建成小康社会宏伟目标"的提出，使相对落后的民族地区成为我国建设社会主义小康社会的重要目标区；而与此同时，在全球化深入推进、世界民族主义浪潮不断冲击的国际环境下，如果不能尽快缩小各民族在现代化发展水平上的巨大差距，不仅不利于维护我国当前的社会稳定和国家安全，从长远来看，也会使整个国家的现代化进程延缓下来。同时，民族地区现代化进程中种种特殊性的存在和民族地区的现实条件，使得民族地区的现代化建设任务比内地汉族地区更为艰巨复杂。因此，当前和今后一个时期，如何通过"采取更加有力的措施，显著加快民族地区经济社会发展，显著加快民族地区保障和改善民生进程，全面推进民族地区社会主义经济建设、政治建设、

---

① 中华人民共和国国家统计局：《2015年全国1%人口抽样调查主要数据公报》，2016年4月20日，中华人民共和国国家统计局官方网站，http://www.stats.gov.cn/tjsj/zxfb/201604/t20160420_1346151.html。

文化建设、社会建设以及生态文明建设，维护各族人民根本利益，让各族人民共享改革发展成果"①，是进行民族地区现代化建设必须反复思考并认真回答的重大问题。

显然，面对各种严峻的挑战以及新的时代发展要求，有必要对民族地区以往的现代化发展道路重新进行认真的审视和思考。民族地区必须跳出以往单纯追求GDP增长、以工业化来带动现代化的传统发展路径，转而确立"社会建设优先发展"的新型现代化发展道路，把人的发展放在首位，优先推动发展有利于福利改善和人口素质提高的开发内容，优先促进社会发展与转型，努力提高以文化、教育、健康、交通、信息及社会公平为标志的民族地区群众的生活水平和质量。只有这样，才能逐步提升各民族的自我发展能力，在更大范围内增加民族地区广大群众的发展机会，使少数民族和民族地区的现代化得以真正实现。

第二节　研究综述

少数民族和民族地区现代化问题，一直是学术界研究中受到较多关注的热点问题，学者们的研究也是各有视角，各有立论，学术成果颇丰。大体梳理一下，主要集中在以下几个方面。

一　关于少数民族和民族地区现代化发展战略的研究

以著名民族经济学家施正一为代表，最早提出了民族地区"加速发展"的战略，在《关于西部少数民族地区的概念、特点与经济发展战略问题》（1986）一文中，他主张西部民族地区的经济社会发展战略，需要采取"加速度"的发展模式，而绝不能满足于同步增长的发展模式，当然，这种加速战略并不是主张追求片面、单纯的高速度，而是一种有机的综合加速。学者温军在其《民族与发展：新的现代化追赶战略》（2002）中，率先运用"路径依赖"理论，对民族地区不平衡发展的内在

---

① 胡锦涛：《在国务院第五次全国民族团结进步表彰大会上的讲话》，《人民日报》2009年9月30日。

机理进行了深入的解析,认为以往的民族地区现代化战略存在的最主要问题就是把现代化目标单一化为经济目标的追赶,这是最大的缺陷。他认为,民族地区的现代化发展应该按照"社会发展差距—经济发展差距—人类发展差距"的顺序依次推进。进而提出应当调整过去以开发资源为主要方式、单纯追求经济增长的现代化追赶战略,转而实施以人为本、优先投资于人的新的现代化追赶战略。学者余远辉在《跨越:民族地区经济发展战略》(2011)一书中,提出民族地区经济发展战略要以科学发展观为指导,坚持经济发展、社会和谐、民族繁荣、生态文明四大基本原则,要遵循七大科学理念和七大重要战略,要实施六项战略重点和八项战略措施。从而在新形势下赋予了民族地区经济发展及发展战略新内涵。刘尚希、石英华两位学者的《我国民族地区发展面临新的战略选择——从追赶式发展转向跨越式发展》(2014)则提出:在经济全球化和科技进步加快的背景下,民族地区传统追赶式发展面临的困境与悖论日益明显,民族地区有必要在发展模式上从追赶型向跨越型发展模式转变。跨越区域发展中"路径依赖",避免亦步亦趋,走发达地区走过的老路;跨越经济发展中的"产业顺序",可以突破传统产业演进的时空约束,实现发展阶段间的跨越等。还有学者王峰的《西部民族地区经济发展的路径演化与新时期战略选择》(2016)一文,则重点阐述了现阶段西部民族地区经济发展的短期资源优势困境、政策偏失性路径锁定、比较优势产业刚性陷阱等问题。并提出了新时期西部民族地区经济发展路径的战略选择,应有意识地摆脱原有规则或程序的嵌入式结构,突破民族地区的制度"短板",转变过度依赖自然资源开发和政府纵向投资驱动等外援式经济发展陷阱,把民族地区的软实力投入作为发展的根本,从而创新性地走出一条新的发展路径。

二 关于少数民族现代化发展模式和道路的相关研究

如在潘乃谷、马戎主编的《中国西部边区发展模式研究》(2000)一书中,将民族地区发展模式划分为五类,在此基础上,运用人类学社会学的分析方法对具有代表性的典型个案进行了剖析。其中,马戎对"西藏地区的经济发展模式"即财政依赖性发展模式的局限进行了分析,并对内地体制在民族地区的适用性提出了质疑，认为：西藏地区由于本身有着与内地完全不同的社会土壤，因而单纯地将内地体制直接引入西藏，并不能在西藏组织和发展起与内地相同的生产活动。胡鞍钢、温军的《西部开发与民族发展》（2004）一文，则在重新审视了西部开发的发展思路、开发模式、战略目标的基础上，提出西部开发不应再是单一经济目标的发展战略，而应该是包括经济、平等、教育、医疗、卫生、环境、文化以及社会福利、制度建设在内的多重目标的发展战略，应当是一个能够真正带动西部地区各族人民经济社会全面进步的发展战略。因此，新世纪西部少数民族地区应注重"以人为本"的发展模式，重视"人的全面发展""异质同构的平衡发展"，通过优先缩小社会发展差距，进而加快缩小经济发展差距，从而实现区域经济协调发展。李国政的《国家主导与地区回应：边疆民族地区特殊的区域发展模式——以西藏现代工业为例》（2012）一文，以西藏现代工业的成长为微观视角，在实证考察的基础上，提出边疆民族地区的经济社会发展不仅需要国家主导，更需要提升民族地区的自我发展能力。龙立的《少数民族现代化模式的比较研究及局限性分析》（2015）一文，则对少数民族现代化模式的发展脉络进行了梳理，对少数民族现代化领域内的几个主要理论流派和模式进行概括和对比研究，对我国少数民族现代化理论应该完善和创新的地方进行了一定探索。杨志远在《西部欠发达民族地区现代化进程的路径分析》（2016）一文中，分别从短期、中期和长期目标三个层面进行了分析，指出短期目标应以民族地区社会的现代化为主，中期目标是实现少数民族族群的现代化，而以民族地区居民即人的现代化为长期目标，强调民生建设为先，不断落实以发展为导向的民族权利，硬化生态约束，倡导可持续增长，坚持"科学发展、民生优先"的价值取向和"民族区域自治制度"的实现路径，紧紧围绕"全面建成小康社会"的核心目标指向，回应社会需求，推动协调性发展。此外，学者任维德在《现状、机遇、路径："一带一路"战略下的民族发展》（2017）一文中，则提出在"一带一路"新的历史条件下，要创新、完善"对口支援"和"西部大开发"等国家区域援助政策与区域发展战略，要同推进"一带一路"倡议有机地结合起来，使民族地区与国外及国内各地区之间不仅实现基础设施上的"互联互通",还能实现体制机制、资金流、技术流、人才流和信息流层面的"互联互通",从而真正促进当代中国的民族发展。此外,还有部分学者也特别针对某个特定少数民族或民族地区的现代化发展模式和道路进行了专门研究,在此不一一赘述。

三 关于主体功能区规划与民族地区发展问题的相关研究

近些年来学者们对主体功能区问题的相关研究相对广泛而深入,但把主体功能区的规划与建设同边疆民族地区的发展结合起来进行研究的,成果并不太多。中国知网中,主题中涉及"主体功能区"并含"民族地区"或"边疆地区"相关内容的期刊论文仅39篇。其中,秦美玉、吴建国在《重点生态功能区民族城镇化发展评价指标体系构建研究》(2015)中,采用层次分析法构建出一套重点生态功能区民族城镇化发展水平评价指标体系,并对四川省羌族地区进行了实证研究,提出防灾减灾技术创新、外围政策与制度扶持、新型工业转型、第三产业增效等对策与建议。

田晓伟则探讨了《论主体功能区规划下的民族地区教育发展策略》(2013)问题,提出主体功能区规划下民族地区的教育发展必须强调政府责任,在发展中全方位体现主体功能类型,并实现教育政策与其他配套政策的协调。具体而言,就是要在这些区域的教育结构调整、补偿制度建设和教育发展评价体系构建等方面推进改革,回应主体功能区规划的要求。赵曦、刘天平在《西南边疆民族地区经济社会发展战略思路研究》(2012)一文中,指出在实施国家主体功能区战略的态势下需要重新明确西南边疆民族地区的主体功能定位,尽快调整西南边疆民族地区发展战略思路,切实扭转以GDP增长为核心目标的增长方式,确立以人力资源和社会资源开发为核心的区域发展战略,加大人力资本投资,塑造新的社会发展体系,建立新的社会稳定机制。常亚南的《主体功能区划分下的民族地区基本公共服务均等化对策研究》(2011)一文,主要是针对主体功能区划分的大背景下,民族地区的基本公共服务均等化的实现路径问题,从标准界定、范围界定、财政体制以及生态补偿机制等方面进行了探讨。田钒平的《西部民族地区经济与生态协调发展的理念转换与制度建构》（2011）一文则认为，在选择处理西部生态维护与经济发展之关系的策略和路径时，有必要根据某一区域特定的经济社会发展现状和特点，以及资源环境的承载能力，来确定适合当地的发展方式和目标。郑长德、王永的《中国区域经济发展新格局下西部民族地区的发展研究》（2009）一文也认为，在我国主体功能区有了明确划定的区域发展新格局下，民族地区机遇与挑战并存。必须始终坚持以科学发展观为统领，在宏观层面，构建西部发展的制度支持体系；在区域合作层面构建发展成果的共享机制，只有这样才能加快民族地区的经济社会发展。

在相关研究的著作方面，朱金鹤、崔登峰著的《以限制开发为主的边疆地区主体功能区建设研究——以新疆生产建设兵团为例》（2013）一书，着重从经济、社会、区位、生态环境和国防安全等角度，提炼出以限制开发为主的边疆地区共有的特定制约因素，并在此基础上，对边疆地区形成主体功能区难点问题进行归纳研究。杨润高、李红梅的《限制开发类主体功能区主体行为与发展机制研究——以云南省怒江州为例》（2012）一书则认为，在限制开发类生态区规划与建设中，不仅要关注供给生态服务产品的主体功能，还要关注促成生态区目标实现的各类社会经济活动和环境保护的主体行为激励与地区发展的经济机制设计。

四 对民族地区现代化一些理论问题的研究

针对民族地区现代化的一些理论问题所进行的研究，大多集中在21世纪初的一段时间。如沈远新的《关于民族地区现代化的几个重大问题的思考》（2000），主要从文化变迁的角度论述了民族地区现代化进程中的几个重大问题：包括多重社会跨越的民族地区现代化的宏观背景，互动与冲突中的中央与地方、沿海地区与民族地区、民族地区政府与社会等几对关系，市场经济条件下的民族道德重构，以及经济群落良好生长的民族地区现代化的近动力源等问题。赵利生的《民族社会现代化的内容、特征与必然性分析》（2003）及《民族地区现代化进程中的动力转换机制分析》（2003）两篇文章，则对民族地区现代化的内容、特征、动力等进行了研究。主要从工业化、民主化、城市化、理性化、科学化、专业化这几个方面分析了民族地区现代化的内容，并在此基础上概括了民族地区现代化的基本特征，即：迟发性、外生性、模仿性、不平衡性、紧迫性、艰巨性。同时，他还提出内源动力与外源动力的聚合转换是民族地区现代化的关键。他认为，民族地区作为现代化的后发地区，外源动力是其发展的必要前提，没有外源动力的输入，其发展也难以启动。而内源动力的培育更为关键。如果外源动力的输入不能激发民族地区的内源动力，不能带来社会活力的不断增强，形成内源型发展，那么民族地区现代化将失去最重要的支撑。只有在其自身内部的社会转型得以实现的基础上，民族地区的现代化才能真正实现。此外，李竹青、杜莹的《试论现代化的内涵与特点——民族现代化探索》（2004）一文，还有李皓的《民族地区工业化内涵及其路径》（2005）等文章都对民族地区现代化的内涵、特点等基本问题进行了研究。

五 关于对民族地区现代化建设中存在问题及对策的研究

如张楠的《民族地区工业化进程中的问题与对策》（2004）一文运用大量翔实的数据对民族地区的工业化进程进行了对比分析，主要从工业化的角度分析了存在的问题和解决的对策。他认为就目前看，民族地区的工业建设仍是以原材料工业和重工业为主，且科技含量与附加值都较低，总体还处于工业化第一阶段向第二阶段推进的过程中。而解决的对策就是要建立与国内外市场接轨的市场经济体系；建立有利于民族地区的校正市场失灵机制；增强民族地区的产业竞争力；实现经济与生态环境协调发展；促进产业结构升级；在民族地区实行全方位创新等。周爱传在其《略论少数民族地区现代化进程中的问题与对策》（2003）一文中，认为当前民族地区现代化中存在的问题表现在：畸形的消费观念与现代生产和消费观念的冲突、平均主义和重本抑末观念严重阻碍着商品生产发展、浓厚和顽固的乡土观念，使人们缺乏接受新事物的愿望和能力，缺乏创业的冲动和进取精神等。而解决这些问题的对策在于：发展民族教育，培养超前意识和创新精神，是民族地区现代化建设的关键；控制人口增长，提升民族地区人力资源的整体素质，是民族地区现代化的必由之路；同时，加强民族地区与汉族发达地区间的交流与合作，是民族地区加快现代化进程的重要途径。李红梅的《民族地区现代化进程中的路径依赖与体制锁定》（2011）则对民族地区发展缓慢的深层次原因从制度层面进行了剖析。认为在民族地区现代化这一重大的制度变迁过程中，民族地区长期以来形成的积淀深厚、影响深远的一些文化传统、意识形态等因素所造成的"路径依赖"和体制锁定，使民族地区的现代化制度变迁陷入了一种低效率的状态。而要突破文化传统对民族地区制度变迁的"体制锁定"，不仅要努力构建开放性的文化结构，通过注入更新的、更符合现代市场经济发展的文化因素来带动文化传统的创新，更应当借助多种途径、多种形式来大力传播这些新的思想观念、思维方式、伦理规范等，并使之内化于人们的思想和行动当中。

以上研究很大程度上深化了我们对民族地区现代化问题的认识。但已有研究也还存在一些不足：首先，从已搜集到的资料看，已有的一些成果大多是从传统的现代化发展理论出发，把工业化视为民族地区走向现代化的重要选择，以此作为民族地区追赶和跨越发达地区的唯一模式。这从当前新的时代发展要求以及民族地区的特殊发展条件看，显然需要重新认识和思考。近年来，虽然也有些学者对这一传统发展路径进行了一定的反思，但大多较为零散，缺乏系统性、整体性的梳理和研究。其次，在研究方法上相对简单。民族地区的现代化问题涉及社会学、民族学、经济学多个领域，这就需要我们运用多学科交叉的研究方法进行多方位的思考，这样才能对研究对象有一个更全面的认识和把握。以上问题和不足的存在，为本课题提供了一定的研究空间。

第三节 基本思路与研究方法

一 基本思路

本课题主要以民族地区现代化的发展路径为研究对象，在梳理了相关概念和指导理论的基础上，从内容上进行了层层递进、步步深入的分析。首先揭示主体功能区规划背景下民族地区现代化建设面临的新机遇和新挑战，为本课题研究奠定一个客观依据和前提。进而对民族地区的现代化发展路径的积极作用和缺陷、问题从理论和实践两个层面进行了全面客观分析，同时，结合民族地区现代化建设的现实基础和经济社会条件进行了重新的认识和定位。在以上分析的基础上，得出本课题的核心观点——"社会建设优先发展应当成为新的时代发展要求下民族地区走向现代化的新型路径选择"。

二 研究方法

本课题坚持以马克思主义的辩证唯物主义和历史唯物主义为指导，坚持马克思主义经典作家观察和研究民族及民族问题的基本价值观和方法论，立足于民族地区现代化建设不同发展阶段的特点以及经济社会发展的实际，辩证地、历史地对民族地区现代化的路径选择问题进行考察和分析。同时，在理论与实际相结合的基础上，采用规范研究与实证研究相结合的研究方法，静态与动态、整体与个案研究相结合，并运用多学科交叉的研究方法，将民族学、经济学、社会学的相关研究成果和方法有机地联系起来，以期得出比较全面、科学的认识。

第四节 基本框架与内容

本书共分为六章。各章内容具体安排如下：

第一章是导论，着重对本研究的选题背景及理论和现实意义进行了阐述，并对相关领域的国内外研究现状进行梳理，以说明本课题的研究基础。同时，简要阐述本书的研究思路与方法，以及逻辑结构和框架内容。

第二章是概念与理论，主要涉及相关概念的界定以及理论基础的阐释。对民族地区、工业化、民族地区现代化、主体功能区等几个关键概念进行界定，并梳理和阐述马克思关于社会发展的思想、现代化理论、可持续发展理论等，为民族地区现代化的新型路径选择提供理论支撑。

第三章是现实与困境，重点对民族地区现代化建设面临的新形势即国家主体功能区建设的开启进行阐述分析。从其提出的背景意义、主要内容以及主体功能区建设对民族地区现代化的重大影响等几个方面，分析了民族地区当前推进现代化建设的新的约束条件和双重困境，以引出对民族地区现代化传统发展路径的反思，和对新型现代化发展路径的构建。

第四章是回顾与反思，着重分析以往民族地区现代化建设所沿用的传统发展路径。对民族地区现代化传统发展路径的理论渊源进行了阐释，并梳理了该路径下民族地区所进行的开发实践，最后对该传统发展路径的缺陷和问题进行了深入的探讨和总结分析。

第五章是审视与定位，在上一章反思回顾的基础上，重新对民族地区现有的现代化建设的现实基础和条件进行了认真的审视，从区位特征、经济结构、人力资源状况三个方面进行了详细的梳理。这也是展开下一章内容分析的重要基础和条件。

第六章是转变与重塑，着重提出并分析当前民族地区现代化的新型路径即社会建设优先发展。这是本研究的最终落脚点，也是本书的重点章节。分三节内容展开。分别论述了这一新路径即民族地区社会建设优先发展的总体思路、基本内容和相关的政策建议。

最后是结语部分，对全书的逻辑关系和最后的结论进行总结。

第 二 章

概念与理论：相关概念界定与理论基础阐释

第一节 几个概念的界定

一 民族地区

本课题研究的是中国少数民族地区，简称民族地区，指历史上长期以来某个或某些世居少数民族聚居的地区。少数民族聚居地区有两个基本特点：一是少数民族人口占总人口的比例较高；二是国家对这些地区实行不同于其他地区的一些特殊政策。我国民族地区一般指拥有少数民族自治权的地区，在行政区划上，主要包含自治区、自治州和自治县三个层次。包括5个自治区、30个自治州、120个自治县。此外，云南、贵州和青海是我国的3个多民族省份，这3个省份的非自治地方，在经济生活发展方面享受和自治地方相同的民族政策。

由于本课题研究的目的主要是揭示民族地区现代化发展路径存在的问题和不足，进而对更适合民族地区特点、也符合当前时代发展要求的新型发展路径进行理论和实践探讨，故无论是学理上的论证还是结论的得出，对所有的少数民族聚居地方都具有普遍意义。鉴于此，本书主要是从一个比较宽泛的意义上来使用民族地区的概念，也即包括所有的少数民族聚居区在内。同时，考虑到一些统计资料完整性和数据获取的便利性，论文中所涉及的具体数据资料主要以8个民族省区（即5个自治区和云南、贵州、青海3个多民族省份）的资料为主。

二 工业化

18世纪60年代，以蒸汽机的使用为标志，伴随着世界上的第一次产业革命，英国开始了工业化。自此，自给自足的农业文明受到了工业文明的冲击，工业社会逐步取代农业社会成为人类社会发展的主线，工业化构成了人类社会经济发展的主题。工业化一直是经济学关注的重要问题，但关于工业化的概念表述，人们的理解却是见仁见智，大体有狭义和广义两类解释。

从狭义的角度来讲，工业化通常被定义为一个国家或地区国民经济中，工业（特别是制造业）或第二产业产值（或收入）在国民生产总值（或国民收入）中比重不断提高，总就业人数中工业就业人数所占比重不断上升，且工业生产活动逐步取得主导地位的发展过程。如发展经济学家库兹涅茨认为工业化过程是"产品的来源和资源的去处从农业活动转向非农业生产活动"①。钱纳里也认为，工业化通常可以用国内生产总值中制造业份额的增加来进行度量。

广义的工业化定义主要以我国发展经济学家张培刚先生的表述为代表。20世纪40年代中期，他将工业化定义为："一系列基要的（Strategical）生产函数连续发生变化的过程"，90年代后他对原有工业化的概念进行了完善，提出"工业化是国民经济中一序列基要的生产函数（或生产要素组合方式）连续发生由低级向高级的突破性变化（或变革）的过程"②。同时他还强调，工业化的内涵不仅指机器大工业代替手工劳动的机械化，还包括了以技术革新为特征的农业的现代化、生产组织和国民经济结构各个层次相应的调整和变动。

总体看，学者们对工业化的理解不尽相同。但一般而言，大多还是侧重于从产业结构转变的角度，即第一、二次产业间的结构转变去界定工业化的。也就是在狭义的角度去运用工业化的概念。鉴于本课题的研

---

① ［美］西蒙·库兹涅茨：《现代经济增长》，戴睿、易诚译，北京经济学院出版社1989年版，第1页。

② 张培刚：《农业与工业化》，华中科技大学出版社2004年版，第56—58页。

究内容和主题，本研究中所指称的工业化，也基本是从狭义的角度来运用这一概念，即指地区经济中（工业）第二产业增加值所占比重持续增加，第二产业就业人数在总就业数中的比例不断提升，工业逐步取代农业，成为经济主体的过程。

三　民族地区现代化

现代化本身是个内涵极其丰富而深刻的综合性的概念。不同学科背景的学者从不同角度对现代化概念进行了阐述。有的学者如丹尼尔·勒纳在其《传统社会的消逝：中东现代化》一书中认为，现代化就是一个由传统社会向现代社会转变的过程；有的学者则直接将现代化等同于工业化，有的则认为现代化是科技革命引起的一系列社会功能的变革，涉及政治、经济、社会、思想等各个方面。如著名的现代化研究者罗荣渠教授认为，从历史的角度来透视，现代化是指工业革命以来人类社会所经历的一场急剧变革，这一变革以工业化为推动力，导致传统的农业社会向现代工业社会的全球性大转变，它使工业主义渗透到政治、文化、思想各个领域，引起深刻的相应变化。它是一个世界性的历史过程。[①]

显然，现代化这一概念所反映的人类社会的转化和变迁是非常复杂的，涉及多个领域、多个层面。鉴于本论文的研究内容和主题，本文主要从一个较为宽泛的意义上对民族地区现代化的概念做如下界定：民族地区现代化就是指我国少数民族地区在科技进步和制度变革的冲击与影响下，社会、经济、文化特别是人们的生产生活方式以及思维观念等方面发生重大变化、向更高层次更高水平转变的过程。

四　主体功能区

功能区是指承担某类特殊功能的地域或区块单元，是"功能区域"（functional region）的简称。基于不同的目的或用途，依据不同的原则，可以对某地域做出不同的功能划分。一般而言，功能区的形成固然都有

---

① 罗荣渠：《现代化新论——世界与中国的现代化进程》，商务印书馆2009年版，第17页。

着其自身内在的规律，但对于不同地域单元的功能界定和划分，则是人们在逐步认识和深刻把握各功能区内在规律的基础上主观划定而确立的。我国在"十一五"规划编制过程中首先提出了主体功能区的概念。"十一五"规划纲要明确提出："根据资源环境承载能力、现有开发密度和发展潜力，统筹考虑未来我国人口分布、经济布局、国土利用和城镇化格局，将国土空间划分为优化开发、重点开发、限制开发和禁止开发四类主体功能区，按照主体功能定位调整完善区域政策和绩效评价，规范空间开发秩序，形成合理的空间开发结构。"①

据此，我们对主体功能区做出以下概念界定：主体功能区是我国为促进区域协调发展，规范空间开发秩序，在科学发展观的指导下，根据资源环境承载能力及发展潜力、区域发展基础、现有开发密度等，按区域分工和协调发展的原则划定的具有某种特定主体功能定位的空间单元。对其内涵的把握应注意以下几点：首先，它体现了区域发展的总体要求，是在综合考量资源环境承载力、区域战略地位及发展基础等因素的前提下，对不同区域发展理念、方向和模式所做的类型划分；其次，主体功能区的功能定位既超越于一般功能和特殊功能之上，又不排斥一般功能和特殊功能的存在和发挥；再次，根据空间管理要求和能力的不同，可以从不同的空间尺度来划分主体功能区；最后，主体功能区的类型、边界和范围等具有相对稳定性，但也会随环境承载力、区域战略地位、发展基础等的变化而有所变化。②

第二节　理论基础

现代化作为人类历史上最剧烈、最深远并且是无可避免的一场社会变革，它起始于西方的工业化，并取得了很大的成功。故而，对于现代化的后发国来说，模仿并追赶先发国的工业化步伐，也就成为整个世界

---

①《中华人民共和国国民经济和社会发展第十一个五年规划纲要》（全文），中央政府门户网站，2006年03月16日，http://www.gov.cn/ztzl/2006-03/16/content_228841.htm。

② 国家发展和改革委宏观经济研究院国土地区研究所课题组：《我国主体功能区划分及其分类政策初步研究》，《宏观经济研究》2007年第4期。

现代化发展历程中的一个普遍现象。但现代化并不等于西方化,更不意味着单纯的工业化。按照西方现代化的路径进行盲目移植,并不会生长出中国自己的现代化。同样,民族地区的现代化也不能忽视自身的民族特点和地区特点,盲目照搬或模仿发达地区的发展道路或发展模式,否则绝不会给民族地区带来真正意义上的现代化。基于这一思考和认识,本书希望通过对以下几种理论和思想的梳理,来寻求指导新时期民族地区现代化发展之路的理论基础。

一 马克思主义的社会发展理论

18世纪末至19世纪上半期,伴随着科学革命和工业革命的迅猛发展,欧洲国家发生了疾风骤雨般的社会变化,无产阶级与资产阶级的斗争日益尖锐起来。在这一背景下,马克思和恩格斯把辩证法和历史唯物主义应用于社会问题研究,深刻揭示出了社会发展的规律与本质,在人类发展史上提出了真正科学的社会发展理论。就其内容来看,马克思的社会发展理论论域广泛,内容丰富,既有经济学意义上的发展论,也有社会学、政治学、历史学等意义上的发展论;既有微观层次的发展论,也有宏观层面的发展论;既有关于西方社会的发展论,也有关于非西方社会的发展论等等,可以从不同角度、不同视域来加以研究和探讨。[①] 但如果结合我国少数民族欠发达地区的发展特点及现实来认识和思考的话,马克思的社会发展理论中有以下一些观点和立场值得我们认真把握。

(一)人的需要是社会发展的源动力,物质生产是社会发展的基础

人的需要及满足总是从人的自然属性中产生的,它是人们全部经济和社会活动的基础。人们基于生存的本能,自然形成了对物质资料的需求。而要满足这一需求,进行物质资料的生产也就成为唯一的办法。抛开了这一基础前提,人类社会就不可能生存繁衍,更谈不上社会的发展。首先,人类社会的每一点进步,都是物质生产力发展的结果。作为人类天然器官延伸的劳动工具,无一不是物质生产力发展的重要成果和标志。无论是远古时代的石器、铁器,抑或是近代以来的蒸汽机等,还是现代

---

① 丰子义:《全球化视域中的马克思社会发展理论》,《高校理论战线》2011年第1期。

社会的电子计算机以及未来的纳米材料、或人类基因图谱，都凝集了人类大量物质的和精神的劳动，为人类的生存和发展提供了物质和精神生活资料。其次，作为人类社会有机体存在和运动的客观物质基础，物质生产力最终决定了社会发展的自然历史过程。使历史的发展通过一定的社会经济结构而具有常规性和重复性。最后，物质生产力发展的阶段性和前进性，使社会发展也呈现出阶段性和前进性。人类社会发展的历史充分证明，物质生产力的发展具有内在的连续性和前进性，它使得社会历史的发展也表现出同样的一种内在联系，在曲折中不断向前，在反复中螺旋上升。

马克思进一步指出，"物质生活的生产方式制约着整个社会生活、政治生活和精神生活的过程"①。在包含着诸多子系统的社会有机整体中，经济系统即"物质生活的生产方式"是最终的决定力量，而政治系统、社会生活系统和思想文化系统等又对经济系统具有反作用。人们在生产过程中不仅仅创造出物质财富和生产资料，也生产和再生产着自己的社会关系。可以说，一切社会关系的体系都自然而然地依赖于物质财富的生产方式。②

（二）人的自由全面发展是社会发展的最终指向与内在核心

马克思通过对人类社会发展内在规律的考察和研究，在批判和克服了德国古典哲学脱离人的物质生产活动及人们相互之间的社会关系来谈论人和考察人的内在缺陷的基础上，指出："我们的出发点是从事实际活动的人，而且从他们的现实生活过程中还可以描绘出这一生活过程在意识形态上的反射和反响的发展。甚至人们头脑中的模糊幻象也是他们的可以通过经验来确认的、与物质前提相联系的物质生活过程的必然升华物。"③ 只有从人的实践活动出发，才能真正理解人类社会的发展，因为"全部人类历史的第一个前提无疑是有生命的个人的存在"④。这里，马克

---

① 《马克思恩格斯选集》第2卷，人民出版社2012年版，第2页。
② 王守泉：《科技革命与中国现代化》，博士学位论文，中国社会科学院，2002年，第34页。
③ 《马克思恩格斯选集》第1卷，人民出版社2012年版，第152页。
④ 同上书，第146页。

思把"现实的人"作为全部理论研究的出发点,为理解人的发展和社会发展问题提供了新的视角。他实际上深刻指出了,社会发展应当以人的全面发展为内在核心和最高目标,人的发展是社会发展的最有效形式。社会发展与人的发展互为前提、互为手段,具有内在的统一性,这是马克思社会发展理论的一个重要观点。正是在这一意义上,马克思指出:"人的本质不是单个人所固有的抽象物,在其现实性上,它是一切社会关系的总和。"①

人的发展是社会发展的核心,没有了人的发展也就无所谓社会的发展,不可能有外在于人的、与人相对立的社会,也不可能有脱离开社会而存在的人。人类社会的历史终究是人类自己创造的,离开了人的活动本身,就不可能有社会发展的历史。正如马克思所说,"历史不过是追求着自己目的的人的活动而已"②。与此同时,人的发展又与社会发展紧密联系在一起,并始终贯穿于社会发展的进程之中。社会的发展也内在地规定着人的发展,"他们是什么样的,这同他们的生产是一致的——既和他们生产什么一致,又和他们怎样生产一致。因而,个人是什么样的,这取决于他们进行生产的物质条件"③。而社会发展的过程,也同时是个人追求自由、实现自身解放的过程。人一方面按照自己的需要和能力改造物质世界,使之成为更符合自己生存发展需要的人化自然;另一方面,人又在改造物质对象的过程中,不断吸取有利于自身生存发展的积极因素,实现着对自身的改造,使自己的能力、本质得以不断完善和发展,在充分实现人的创造能力和价值的基础上,最终实现人的自由全面的发展。这不仅是社会发展的最终追求和目标,也是马克思对未来共产主义社会的美好设想:共产主义社会"将是这样一个联合体,在那里,每个人的自由发展是一切人的自由发展的条件"④。"人终于成为自己的社会结合的主人,从而也就成为自然界的主人,成为自身的主人——自由的

---

① 《马克思恩格斯选集》第 1 卷,人民出版社 2012 年版,第 135 页。
② 《马克思恩格斯文集》第 1 卷,人民出版社 2009 年版,第 295 页。
③ 同上书,第 520 页。
④ 《马克思恩格斯选集》第 1 卷,人民出版社 2012 年版,第 422 页。

人。"① 总之，按照马克思的社会发展观，人的全面而自由的发展是社会发展的必由之路，也是人类文明发展的内在要求和期盼。要充分认识人类社会的发展和进步，要全面理解和把握人类自身的发展与进步，就决不能割裂开社会发展与人的发展的内在联系。

（三）人民群众是社会发展和变革的最主要推动力

按照马克思主义的基本观点，人民群众是全部历史的创造者，是历史发展和社会变革的真正主体和决定力量，"历史的活动和思想就是'群众'的思想和活动"。"历史活动是群众的活动，随着历史活动的深入，必将是群众队伍的扩大。"② 这些观点清楚地表明了人民群众的主体地位和作用，是社会发展和变革的最主要推动力。首先，人们的物质生产活动，为社会发展和变革提供了物质前提。正是人对生产工具和技术的变革与创新，直接推动了社会生产力的发展，并引起生产关系的变革，最终引起整个社会的变革。其次，人类社会归根结底是人民群众自己创造的，是人们自觉活动的结果。离开人民群众的自觉活动，就无所谓社会变革。历史不过是追求着自己目的的人的活动而已。人民群众的精神生产活动，为社会变革提供了思想武器，创造了思想文化条件。再次，社会发展规律也是在人民群众的社会实践活动中得以实现的。没有人民群众的实践活动，也就无所谓社会发展规律的形成。③ 在社会发展和历史变革中，杰出人物所发挥的影响和作用，无非是人民群众创造性作用的一种特殊表现。同时，社会变革活动能否最终取得成功，这取决于该社会变革的出发点是否代表并且在多大程度上代表了人民群众的利益，因为社会历史变革归根结底是群众的事业。当然，人民群众对社会制度的变革活动，必须是在一定的历史条件和生产力自身发展规律的约束下展开，并不能随心所欲的进行。正如马克思所说："人们自己创造自己的历史，但是他们并不是随心所欲地创造，并不是在他们自己选定的条件下创造，

---

① 《马克思恩格斯选集》第1卷，人民出版社2012年版，第817页。
② 《马克思恩格斯文集》第1卷，人民出版社2009年版，第286—287页。
③ 汪宗田、张存国、龚静源：《论马克思社会发展的动力思想及其当代意义》，《理论月刊》2011年第5期。

而是在直接碰到的、既定的、从过去承继下来的条件下创造。"① "只有当工人通过组织而联合起来并获得知识的指导时,人数才能起举足轻重的作用。"②

（四）人类社会发展是合乎规律的自然历史过程,但在特定历史条件和外部环境下,社会发展出现跨越式进步是完全可能的

在《资本论》第一版序言中,马克思就曾开宗明义地指出,"本书的最终目的就是揭示现代社会的经济运动规律",但"一个社会即使探索到了本身运动的自然规律","它还是既不能跳过也不能用法令取消的自然的发展阶段。但是它能缩短和减轻分娩的痛苦"③。这里,马克思实际是从社会存在决定社会意识的原理出发,深刻揭示了人类社会是一个合乎规律的自然历史过程。这里包含了两层含义,一层含义是指社会发展也是一个客观的、有内在规律的历史发展过程,它与自然史一样,是不以人们的意志和意识为转移的。因而,作为社会发展主体的人也必须服从于客观的社会发展规律;另一层含义则指出了,社会发展史作为人们本身有目的的活动的结果,又不同于自然史。社会发展规律绝不是自然规律在社会历史领域内的简单重复,它的产生和形成无一不打上主体的印记和特征,成为主体的一种自由、自觉活动的过程。④ 这一认识是基于历史唯物主义的立场得出的判断。通常而言,人们为实现一定目的而开展的生产活动,总是要在特定的客观环境和条件下进行,这是不以人的意志为转移的。而这些条件往往在很大程度上决定着他们活动的内容和方向。当然,随着社会的发展,人们的认识水平和把握规律的能力越来越高,人们可以在越来越大的程度上能动地利用规律以达到自身的预期目的。但这并不意味着人的活动可以脱离开具体的历史条件和环境,社会发展仍会受到各种客观条件和现实可能性的制约,并不改变社会发展是一个自然历史进程的规律。

---

① 《马克思恩格斯文集》第 2 卷,人民出版社 2009 年版,第 470 页。
② 《马克思恩格斯选集》第 3 卷,人民出版社 2012 年版,第 10 页。
③ 《马克思恩格斯选集》第 2 卷,人民出版社 2012 年版,第 83 页。
④ 孔德宏:《中国现代化赶超战略研究》,博士学位论文,中共中央党校,2003 年,第 18 页。

然而，承认社会发展是内在的规律性，并不意味着人类社会的这一发展规律放之四海而皆准，每个民族都必须且只能遵循同一的发展路径。这是被马克思严厉批判的不严谨的单线逻辑思维。众所周知，马克思在揭示社会形态的发展规律问题上，曾指出亚细亚的、古代的、封建的和现代资产阶级的生产方式可以看作是经济的社会形态演进的几个时代。这固然表明了社会发展规律所具有的阶段性、渐进性的特征，但马克思并没有因此断言所有国家与民族都必须沿着这些阶段一步一步前进，相反，马克思反对将之凝固化为社会发展规律的一般特征。在他看来，不同的社会环境、历史文化造就了不同民族的独特性和多样性，因而，在特定历史条件和外部环境下社会发展是可以实现跨越式进步的。1881年，马克思在回复俄国的革命民主主义者维·伊·查苏利奇的来信，回答关于俄国农村公社可能有的命运以及世界各国由于历史必然性都应经过资本主义生产各阶段的理论的看法这一问题时，马克思本着极为审慎的态度，先后拟写了几个草稿，并认真考察分析了东方社会尤其是俄国的经济社会发展状况和特点，特别是在对农村公社——俄国最大的社会经济组织形式进行重点研究的基础上，马克思提出了著名的跨越"卡夫丁峡谷"的设想。他明确提出：《资本论》对资本主义生产的起源分析，明确地限于欧洲各国。俄国由于历史条件不同，"历史必然性"不适用于俄国。在西欧，"是把一种私有制形式变为另一种私有制形式"①。而"土地公有制是俄国'农村公社'的集体占有制的基础，那么，它的历史环境，即它和资本主义生产同时存在，则为它提供了大规模地进行共同劳动的现成的物质条件。因此，它能够不通过资本主义制度的卡夫丁峡谷，而占有资本主义制度所创造的一切积极的成果。……它能够成为现代社会所趋向的那种经济制度的直接出发点，不必自杀就可以获得新的生命"②。

当然，马克思同时也指出了农村公社所存在的不利因素，即公社固有的孤立性质使公社成为与世隔绝的小天地，公社之间的生活缺少联系，

---

① 《马克思恩格斯选集》第3卷，人民出版社2012年版，第833页。
② 同上书，第830页。

这有可能使它易于培植和形成集权的专制制度，而不利于公社的发展与完善，也为跨越"卡夫丁峡谷"带来了现实的困难。对俄国农村公社的发展方向，马克思认为存在两种潜在的可能，"或者是它所包含的私有制因素战胜集体因素，或者是后者战胜前者。……一切都取决于它所处的历史环境"①。在此基础上，"如果革命在适当的时刻发生，如果它能把自己的一切力量集中起来以保证农村公社的自由发展，那么，农村公社就会很快地变为俄国社会新生的因素，变为优于其他还处在资本主义制度奴役下的国家的因素"②。毫无疑问，以上这些思想和观点，既体现了马克思关于欠发达社会跨越资本主义"卡夫丁峡谷"的可能性，同时也表明这些可能性的实现必须要站在现实的历史条件和具体的历史发展的基础上。也就是说，"跨越"是要有具体条件和现实基础的。

以上是马克思社会发展理论中的诸多论述和思想，对于本书研究我国民族地区的现代化问题具有重要指导意义。首先，人的需要是社会发展的源动力，物质生产力的发展是社会发展的重要前提和基础。我国目前还处于社会主义初级阶段，总体上看生产力发展水平还较为落后，而民族地区又是我们这个发展中国家中相对落后的欠发达地区，民族地区要实现现代化，必须使社会生产力有一个大的发展。这就要求民族地区必须选择一条适合自身条件的、能切实满足当地群众生产生活需要的、有利于物质生产力发展的道路，才能为民族地区的整体发展以及现代化的实现打下基础。其次，马克思关于东方社会可以跨越资本主义"卡夫丁峡谷"的论述和思想，虽然是在国家层面上对发展阶段跨越的分析，一方面，为研究相对落后的东方社会的发展道路问题提供了极具价值的思考和启示，从另一方面看，也为我们研究相对落后地区的发展道路问题提供了重要借鉴。从人类社会的发展进程看，其演进与发展一般都具有一定内在的规律，总是在一系列的阶段性中表现出自身的连续性。但这种阶段性与连续性并不意味着世界上所有的国家、民族与地区均只能沿着同样的轨迹一步一步发展。由于生存环境的特殊性，文化传统的多

---

① 《马克思恩格斯选集》第3卷，人民出版社2012年版，第824页。
② 同上书，第832页。

样性，社会现实的复杂性，外在环境的差异性，一些国家、民族和地区在特定的历史条件下、在外在因素的作用下，走出一条非传统、非常规的现代化发展之路是完全可能的。当然，这还需要相对落后地区充分结合自身条件和现实基础，找到切合自身实际的发展路径。再次，民族地区的现代化的实现，还需要制定出既符合社会发展内在规律、又适应民族地区自身状况和特点的正确的制度和方针政策。不能简单照搬传统的西方式的现代化模式，而应密切注意民族性（传统性）与世界性（时代性）的结合，只有在充分考虑民族地区具体的历史条件和现实环境的前提下，民族地区的现代化才能真正向前推进。最后，任何社会变革都不是单因素作用的结果。社会发展体现的是社会的全面进步，并以人的发展为目的和最终归宿。因此，民族地区现代化的推进，在大力推动经济发展和科技进步的同时，还要尽力实现整个社会的协调发展和全面进步，最终为人的全面自由发展创造条件。

二　现代化理论

现代化，在当今世界和中国都是热门话题，实现现代化也是后进国家或地区孜孜以求的目标和追求。"现代化"一词是从英文 modern 即"现代""摩登"演化而来，英文中用"modernization"来表示。现代化作为一个世界历史进程，反映了人类社会从传统农业社会转变为现代工业社会所经历的巨变。这一过程始于西欧，扩展于北美和欧洲其余地区，蔓延到亚非拉美。自工业革命以来，世界现代化进程共经历了三次大的发展浪潮。第一次大浪潮的出现是在18世纪后期，以英国工业革命为开端，到19世纪中叶，中心区域在西欧。世界现代化的第二次大浪潮出现在19世纪下半叶到20世纪初，中心区域从欧洲核心地区向周围异质文化地区传播扩散。20世纪下半叶，即第二次世界大战后的50年代以来，随着一些国家战后重建和广大发展中国家纷纷摆脱殖民统治，走上独立发展的道路，出现了世界现代化的第三次浪潮，这是一次真正全球性大变革的大浪潮。中心区域在东亚,扩散到亚、非、拉广大地区。①

(一)现代化理论的演进与发展

早期的现代化理论诞生于欧洲,其代表有德国的马克斯·韦伯,他在《新教伦理与资本主义精神》一书中,对欧洲资本主义文明的发展历程、特点及其成因进行了系统地论述,并从文化、宗教、精神三个层面,对东西方资本主义现代化的不同背景和成败原因进行了深刻的揭示。马克思虽然未曾专门系统地研究过现代化问题,但他在分析资本主义社会、阐述社会发展阶段问题的许多著作中已涉及现代化的相关问题,也提出了不少的现代化思想。如他把发达的资本主义社会称为"现代社会",把大工业创造的世界市场和城市称之为"现代的世界市场"和"现代的大工业城市"②。在《资本论》第一卷第一版序言中马克思还指出:"工业较发达国家向工业较不发达国家所显示的,只是后者未来的景象。"③ 他的这一重要思想在今天仍被许多西方现代化论者视为是关于落后国家的发展道路和工业化问题的重要提示。

关于现代化理论的研究是在第二次世界大战后 20 世纪五六十年代才真正兴起,并逐渐形成为一种影响全球的理论和思潮。美国、日本、西德等国成为该理论的主要学术阵地。他们以战后新兴民族独立国家为研究对象,试图对这些国家的新的发展道路、发展战略与发展模式进行探索。这一时期,一批产生重要影响的现代化研究专著先后出版,现代化理论基本形成。人们也把这一时期的现代化理论称为经典现代化理论。帕森斯、列维、勒纳等成为社会现代化理论的主要代表,阿尔蒙德、伊斯顿、亨廷顿等成为政治现代化理论的主要代表,罗斯托、格申克龙和库兹涅茨等是经济现代化理论的主要代表,此外,还有以英格尔斯等为代表的现代化心理理论和以布莱克和艾森斯塔特等为代表的比较现代化

---

① 罗荣渠:《现代化新论——世界与中国的现代化进程》,商务印书馆 2009 年版,第 140—152 页。

② 《马克思恩格斯选集》第 1 卷,人民出版社 2012 年版,第 194 页。

③ 《马克思恩格斯选集》第 2 卷,人民出版社 2012 年版,第 82 页。

理论等。①　总体来看，经典现代化理论所着眼的"现代化"，可以说是产生于西方的以 18 世纪为高峰的、从 17 世纪开始到现今的技术、经济、政治和社会的全面剧烈的社会变革。

　　20 世纪 70 年代以后，随着资本主义生产方式的日益发展，其内部的诸多矛盾也逐步加剧。科技的发展和应用不仅没有带来人的解放，反而导致了人的异化和自由的丧失，进一步加深了资本主义社会的全面异化。也使西方国家的发展开始出现重大转向，逐步从现代化阶段转向后现代化的发展阶段，并由此产生和形成了后现代化理论。丹尼尔·贝尔、大卫·雷·格里芬等人是这一时期后现代化理论的重要代表人物。该理论认为，社会经济的发展应当将提高人们的生活质量，增加人类福利，实现人的真正自由作为后现代化社会发展的核心目标，而不应该单纯追求经济的增长。在文化艺术领域，则产生了后现代主义。主要对现代社会的危机进行了无情的鞭挞和批判，解构和否定现代思想，主张复兴传统要素和技术。后现代主义思潮在政治、经济、文化、艺术、社会等诸多领域都有反映。

　　20 世纪 90 年代以来，随着知识经济的快速发展，现代化理论又有新的发展。一些学者提出了二次现代化理论。如美国的 E. Triyakian 教授提出了"第二种现代化"和"新现代化"的观点，德国的查普夫教授提出了"持续现代化"理论。此后，中国的何传启学者也先后在他的《知识经济与第二次现代化》一文和随后出版的《第二次现代化——人类文明进程的启示》中，提出了"第二次现代化理论"。他认为，如果把从农业社会向工业社会的转变看成是第一次现代化，那么从工业经济向知识经济、工业社会向知识社会的转变可以说是第二次现代化；如果说第一次现代化主要以工业化、民主化为特征，那么第二次现代化主要以智能化、知识化、网络化为特征；如果说第一次现代化体现了人类对大自然的征服，那么第二次现代化则体现了人类对大自然的回归。他还大致提出了二次现代化的时间节点，认为西方发达国家的二次现代化将大致经历 130

---

　　①　吴建国：《现代化视角下的西部民族地区非公有制经济论稿》，博士学位论文，四川大学，2003 年，第 18 页。

年，即从 1971 年至 2100 年。①

（二）现代化的含义

现代化这一概念，有着极为丰富而深刻的内涵，其所涉及的领域也十分广泛，因而在对现代化的理解和表述上，学者们也有着一定的差异，并没有一个统一的定义。《简明不列颠百科全书》对现代化所做的解释，认为："现代化是人类文明在经济、政治及社会各个方面的变化，其中经济方面要通过工业化过程，社会方面要有一个现世化过程。"② 这里所指的"现世化"过程，实际强调的是社会的政治制度、宗教文化、家庭结构以及人们的思想观念等等，不断地摆脱传统、变革创新以适应工业化社会发展要求的过程。罗荣渠教授在其《现代化新论——世界与中国的现代化进程》一书中，曾概括了学术界对现代化含义的种种表述和认识，将其归纳为四类：第一，现代化是指近代资本主义兴起后的特定国际关系格局下，经济上落后的国家通过大搞技术革命，在经济和技术上赶上世界先进水平的历史过程；第二，现代化实质上就是工业化，是经济落后国家实现工业化的进程；第三，现代化是自科学革命以来人类急剧变动过程的统称，这种变动不仅发生在工业领域或经济领域，同时也发生在知识增长、政治发展、社会动员、心理适应等各个方面；第四，现代化主要是一种心理态度、价值观和生活方式的改变过程，是代表我们这个历史时代的一种"文明的形式"。③ 罗荣渠教授认为，以上四类看法归纳的不一定客观全面，各类观点之间也存在着互相联系、相辅相成的情况，并非截然对立，体现了不同视角、不同层次的认识。

在此基础上，罗荣渠教授从历史的角度提出了自己对现代化含义的理解："广义而言，现代化作为一个世界性的历史进程，是指人类社会从工业革命以来所经历的一场急剧变革，这一变革以工业化为推动力，导致传统的农业社会向现代工业社会的全球性的大转变过程，它使工业主义渗透到经济、政治、文化、思想各个领域，引起深刻的相应变化；狭

---

① 何传启：《第二次现代化理论与中国现代化》，《世界科技研究与发展》1999 年第 6 期。
② 《简明不列颠百科全书》第 11 卷，中国百科全书出版社 1991 年版，第 301 页。
③ 罗荣渠：《现代化新论——世界与中国的现代化进程》，商务印书馆 2009 年版，第 9—15 页。

义而言，现代化又不是一个自然的社会演变过程，它是落后国家采取高效率的途径（其中包括可利用的传统因素），通过有计划的经济技术改造和学习世界先进，带动广泛的社会改革，以迅速赶上先进工业国和适应现代世界环境的过程。"①罗荣渠教授的这一观点在我国现代化研究领域产生了广泛的影响。

在理解把握这一含义时，还需注意：首先，现代化是具有综合性的一个概念。它所反映的人类社会演进和变迁的过程是极为复杂的，是一个系统的多个领域和不同层次相互作用下的转变。这就决定了多视角、多层次认识现代化的必然性及其各种现代化含义的差异性。不可否认，从经济学、政治学、社会学、历史学的视角对现代化的理解都在一定程度上揭示了现代化这一对象的客观属性和基本特征，但只有从综合性上理解现代化，才有利于进一步概括和揭示现代化的本质，把握整体现代化的发展趋势。其次，要注意正确看待现代化与工业化的关系。现代化不等于工业化，这一点已获得了越来越明确的认同。但工业化毕竟是现代化的原初动力，而且是基本动力。正是在工业化的推动下，人类社会才有了急剧的变革，并逐步向现代工业社会转变，进而在政治、经济、文化、社会等领域引起一系列深刻变化。就这一点来说，工业化是传统社会向现代社会转变的基本标志。正如罗荣渠教授指出的，"工业革命以前的近代与中世纪的历史连续性是明显的，社会各方面的变化是缓慢而渐进的，唯有工业革命以来的变化是跳跃而加速的，构成一个具有共同特征的新的转型过程"②。因此，理解现代化，不能不看到工业化在社会变迁过程中的地位和作用。当然，对于在工业化推进中所带来的一些发展中的问题，如生态、环境、资源等问题，还需要人们在现代化进程中自觉认识并不断解决。再次，要客观辩证地认识传统与现代的关系。现代化概念内含着传统与现代的关系，这是理解现代化所不能回避的。传统与现代不是绝对的，也不是完全对立的。传统社会和现代社会都有各

---

① 罗荣渠：《现代化新论——世界与中国的现代化进程》，商务印书馆2009年版，第17页。

② 同上书，第17—18页。

自的基本特征，但两者之间没有一个绝对的临界点。社会变迁从传统社会向现代社会的转变是一种趋势和过程，其间充满了复杂性和艰难性。现代化过程并不是简单地以各种现代因素彻底取代传统因素的过程，而是一个改造传统因素、不断增加现代因素的过程。在这一过程中，一些传统因素不仅可以与现代因素同时存在，而且也可以与现代因素相互结合。因此，客观辩证地认识现代化进程中传统社会向现代社会的转变，不再把"传统"与"现代"视为简单的相互排斥的关系，成为理解现代化的新理念。

（三）现代化的基本内容

现代化是一个综合的概念，包含着与工业化大生产方式相适应的多方面的社会发展内容。它包括如下方面。

1. 经济现代化（工业化、专业化、规模化）

经济现代化是指以科技为先导、以工业化为核心的经济发展和经济结构的变革过程。经济现代化是社会发展的基础，也是整个现代化的基础。经济现代化主要体现的是社会的物质文明，反映现代化进程中的富强程度，而归根到底反映的是国家的生产力水平。

2. 政治现代化（民主化、法治化、科层化）

政治现代化主要是指从传统政治体制向现代政治体制的转变过程。政治民主化和法治化是其重要标志。政治发展的目标就是政治稳定，没有政治稳定就没有现代化建设的政治秩序，在社会政治不稳定的状态下不可能推进现代化的发展。因此，政治现代化是现代化的动力和保证。

3. 社会现代化（城市化、流动化、福利化）

现代化还有一个重要的方面就是社会现代化。它是指发生在社会领域的一种根本性、革命性的社会变迁过程，表现为由传统社会转变为现代社会过程中，所引起的人们在生活方式、生活质量、国民文化、健康素质、社会观念、社会福利、社会公平等方面的社会进步和社会发展。在这一过程中，社会的流动以及人与人之间普遍的社会联系也不断得到加强。

4. 文化现代化（观念理性化、世俗化、初中等教育普及化）

文化现代化是指从传统文化体制向现代文化体制转变的过程。现代化不仅是经济的增长和制度的进步，也是文化的繁荣和人的思想观念的提升。而整个社会在文化观念和社会关系上的现代化,主要就表现在世俗化和理性化的日益发展上。所谓世俗化是相对于神圣化而言的,强调的是一个非神圣化的过程。在这个过程中,人们日益摆脱宗教等超自然力量的束缚,恢复现实人生的快乐、高尚和合理;所谓理性化,就是生活中,人们能够打破非理性的社会禁忌,遵循生活常识和科学道理生活,能够以一种科学理性的态度来面对生活。① 观念的世俗化和理性化,本质上反映了人类社会精神文明的发展,是文化现代化的体现。

5. 人的现代化(独立性、开放性、创造性)

现代化是由人来建设的,人是现代化的主体。人在推进现代化的过程中,人自身也在转变和发展。如果没有人自身的重塑和转型,没有人在心理上、认知上以及行为上的现代性转变,就不会有一个国家、一个民族现代化的实现。② 著名社会学家阿历克斯·英格尔斯在《人的现代化》一书中指出,片面强调工业化和经济现代化是不够的,即使"一个国家可以从国外引进作为现代化最显著标志的科学技术,移植先进国家卓有成效的工业管理方法、政府机构形式、教育制度以及全部课程内容。但是,如果一个国家的人民缺乏一种赋予这些制度以真实生命力的广泛的现代心理基础,如果执行和运用这些现代化制度的人自身还没有从心理、思想、态度和行为方式上都经历一个向现代化的转变,那么,失败和畸形发展的悲剧是不可避免的"③。发展,归根到底是为了实现人从传统主义到个人现代性的改变,提升人的自身素质,进而实现人的全面自由发展。因此,现代化的过程也必然是人的现代化的过程。人的现代化是以自身综合素质、人格精神、思维方式及行为方式等的提升转型为主要内涵和表现、由传统人向现代人转变的主体自身现代化的过程。它不仅包括人的现代化科技技能和文化知识水平的提高,更重要的是,它还包括了人在价值观念、思维方式和人格精神上的变革。其中,人格现代

---

① 孔德宏:《中国现代化赶超战略研究》,博士学位论文,中共中央党校,2003年,第18页。

② 李红梅:《民族地区人口现代人格的建构》,《北方民族大学学报》2015年第1期。

③ [美]阿历克斯·英格尔斯:《人的现代化》,殷陆君译,四川人民出版社1985年版,第4页。

化是人的现代化的核心内涵。

以上所列举的包括政治、经济、文化、社会以及人自身的现代化在内的现代化的综合指标，尽管还不够全面，但也足以说明工业化并非现代化的唯一指标，现代化还体现在政治、经济、社会、文化以及人的现代化等各个方面。它还说明，现代化作为一个历史性进程，一方面有着世界的普遍性，另一方面任何国家和民族的现代化都是多种因素相互作用的结果，绝不是孤立的一种现象。

总之，从以上关于现代化理论的回溯中，我们可以清楚地看到，现代化理论已日趋成熟，同时，伴随着现代化浪潮在全球范围的不断推进，人们对现代化的认识也更加理性和全面。人们越来越认识到，现代化的推进总是脱离不开特定的文化生境，在不同的文化生境下，现代化的实现必然带有特定的文化生境对应性，因此它绝非只有一条道路，一个模式。现代化虽然首先兴起于西欧并取得了成功，其他国家和民族都是直接或间接受其影响而开始现代化的。但绝不应该把发端于西方的现代化绝对化，把现代化简单等同于西方化。严格地说，没有完全相同的两个国家的现代化。就是同属于西欧先进国家而又相邻的英国和法国，其现代化的过程也不完全相同。英国由于历史的传统和当时的政治势力对比等因素，其资产阶级革命最终是以资产阶级与贵族的妥协而告终；而法国的资产阶级革命却采取了激烈对抗的形式取得了较为彻底的结果。还有东亚的中日韩三国，尽管在历史、文化、现代化起点上都存在一些明显的相似之处，但现代化道路却大相径庭。这些都说明，在不同的国家和民族那里，现代化应当也必然会呈现出多种多样的形态，现代化并非一种模式，而是存在着多种道路、多种可能。因此绝不能简单地模仿和照搬现代化先行者的道路。每一个希望实现现代化的国家或民族，都应当在充分认识自身特点以及特有的生境特征的基础上，通过借鉴和吸收，构建起既符合本民族需要、又能有效适应本民族所处生境的新的发展模式和路径，其现代化的实现才真正具有可能。

三　可持续发展理论

发展问题是人类社会产生以来，一直被各个国家和民族高度关注的一个重要问题。随着科技的不断进步，人类在发展手段和方式上不断取得突破性进展，发展问题已经成为一个国家或一个区域范围内，社会大系统及其各个子系统，如政治系统、经济系统、文化系统、人力系统、资源系统等各个系统之间不断调整与相互推进的过程。而伴随着当前人类对自然界以及人类自身认识的进一步深化，发展问题更进一步成为人类社会各个民族、各个国家之间以及人类自身与赖以生存的共同精神家园之间和谐共处的主旋律。气候问题、水资源问题、全球贫困问题等等，都是当今世界各个国家、各个民族共同面临、也需要共同解决的时代性问题。在这些问题面前，如何寻求到一种最恰当、最协调的发展模式，也就促使人们必须对以往的经济发展观进行深刻的反思。

在人类社会的发展进程中，形成有两种不同的发展模式，一种是"唯经济论"，一种是"可持续发展论"。在20世纪70年代以前，"唯经济论"的发展观被人们普遍接受。发展几乎只被视为一种纯粹的经济现象，即迅速实现国民生产总值和人均国民生产总值的增长，或者以就业或其他经济形式，通过"利益扩散"惠及于广大社会成员，为不断增长的经济和社会福利更广泛的分配创造必要的条件。唯经济论的发展模式过分片面地强调国家或地区的经济增长，认为经济的增长必然会增加社会财富和人类福祉，这是工业文明时代形成的片面观点，这种发展模式暗含一个假设前提，那就是生态环境对人类社会的供给能力是无限的，没有认识到经济增长必须与生态环境的可承受能力相适应，并形成良性循环。同时，在这种发展模式下，与完成经济增长这一主导任务相比，失业、贫困，以及收入分配的公平问题等都居于次要地位。由于这种发展模式的自身缺陷，人们只追求经济增长的目标，对资源环境过度开发利用，引发了许多严重的环境问题，如土地沙漠化、气候干燥、物种灭绝、资源枯竭等。同时，还导致了诸多始料不及的社会和政治难题：贫富对立、不平等加剧、多样性文化逐渐消失等等。到20世纪70年代前后，人们逐渐开始反思原来的发展方式，提出了可持续发展的理论。

（一）可持续发展理论的提出

1. 罗马俱乐部的"增长极限"

1968年在罗马成立了一个非正式的国际协会"罗马俱乐部"，它的会员是来自不同国家的专家学者和实业家,它的最初目标是"促进对构成我们生活在其中的全球系统的多样但相互依赖的各个部分——经济的、政治的、自然的和社会的组成部分的认识,促使全世界制定政策的人和公众都来注意这种新的认识,并通过这种方式,促进具有首创精神的新政策和行动"①。罗马俱乐部成立后主要对人类的困境进行了研究,他们通过对人口、粮食、工业化、污染、资源、贫困、教育等影响人类社会经济增长的全球性问题的系统研究,最终他们得出了这样的结论:如果人们任由人口、污染、粮食生产和资源消耗等以现在的趋势发展下去,那么地球增长的极限必将会在今后100年中到来,到时无论是人口还是工业生产力都会有相当突然的和不可控制的衰退。但他们认为,为支撑遥远的未来,努力改变这种增长的趋势和建立稳定的生态和经济的条件是完全可能的。并且人们为达到这种结果而开始工作的越快,其最终成功的可能性也就越大。② 罗马俱乐部对人类社会经济增长的前景是比较悲观的,甚至认为技术进步也无法解决增长极限的问题。"我们甚至尝试对技术产生的利益予以最乐观的估计,但也不能防止人口和工业的最终下降,而且事实上无论如何不会把崩溃推迟到2100年以后。"③

罗马俱乐部的结论给当前的经济增长模式敲响了警钟,使人们意识到必须改变当时的经济增长模式,否则就会引起人口问题、粮食问题、资源问题和环境污染问题,如果这些问题出现,将会形成恶性循环,人类陷入这样的陷阱难以自拔。

2. 增长乐观派的"增长无极限"

罗马俱乐部的"增长极限"观点提出后,遭到了许多经济学家的反驳和批评,他们认为罗马俱乐部低估了技术进步和市场机制对经济增长的作用。技术进步对于经济增长是非常重要的,从社会发展的实践来看,每一次的技术进步都会促进经济的大幅增长;市场机制会自动调节资源

---

① [美]丹尼斯·米都斯等:《增长的极限:罗马俱乐部关于人类困境的报告》,李宝恒等译,吉林人民出版社1997年版,第7页。

② 同上书,第17—18页。

③ [美]朱利安·林肯·西蒙:《没有极限的增长》,黄江南等译,四川人民出版社1985年版,第109页。

的利用，当资源存量在被不断消耗时，稀缺性就会增强，产品的边际成本就会提高，因此，稀缺性资源就会有较高的市场价格，经济系统会自动追求新的替代资源，从而资源的稀缺性就会得到解决。在反驳和批判罗马俱乐部的"增长极限"理论的过程中，形成了经济增长乐观派。代表性的作品是朱利安·林肯·西蒙的《没有极限的增长》，他认为"自然资源的供应在任何一种经济意义上说都是无限的……自然资源短缺日趋缓和"，"技术创新创造新的资源。……在能源和其他原材料方面的主要局限性是我们的知识，而知识的源泉是人类的头脑。因此，人类的重要制约因素是教育训练和想象力，这就是为什么人类不断繁衍增加，不断消费更多的资源，而自然资源的储备却不断增长的原因"。[①] 他自己收集资料，并建立一种分析方法，最后得出：人类资源并没有走到尽头，生态环境的恶化只不过是工业化推进过程中出现的暂时现象，生态环境也在日益好转，粮食问题在未来不再是问题，人口在未来也会达到自然平衡。

3. 《我们共同的未来》

可持续发展的概念最早萌芽在1972年的斯德哥尔摩联合国人类环境会议上，但当时对可持续发展还没有做明确的定义。20世纪80年代初，为解决当代人类所面临的南北问题、裁军与安全问题、环境与发展问题这三大挑战，联合国组成高级专家委员会，并分别发表了《我们共同的危机》《我们共同的安全》和《我们共同的未来》三个著名的纲领性文件。文件不约而同地提出了为了缩小差距、克服危机、保障安全和实现未来，各国必须组织实施可持续发展（Sustainable Development）战略的观点，并认为"可持续发展"是21世纪无论发达国家还是发展中国家的共同发展战略，是人类谋求生存与发展的唯一途径。只有坚持可持续发展，才能正确协调人口、资源、环境与经济间相互关系。在《我们共同的未来》（*Our Common Future*）的报告中也明确提出了可持续发展的定义："人类有能力使发展持续下去，也能保证使之满足当前的需要，而不

[①] [美] 朱利安·林肯·西蒙：《没有极限的增长》，黄江南等译，四川人民出版社1985年版，第37—38、223页。

危及下一代满足其需要的能力。"① 即可持续发展就是：既满足当代人的需要，又不对后代人满足其需要的能力构成危害的发展。这一定义成了可持续发展产生的标志，并得到了国际社会的广泛认可。

这实际上表明，当代人类所需要的发展应当是既实现经济发展的目标，又实现人类赖以生存的自然资源与环境的和谐，使子孙后代能够安居乐业、得以永续发展。可持续发展并不简单地等同于环境保护，而是站在一个更高、更长远的角度上来看待和解决环境与发展的问题，追求的是人口、资源等社会经济因素与生态环境之间相互协调的发展。当今世界，无论人口问题还是环境问题，究其根本还是一个发展问题。只有在可持续发展的大视野下，环境保护与治理才能得到彻底解决。这一观念显然反映了人类对发展问题认识的飞跃。

4.《21世纪议程》

1992年6月，联合国在巴西召开的环境与发展全球首脑会议上，通过了《里约宣言》，制定了全球可持续发展的纲领性文件《21世纪议程》，明确提出，为实现人类持续发展，为保护发展的基本条件和自己的家园地球，要彻底改变传统的发展观念，建立人与自然和谐的持续发展的新观念和新战略。这标志着人类的发展观出现了重大转变，为人类改变传统的发展模式和生活方式，实现经济、社会、资源和环境协调和可持续发展拓宽了道路。②

（二）可持续发展的内涵

1. 发展是可持续发展的核心

可持续发展的核心是发展，其并不像"零增长"理论那样单纯地否定经济增长，而是把经济增长作为可持续发展的一个重要途径。按照可持续发展理论的定义，一方面，首先要满足当代人的需要。那么，如何满足？靠什么来满足？显然只有通过发展，也唯有发展才能实现；另一方面，发展又不能对后代人满足其需要的能力构成危害。这就要求在发

---

① 世界环境与发展委员会编：《我们共同的未来》，王之佳、柯金良等译，吉林人民出版社1997年版，第10页。

② 王军：《可持续发展》，中国发展出版社1997年版，第30页。

展过程中要注意发展的方式,不能竭泽而渔,不能以损害后代人利益的方式来谋求发展,特别是要改变传统的经济增长方式。

经济增长是实现可持续发展的原动力。发展就要促进包括经济、技术、文化、生态等各因素在内的社会的全面进步,这些进步都离不开经济增长,只有经济增长了,才能为这些方面的发展创造条件,实现可持续发展。如果没有经济增长,那么发展就失去了原动力,也是不可持续的。可见,经济增长是可持续发展最关键的内容。特别是对于发展中国家来说,贫困只是一种表现,生态环境退化、疾病、社会不稳定等都是贫困的衍生物,解决这些问题的关键还在于经济增长。

可持续发展的提出不是对经济增长的否定,而是对传统经济增长方式的重新审视。可持续发展观反对以自由的掠夺式开发和生态环境的严重破坏为代价的经济增长,反对单纯追求利润最大化的价值取向。可持续发展倡导的是通过资源替代、技术进步、制度创新、结构调整等手段,使有限的资源能得到合理、高效、循环、可持续的利用。可持续发展鼓励适度的经济增长,但是要提高经济增长的质量,其所强调的是在经济增长的同时要以对生态环境的损害最小化为前提,追求发展的可持续性,最终达到改善和提高人类社会福祉的目标。

因此,可持续发展就是要将经济增长、社会进步和生态环境改善有机结合,实现可持续的经济增长。这就要求在经济增长方式上进行根本性的转变,努力实现粗放型经济增长方式向集约型经济增长方式的转变,依靠技术进步、制度创新等减少资源消耗,降低单位产出造成的环境污染,实现经济、社会、生态的均衡协调发展。

2. 资源环境是可持续发展的基础

可持续发展主要强调的是资源环境的可持续利用。因此,资源环境是可持续发展的重要基础,在发展过程中要与生态环境的承载力相协调,不能超过生态环境的承载力,否则可持续发展就无法实现。

对于资源和环境与经济发展相协调,可持续发展是从生态持续能力的角度进行解释的。生态持续能力包含两层含义:一是与资源利用有关的自然资源的再生能力和替代速度相协调,即在利用资源的过程中不能单纯追求经济增长而无节制地利用资源,利用资源是不能超过资源的再生能力，保持资源总量在长期内不会减少或者减少的速度放慢。二是要寻求替代资源，特别是不可再生资源，在利用该种资源的同时寻求其替代资源，从而不会因为资源枯竭而影响后代人的发展；而是废弃物排放要与环境的自净能力相协调，废弃物的排放对环境影响要控制在环境的自净能力范围内，否则就会造成环境恶化。

可持续发展从生态持续能力的角度来定义资源，它将资源分为可再生资源和非可再生资源两大类。在可再生资源的利用上，可持续发展理论运用资源保育原理，增强资源的再生能力，对资源的利用不能超过可再生资源的再生能力，以此保证资源的可持续利用；对于非可再生资源，可持续发展强调通过加强技术进步和创新，降低对非可再生资源的使用，特别是要通过技术创新等用可再生资源替代非可再生资源，同时运用经济手段提高非可再生资源的利用效率，加强循环利用。总之，可持续发展强调在经济发展过程中保护环境，改变以牺牲环境为代价的生产方式和消费方式，通过清洁生产和环境保护，控制环境污染，改善环境质量，降低人类活动对生态系统的破坏，促进生态环境的自我修复和持续发展。

3. 提高人类福祉是可持续发展的目标

发展本身不是人类所追求的目标。人们追求发展、推动发展的最终目的是要不断提高人类福祉，最终实现人类社会全面、协调和自由的发展。这也正是可持续发展的目标所在。在可持续发展中，发展是核心，但发展终归只是实现目的的手段或途径。在坚持可持续发展道路时就要正确处理其手段和目标的关系，只有正确处理二者的关系才能实现发展的可持续性。在可持续发展理念下，发展经济本身不是目的，它只是提高人类的物质文化水平、最近社会福祉的一个途径。对资源环境的利用方式会影响人类社会的福祉。从表面看，经济发展和生态保护二者之间具有一定的矛盾和冲突。实质上，二者间是相互协调、互相促进的。保护环境可能暂时影响了经济的发展，但从长远看正是为经济发展创造了条件，有利于经济的更好发展。通过环境保护，提高了环境的支撑能力，支撑能力的提高反过来会促进经济的进一步发展。所以，可持续发展理念不是限制经济发展，而是从长期的角度加速经济发展，提高人类社会的福祉，进而实现人类社会的全面、协调发展。

4. 系统性是可持续发展的灵魂

可持续发展不仅要协调好生态保护与经济发展的关系，还要有社会系统的支持，可持续发展实质是生态、经济、社会复合系统的协调运行，所以，必须从系统论的角度全面理解和认识可持续发展。换言之，要实现可持续发展，就要把生态、经济、社会三个系统作为一个复合系统来认识，即这三个系统之间是相互联系、相互制约的，而不是独立运行的。不能只强调系统中的某一个因素而忽视其他因素的作用。否则，就会影响到系统整体功能的有效发挥，进而损害到人类的可持续发展能力。因此，在发展过程中必须保障这三个子系统的协调运行，在经济发展的同时兼顾生态系统和社会系统的发展，注重生态环境的改善和社会发展水平的提高；在生态发展的同时要兼顾经济系统和社会系统的发展，即不能单纯追求生态改善而不顾经济、社会的发展；在促进社会发展的同时要兼顾经济系统和生态系统的发展，只有实现了三者间的协调发展，才能保障可持续发展的实现。

（三）可持续发展的原则

1. 可持续性

相比较传统发展观，坚持发展的可持续性是可持续发展观的一个最根本的区别，也是它的核心原则。也就是要求人类在追求和实现自身发展、不断提高自身生活质量的同时，还要保障对生态环境和自然资源的永续利用，避免持续的生态破坏，最终实现人与人、人与社会以及人与自然之间的和谐共处。这也是可持续发展观所追求的目标所在。从可持续发展的研究对象看，是由生态子系统、经济子系统、社会子系统三个子系统耦合而成的大的复合系统。因此，可持续性不仅涉及生态可持续性，还包括了经济可持续性和社会可持续性三个方面的内容。生态可持续性是可持续发展的必要条件，经济可持续性是可持续发展的基础和主导，社会可持续性是可持续发展的动力和目标。三者之间相互作用、相互联系、相互制约，共同构成可持续发展的基本内容。

其一，生态可持续性。坚持生态环境的可持续原则，就要求人类必须是在生态环境的可承载范围内去追求和实现经济增长和自身发展，即人类对资源的利用、对自我需要的满足不能以破坏生态系统自身的修复能力为代价，对生态系统的扰动、对生态环境的影响和破坏，必须保持在一定的限度内，绝不能超出生态环境的承载能力。生态环境是人类实现经济发展的重要支撑基础，生态系统的可持续性是人类持续发展的必要条件。如果为了追求人类自身的满足而不计资源和环境的代价，实现的只能是一种虚假的繁荣。只有保证自然生态环境的可持续发展，才能实现人类真正的可持续发展。失去了生态环境基础的发展只能是短视的，不可持续的发展。

其二，经济可持续性。经济可持续性是可持续发展的主导，也是可持续发展的物质基础。强调可持续发展，并不是单纯地否定经济增长，而是追求一种可持续性的经济增长。毕竟，可持续发展的目的最终还是要在自然、社会与人三者之间和谐相处的基础上，实现人类更高层次的发展。这就需要促进包括经济、技术、文化等各因素在内的社会的全面进步，而这些进步显然都离不开经济增长，只有经济增长了，才能为这些方面的发展创造条件。只不过在推进经济增长的过程中，反对单纯追求利润最大化的价值取向，反对掠夺式的开发模式和以牺牲生态环境为代价去追求经济增长，而应在集约式生产方式下，提高经济增长的质量和效率，实现经济增长的可持续性。当前绿色 GDP 核算概念的提出，符合经济可持续性的发展要求。这种核算方式将经济发展中所涉及的自然和社会成本考虑进去，有利于实现经济、社会和生态三者间的综合协调发展。

其三，社会可持续性。社会可持续性是指在各个系统协调发展的基础上，人类的生活水平和生活质量不断提高，实现人的全面持续进步。它也是可持续发展的终极目标，是追求生态和经济可持续性的最终落脚点。在生态、经济与社会三个子系统的关系上，生态和经济的可持续性是社会可持续性的前提条件，归根结底是为了实现社会可持续性而服务的。因此，可持续发展必须坚持以人为本，高度关注人的全面发展和提高。但可持续发展所坚持的以人为本理念，与人类中心主义又有着根本的不同。人类中心主义坚持人类自身的利益高于一切，丝毫不顾及自然和生态环境的存在价值，把人类的利益作为进行物质生产和实践活动的唯一价值尺度，以人为中心和唯一尺度去评价和安排整个世界。这与可持续发展所倡导的社会、经济与生态和谐共处、协同发展的理念有着本质的差异。

2. 公平性

对公平的定义和论述形成许多观点，主要有庇古的功利主义公平观，平均主义公平观，罗尔斯的最大最小化的公平观，诺齐克的应得权利观，阿玛蒂亚·森的基本能力公平观，布坎南的一致同意公平观，市场结果公平观等，各种公平观从不同的视角出发，具有不同的侧重点。

从可持续发展的定义可以看出，它所强调的是人类发展机会选择的平等性，既要满足当代人不断发展的需要，又不能损害后代满足需要的能力。因此，可持续发展所强调的公平性原则，总体来讲涉及时间和空间两个维度，即不仅要维护代际之间的公平，也要维护代内之间的公平。

其一，时间维度的公平。这主要指的是代际间的公平。在人类居住的地球空间中，自然资源的存量是有限的，自然资源的再生速度慢于人类需求欲望的增长速度。人类在追求自身发展目标的时候，如果不能放眼长远，只考虑当代人的发展需要，而不顾及后代人发展对资源的需求，对自然资源实行掠夺式的开发利用，竭泽而渔，必然会使子孙后代公平利用自然资源的权利遭到严重损害，也会影响和威胁到后代满足其需要的能力。这是一种代际间的不公平，实际是以牺牲后代人的需要为代价，来满足当代人的发展。时间维度的公平表明当代人必须要合理利用资源，不应当损害后代人获得发展的能力。

其二，空间维度的公平。这指的则是代内公平。既包括国家内部的公平，也包括国际间的公平。就一个国家或社会内部的公平而言，区域之间、阶层之间、社会群体之间也都存在着发展的公平问题。一国内部贫富差距的存在，体现的就是社会阶层或群体间发展的不公平。在一个贫富严重分化的两极社会是没有可能实现可持续发展的。同样，区域之间的发展落差也不符合可持续发展的公平性原则。相对发达的国家或地区有责任帮助欠发达的国家或地区实现更好更快的发展。

可持续发展在强调公平性原则时并不否定效率性原则，可持续发展观认为效率和公平是相辅相成，互相促进的。效率是指资源的有效利用与配置，如果不讲求效率，可持续发展中的发展这一核心就无从实现，因此效率是可持续发展的内在要求。而强调公平性原则则有利于人们获得更加均等的发展机会,从而大大提高人们的生产积极性,促进资源利用和配置效率的提高。提高资源利用和配置的效率又给公平地分配资源提供了基础。

3. 创新性

创新性就是利用技术创新和制度创新为实现可持续发展提供必要的技术和经济社会条件。创新是经济增长的原动力,也是扩大人类与自然系统的环境容量变革的关键所在。通过技术创新,人类不断发现和发明新的能源、资源以及替代品,对资源的使用方法和用途进行扩展和深化,开发适合资源和环境承载能力的新技术,能够提高资源的利用效率,扩宽可持续发展的投入要素的范围和内容。

通过制度创新,建立实现可持续发展目标的有效制度保证,可以对人类利用和开发资源的方式进行更加科学合理的规范和约束。也能够通过制度创新,将生态环境污染破坏的外部性及时内部化,合理科学地增加经济主体的经济活动的运行成本,使其经济行为得到有效的限制和约束。合理的制度创新能够保障经济发展和环境保护的统一,使社会经济活动的组织更为高效,保障可持续发展得以顺利推进。

可持续发展观的提出和践行,对民族地区的现代化建设有着重要而现实的意义。如前所述,民族地区是我国的重要的生态屏障,几条主要的大江大河均发源于此。民族地区生态建设的状况如何直接影响着全国的生态状况。同时,民族地区又是我国整体发展中较为贫困落后的地区。作为现代化的后发地区,追求较快的发展、尽快达到内地较发达地区相近的现代化水平,一直是民族地区政府及群众的迫切愿望。但是,如何发展,追求怎样的发展目标,又以什么样的方式去实现发展目标,这是新的时代环境下,可持续发展理念对民族地区提出的现实要求和新的约束条件。也是民族地区在谋求现代化发展的过程中,必须始终面对而且需要认真思考并要在实践中加以探索、进行创新的重大问题。这也成为本研究反思民族地区传统的现代化发展模式,探求新型发展路径的重要理论基础。

第 三 章

现实与困境:民族地区现代化建设的新环境与新挑战

自1978年改革开放以来,伴随着我国工业化、城镇化步伐的加快,以及经济增长的持续推进,我国的国土空间格局发生了巨大变化。这种空间格局的变化一方面有力支撑了经济的高速发展和社会的进步,另一方面,也在推进发展的过程中积累了不少突出的问题,引起了政府与社会的高度重视。如空间开发失序、资源开发强度过大、耕地减少过多过快、要素和资源的空间配置效率不高、生态系统功能退化、人和自然的关系处于冲突状态等等。在此背景下,对未来国土空间开发的战略格局进行适时调整和统筹谋划,努力形成更加科学合理的国土空间开发导向,也就成为新形势下,党中央、国务院必须做出的一个重大战略决策。而主体功能区规划的确立,无疑为民族地区的现代化建设塑造了一个新的环境,也带来了前所未有的挑战。

第一节 主体功能区规划的提出

党的十六大以来,伴随着资源、环境状况的不断恶化,中央审时度势,及时提出了科学发展观以及构建社会主义和谐社会的重大战略思想,并提出建设资源节约型、环境友好型社会,加快转变经济增长方式,大力发展循环经济的经济结构转型目标。主体功能区规划是党的十六大以来以科学发展观为主线的中央一系列有关发展政策的体系化、制度化的扩展和延续。实施主体功能区规划，推进主体功能区建设，是新时期我国在国土空间开发思路与模式上的重大转变和创新。

一 主体功能区规划提出的背景

（一）资源环境约束加剧，严重威胁国家生态安全

中国幅员辽阔，陆地国土空间面积广大，居世界第三位。但其中真正适宜开发、可以有效利用的土地面积并不算多。"山地多，平地少，约60%的陆地国土空间为山地和高原。适宜工业化城镇化开发的面积有180余万平方公里，但扣除必须保护的耕地和已有建设用地，今后可用于工业化城镇化开发及其他方面建设的面积只有28万平方公里左右，约占全国陆地国土总面积的3%。"① 总体上，土地空间资源短缺，且可利用的土地资源空间分布不均衡。山地、高原大多集中在我国的西部地区，真正可利用的国土资源主要分布于我国的中东部地区。不仅如此，相当一部分空间区域的生态环境也非常脆弱。"中度以上生态脆弱区域占全国陆地国土空间的55%，其中极度脆弱区域占9.7%，重度脆弱区域占19.8%，中度脆弱区域占25.5%。"② 这类区域不适合进行大规模的工业化和城市化；同时，我国耕地、生物、矿山、水等资源总量虽然丰富，但人均占有量少，质量不高，且空间分布差异较大。"2005年，我国耕地面积为18.31亿亩，人均1.4亿亩，不足世界平均水平的40%，约相当于美国的1/8、印度的1/2（参见《2005年中国国土资源公报》）。从水资源看，2005年，全国水资源总量27430亿立方米，占全球水资源的6%；人均水资源2098立方米，仅为世界平均水平的27%，是全球人均水资源最贫乏的国家之一。从生态环境状况看，2004年全国荒漠化土地总面积为263.62万平方公里，占国土总面积的27.46%（参见《2005中国荒漠化和沙化状况公报》）。"③

近些年来，随着我国经济发展步伐的加快，粗放式的经济增长方式

---

① 《全国主体功能区规划》（单行本），人民出版社2015年版，第6页。
② 同上书，第7页。
③ 国家发展改革委宏观经济研究院国土地区研究所课题组：《我国主体功能区划分及其分类政策初步研究》，《宏观经济研究》2007年第4期。

导致了对资源的过度消耗，对自然竭泽而渔式的开发，导致一系列严重的资源环境问题。同时无节制排放的污染物废弃物，已大大超过自然的净化能力。"研究表明，2007年我国的碳基燃料共排放二氧化碳达到54.3亿吨，居于全球第二。而在2009年，我国首次超过美国成为了二氧化碳最大的排放国家。"① 而由此所导致的恶果，就是近几年我国包括北京在内的多个省份连遭雾霾天气侵袭，尤其冬季的供暖季开始后，很多城市更是遭遇持续多日的PM2.5爆表，而且影响的地区面积还在不断扩大。此外，我国大约有400多座城市面临着缺水状况，不少地区因工业化、城市化大量的抽取地下水，地下水位下降严重，造成了空前严重的"漏斗区"。近年来大气污染、水污染等状况日益加剧，频繁发生的污染事件不仅严重危害人民身体健康，也表明资源环境对我国经济发展的约束日益加速，国家生态安全受到严重威胁。

（二）区域空间无序开发，造成了空间资源的浪费

我国当前正处于工业化快速推进阶段，大力推行工业化和城市化也成为各区域追求发展的重要内容。部分区域为追求地区GDP的发展速度，无视自身的发展条件，盲目开发和攀比，导致区域空间的无序开发。如前些年各区域一哄而上，不顾条件竞相建设各类开发区，导致开发区用地粗放的状况大量存在。据全国土地市场治理整顿的最新调查数据，全国原有各级各类开发区6866个，平均每个省份有各类开发区220个以上，规划面积3.86万平方公里，超过了全国现有城市建设用地3.4万平方公里的规模。② 另外，开发区数量多，但往往开发程度不够，投入资金不足，单位土地投资密度低，土地利用率也低，单位土地面积产出少。还有部分开发区根本不具备条件，建成后项目引不进来，"开而不发"，大量土地被闲置，造成土地资源的严重浪费。

同时由于空间开发上的无序，部分不具备开发条件的生态环境脆弱区也遭到盲目开发，导致生态环境破坏严重，严重影响国家的生态安全。

---

① 胡良琼：《气候变化与我国的生态安全》，《行政管理改革》2012年第12期。
② 束克欣：《集约与节约用地——协调社会经济发展的必由之路》，《中国信息报》2005年8月25日。

众所周知,青藏高原不仅是长江、黄河的发源地,而且南亚的许多著名河流也发源于此地。维护青藏高原良好的生态环境不仅符合本地区居民的利益,也会惠及其他地区的居民乃至全人类。然而近些年来,由于开发上的盲目,青藏高原地区在发展经济、特别是扩大畜牧业生产规模的过程中,单纯追求各类牲畜的存栏率,而没有顾及草原单位面积的负荷,造成西藏和青海部分草地的退化和沙化。而草地的沙漠化加剧了高原气候的干旱和风沙侵蚀,同时也改变了自然环境本身的结构。这些区域生态环境一旦破坏,生态恢复和治理成本极其高昂,严重损害子孙后代的利益,影响区域的可持续发展。在发达地区同样存在无序开发盲目开发的情况。如珠三角、长三角等一些城市开发强度过高,导致城市膨胀、交通堵塞、居住环境质量下降等问题。

国土空间的无序开发,导致区域发展盲目追求速度,城市用地外延扩张迅速。各地"圈地"现象严重,土地"平面扩张"迅速。据中国社会科学院城市发展与环境研究中心发布的《城市蓝皮书》称,2001年到2007年,短短6年时间,我国地级以上城市市辖区建成区面积增长了70.1%,但市辖区中人口仅增加了30%。[①] 土地的城市化远快于人口的城市化。由于城市发展违背发展规律,超出了发展规模,尽管形式上农村人口变成了城市人口,却并不能充分享受到城市发展的效益和质量。而这种无规划或规划不严的工业开发、城市开发,尤其是超大规模基建和房地产建设,对耕地特别是优良耕地更是造成了大规模的侵蚀和浪费性开发。总之,正是空间的无序开发加剧了我国空间资源短缺状况。

(三) 以行政辖区为经济单元的区域发展格局问题频发

我国区域发展多是以行政区为单位进行的,行政划对区域经济发展具有刚性约束。改革开放以来,随着我国社会主义市场经济体制的不断推进以及全球经济一体化进程的日益加快,行政区经济带来的问题和弊端越来越突出。为追求地方一己利益,地方政府往往对辖区内的经济有着很强的干预,使要素流动和企业跨区域扩展受到严重限制。有国外

---

① 中国社会科学院城市发展与环境研究中心:《城市蓝皮书》,社会科学文献出版社2009年版。

学者在测算了我国的地方保护主义和市场分割程度后，甚至得出了中国的省际贸易障碍甚于欧盟的结论。这一结论是否客观正确暂且不论，但这种地方保护主义的存在却是不争的事实。各行政区为追求地方利益，竞相发展对 GDP 拉动快、对地方财政贡献大的行业，造成区域之间恶性竞争。而各区域各自为政的结果，造成了产业结构的高度雷同。如 2010 年，十七届五中全会提出要加快培育和发展战略性新兴产业后，"全国有 27 个省市自治区的 100 多个城市都提出要打造新能源产业基地，近 80% 的地区选择发展节能环保产业，超过 90% 的地区选择发展新能源、新材料、电子信息和生物医药产业，60% 的地区选择发展生物育种产业，另有 50% 以上地区选择发展新能源汽车"①。显而易见，这种一哄而上、盲目投资，不仅会导致严重的结构性过剩，造成资源浪费，也会导致战略性新兴产业难以在区域层面形成有效合理的分工协作，不利于协调完整的产业生态系统和产业链的形成。在招商引资方面，为了追求实现本地区的经济效益，不少地区产生了盲目的招商引资冲动，不管生态效益、社会效益如何，只要引资项目能增加地方财政收入、拉动 GDP 增长，就减免税收，赠送土地，完全不计可能产生的污染后果和未来的环保压力。甚至有些地方明知引进的是高污染、高耗能企业，却能一路"绿灯"。为了追求本地区的福利最大化，在招商引资中只顾盲目引进工程项目，而不注重技术承接和本地产业的对接。大量重复建设，形成巨大的内耗，降低了区域整体效率。

必须看到，在经过 30 多年的改革开放后，我国经济总量不断跃升，经济社会发展已进入到一个新的阶段。自 2010 年我国 GDP 总量首次超过日本，我国经济总量已连续五年稳居世界第二，仅次于美国。据国家统计局数据显示，到 2015 年末，我国 GDP 总量已达到 676708 亿元，人均国内生产总值 49351 元，外汇储备达 33304 亿美元。②按照世界银行的划分标准，已经跃升至上中等收入国家水平。在这一阶段，如不能很好地

---

① 汪克强：《深化体制机制改革：发展战略性新兴产业的关键》，《中国高校科技与产业化》2011 年第 3 期。

② 中华人民共和国国家统计局：《中华人民共和国 2015 年国民经济和社会发展统计公报》，2016 年 2 月 29 日，http://www.stats.gov.cn/tjsj/zxfb/201602/t20160229_1323991.html。

处理好贫富差距悬殊、地区差距过大、产业转型升级等问题，以及回应好民众对公平与正义的诉求，就有可能会陷入"中等收入陷阱"，不仅经济发展会遇到难以逾越的障碍，也会在很大程度上影响和谐社会的进程。同时，在经过长期高速发展之后，粗放型经济增长方式所导致的严重的环境问题、资源浪费问题等日益暴露出来。这些问题如果不能得到有效解决，对我国现代化进程的推进必然形成严重制约。总之，在当前发展的新阶段，公平与效率相统一、人与自然和谐相处、地区之间良性竞争等等，要求我们必须在国土规划和区域发展战略上要有新的理念和举措，主体功能区规划正是在这一背景下应运而生。

2002 年在《关于规划体制改革若干问题的意见》中，最早提出了主体功能区的构想。此后，2006 年 3 月 16 日，经十届人大四次会议审议通过的国家"十一五"规划纲要，确定了编制并实施全国主体功能区规划的任务。2006 年 10 月 11 日，国务院办公厅下发了《关于开展全国主体功能区划规划编制工作的通知》（国办发［2006］85 号）对该项工作进行了具体布置，影响深远的主体功能区筹划工作终于迈出了实质性的第一步。2007 年 7 月 31 日，国务院发布《国务院关于编制全国主体功能区规划的意见》（国发［2007］21 号），就全国主体功能区规划编制工作给出了明确的意见。经过 4 年多的编制工作，2010 年 6 月 15 日，《全国主体功能区规划》提交国务院常务会议审议并获得原则通过。2010 年 12 月 21 日，国务院正式签发《国务院关于印发全国主体功能区规划的通知》（国发［2010］46 号），并向各地印发，2011 年 6 月 8 日，《全国主体功能区规划》正式向社会公布。

二 进行主体功能区规划及建设的意义

（一）推进主体功能区建设，有利于推进经济发展方式转变，加快结构优化升级

我国经济发展方式和经济结构不合理的原因是多方面的，而国土空间开发模式不合理也是其中一个重要因素。如前所述，空间结构不合理、空间效率不高已经是影响我国经济社会科学发展的重大问题和矛盾。一些地区超强度开发，严重超过了当地的资源环境承载能力，造成了极大

的生态压力；还有些地区无视自身的国土空间条件，盲目攀比上项目，造成严重的产能过剩和产业结构趋同。显然，旧的开发理念不改变、开发模式不转换，发展就难以为继。十八大提出要"转方式、调结构、稳增长、促发展"，转方式不仅要转变传统的经济增长方式，而且传统的空间开发模式也必须要转变；调结构不仅是要调整不合理的产业结构，也要调整不合理的空间结构，因为空间结构的合理布局，在一定程度上决定着资源配置效率和发展方式。当前，要把十八大提出的转方式和调结构的要求落实到位，必须要对不同区域的功能定位和发展方向做出明确界定，才能形成对具体地域的明确导向，规范开发秩序，约束不合理的开发行为。

对诸如长三角、珠三角、环渤海地区等开发强度和发展水平已经很高的区域，将其确定为优化开发区，有利于实现该区域的优化发展，解决过度开发的隐患，也有利于更好地应对日趋激烈的国际竞争；而对一些有一定经济基础和开发潜力、且资源环境承载力较强的地区，如中部地区的中原城市群、西部地区的成渝城市群、关中城市群等，将其确定为重点开发区，按照资源节约、环境友好的要求，完全可能走出一条新型工业化和中国特色城镇化的道路来；再有，对生态环境脆弱地区或是具有农业生产优势的地区，将其确定为限制开发区，限制当地大规模、高强度的工业化、城镇化开发活动，通过因地制宜地发展农业产业化、生态经济和特色产业，探索生态经济发展的新路子。总之，对不同区域的主体功能和发展方向做出明确定位，使各地区可以更清楚地知道自己"能干什么""让干什么"，有利于形成合理的产业导向，提高资源空间配置效率，加快经济发展方式的转变。

（二）推进主体功能区建设，有利于充分落实"以人为本"的发展理念

"以人为本"是科学发展观的核心，而主体功能区战略的实施，本身也是落实科学发展观的一个具体体现。因此，必须坚持"以人为本"，把提高人民生活质量、促进人的全面发展，贯穿在主体功能区战略实施的具体行动中。改变过去只重物质财富积累、轻视人的自身发展的"见物不见人"的发展理念和模式，在满足人们物质需要的同时，进一步满足

人们对环境、生态、健康等更高层次的需要,以实现人口、经济、资源环境的协调发展。各地区可以根据各自主体功能定位的不同,构建新的区域发展格局。采取不尽相同的发展方式和手段来推动区域发展,使不同地区的人们都能享有均等化的基本公共服务和大体相当的生活水平,从而缩小地区间人民生活水平和公共服务的差距,实现区域协调发展,让广大人民群众共享发展成果这一目标真正得以实现。

(三) 推进主体功能区建设,有利于从根本上扭转生态环境恶化趋势

当前,我国生态环境恶化的趋势已到了刻不容缓、必须下大力气解决的程度。在原有发展模式下,一些生态环境脆弱区的经济开发与建设,早已超出了当地资源环境的承载力,生态环境不堪重负,而且陷入越开发、越贫困的恶性循环中。推进形成主体功能区,就是要把人口调节、经济发展与国土空间开发有机结合起来,综合协调好人、地、资源之间的矛盾,对急需保护的区域做好切实有效地保护,对有条件开发的区域进行集约高效地开发。合理引导人口和经济的流向,尽可能向适宜开发的区域集聚,为农业发展和生态保护提供更多的生产和修复空间,促进人口、经济和国土资源在空间上的均衡分布、协调发展。只有这样,才能从根源上扭转生态恶化的趋势,为子孙后代留下发展空间和发展潜力。

(四) 推进主体功能区建设,有助于形成科学有效的调控体系,加强和改善区域调控

我国幅员辽阔,不同地区国土空间的特点差异很大,情况复杂多样。这也决定了同样的政策,在不同的地区所产生的效果也不尽相同。在有的地区更具针对性,政策实施效果也相对较好;但在有的地区则显得不够适用和有效。同样,在具有不同空间特点的区域,如果完全按照一个尺度、一个评价标准来衡量和考核其发展成果的话,自然也难以公平地反映各自的工作成效和努力,从而也无法达到有效激励的效果。因此,无论是从政策制定的针对性、适用性上,还是从区域规划的整体性、有效性上,或是在绩效评价的科学性、公正性上,国家都有必要根据各区域资源环境的不同特点,对区域经济发展进行分类指导和调控。这样才能使中央的区域调控能力得到改善和加强。而主体功能区规划和建设可

以为差别化的区域政策、统一衔接的规划体系、各有侧重的绩效评价以及精准细致的空间管理提供一个可操作、可控制、可监管的基础平台,增强区域调控的针对性、有效性和公平性。一方面,可以在明确不同区域主体功能的前提下,为政策制定更具针对性和有效性提供良好的政策平台;另一方面,作为战略性、基础性的规划,主体功能区规划可以为区域规划、城市规划等提供重要的规划平台,保障规划的一致性和权威性;再有,可以根据区域主体功能的不同,实行各有侧重的绩效评价,提供了一个科学公正的评价平台;最后,主体功能区规划与建设,为建立一个覆盖全国、统一协调、功能完善的国土空间管理系统提供了有效的管理平台。①

总之,推进形成主体功能区,是对国土空间实施科学开发的重要创新,也是落实科学发展观、改善区域调控能力的重要举措和基础。这一战略的实施,必将对当代中国的科学发展和中华民族的永续发展产生重大而深远的影响。

第二节　全国主体功能区的划分内容

一　主体功能区的划分类型

根据正式公布的《全国主体功能区规划》,按开发方式,我国国土空间分为四类主体功能区,即优化开发区域、重点开发区域、限制开发区域和禁止开发区域。这几类功能区的划分主要是基于不同区域的资源环境承载能力、现有开发强度和未来发展潜力,以是否适宜或如何进行大规模高强度工业化城镇化开发为基准划分的。

（一）优化开发区

优化开发区域是经济比较发达、人口比较密集、开发强度较高、资源环境问题更加突出,从而应该优化进行工业化城镇化开发的城市化地区。被确定为国家层面的优化开发区有三个,即环渤海地区、长江三角洲地区、珠江三角洲地区。

---

① 马凯:《实施主体功能区战略　科学开发我们的家园》,《求是》2011年第17期。

提出优化开发区域，既是针对一些经济密集区存在过度开发隐患，必须优化发展的迫切要求，也是面对日趋激烈的国际竞争，增强国家竞争力的战略需要。对这一区域，要改变依靠大量占用土地、大量消耗资源和大量排放污染实现经济较快增长的模式，把提高增长质量和效益放在首位，提升参与全球分工与竞争的层次，努力将国家优化开发区域，建设成为提升国家竞争力的重要区域、全国重要的人口和经济密集区和带动全国经济社会发展的龙头。

（二）重点开发区

重点开发区域是有一定经济基础、资源环境承载能力较强、发展潜力较大、集聚人口和经济的条件较好，从而应该重点进行工业化城镇化开发的城市化地区。被确定为国家层面的重点开发区域，包括冀中南地区、太原城市群、哈长地区、中原经济区、长江中游地区、北部湾地区、关中—天水地区、宁夏沿黄经济区、天山北坡地区等共计18个。

提出重点开发区域，既是落实区域发展总体战略，拓展发展空间，促进区域协调发展的需要，也是避免经济发展过于依赖少数区域，减轻其人口、资源、环境压力的需要。我国未来将达到14亿到15亿人口，必须让一部分人能够留在中西部发展条件相对比较好的区域。对这一区域，要充实基础设施，改善投资创业环境，促进产业集群发展，壮大经济规模，加快工业化和城镇化，承接优化开发区域的产业转移，承接限制开发区域和禁止开发区域的人口转移，逐步成为支撑全国经济发展和人口集聚的重要载体。

（三）限制开发区

限制开发区域具体又分为两类：

一类是农产品主产区，即耕地较多、农业发展条件较好，尽管也适宜工业化城镇化开发，但从保障国家农产品安全以及中华民族永续发展的需要出发，必须把增强农业综合生产能力作为发展的首要任务，从而应该限制进行大规模高强度工业化城镇化开发的地区，包括：东北平原主产区、淮海平原主产区、长江流域主产区等七个农产品主产区。

一类是重点生态功能区，即生态系统脆弱或生态功能重要，资源环境承载能力较低，大规模集聚经济和人口的条件不够好，必须把增强生态产品生产能力作为首要任务，从而应该限制进行大规模高强度工业化城镇化开发的地区。划定的国家重点生态功能区包括大小兴安岭森林生态功能区等25个地区。总面积约386万平方公里，占全国陆地国土面积的40.2%。①

提出限制开发区域，既是从全局上保护耕地、保障农产品安全、遏制生态环境恶化趋势的迫切需要，也是从根本上提高这些区域人民生活水平的长远之计。对此类地区，要以一定区域范围内为居民提供基本公共服务和满足一定规模的就业为重点，调整完善城镇布局，避免盲目推进工业化和城镇化。因此，要坚持保护优先、适度开发、点状发展，因地制宜发展资源环境可承载的特色产业，加强生态修复和环境保护，引导超载人口逐步有序转移，逐步成为全国或区域性的重要生态功能区。同时，限制开发区的发展与建设还需要国家通过财政的转移支付给予补偿，以切实保障其生态功能。经济增长不是衡量每个地方发展的唯一指标，对于重点生态功能区来说，生态价值比经济价值更重要。这些地方的发展不是以开发了多少资源来衡量，而是以保护了多少资源来衡量；通过实行生态保护和农业发展优先的绩效评，改变对地区生产总值、投资、工业、财政收入和城镇化率等指标的经济考核。

（四）禁止开发区

禁止开发区域是依法设立的各级各类自然文化资源保护区域，以及其他禁止进行工业化城镇化开发、需要特殊保护的重点生态功能区。其中，国家禁止开发区域是指有代表性的自然生态系统、珍稀濒危野生动植物物种的天然集中分布地、有特殊价值的自然遗迹所在地和文化遗址等，需要在国土空间开发中禁止进行工业化城镇化开发的重点生态功能区。

对这类区域要依据法律法规和相关的规划实行强制性保护，控制人为因素对自然生态的干扰，严禁不符合主体功能定位的开发活动。根据法律法规和有关方面的规定，国家禁止开发区域共1443处，总面积约

---

① 《全国主体功能区规划》（单行本），人民出版社2015年版，第68页。

120万平方公里,占全国陆地国土面积的12.5%。① 今后新设立的国家级自然保护区、世界文化自然遗产、国家级风景名胜区、国家森林公园、国家地质公园,自动进入国家禁止开发区域名录。

二 各类主体功能区的功能定位

进行主体功能区的划分,其目的是在于赋予各区域不同的功能定位,明确该区域主体的功能,从而可以围绕这种主体功能定位来制定相应的发展政策,形成各具特色、分工合理的全国经济社会发展新格局。根据正式公布的《全国主体功能区规划》的相关内容,对四类主体功能区的主体功能和发展导向等方面进行了梳理和比较,见表3-1。

表3-1　　　　　　　主体功能区的主体功能和发展导向

类型	特点	主体功能定位	发展方向
优化开发区	综合实力较强,经济规模较大,能支撑并带动全国或全省经济发展;城镇体系比较健全,内在经济联系紧密,区域一体化基础较好;科学技术创新实力较强,能引领并带动全国自主创新和结构升级	提升国家竞争力的重要区域,带动全国经济社会发展的龙头,在更高层次参与国际分工的经济区,全国重要的创新区域和重要的人口和经济密集区	优化空间结构;优化城镇布局;优化人口分布;优化产业结构;优化发展方式;优化基础设施布局;优化生态系统格局
重点开发区	具备较强的经济基础,具有一定的科技创新能力和较好的发展潜力;城镇体系初步形成,具备经济一体化的条件,中心城市有一定的辐射带动能力;能够带动周边地区发展	支撑全国经济增长的重要增长极,落实区域发展总体战略、促进区域协调发展的重要支撑点,全国重要的人口和经济密集区	统筹规划国土空间;健全城市规模结构;促进人口加快集聚;形成现代产业体系;提高发展质量;完善基础设施;保护生态环境;把握开发时序

---

① 《全国主体功能区规划》(单行本),人民出版社2015年版,第76页。

续表

类型		特点	主体功能定位	发展方向
限制开发区	农产品主产区	具备较好的农业生产条件，以提供农产品为主体功能，以提供生态产品、服务产品和工业品为其他功能，需要在国土空间开发中限制进行大规模高强度工业化城镇化开发，以保持并提高农产品生产能力的区域	保障农产品供给安全的重要区域，农村居民安居乐业的美好家园，社会主义新农村建设的示范区	加强土地整治和水利设施建设，优化农业生产布局和品种结构，加强农业基础设施建设，推进农业的规模化、产业化，增强农业综合生产能力等
	重点生态功能区	生态系统十分重要，关系全国或较大范围区域的生态安全，目前生态系统有所退化，需要在国土空间开发中限制进行大规模高强度工业化城镇化开发，以保持并提高生态产品供给能力的区域	保障国家生态安全的重要区域，人与自然和谐相处的示范区	以保护和修复生态环境、提供生态产品为首要任务，因地制宜地发展不影响主体功能定位的适宜产业，引导超载人口逐步有序转移
禁止开发区		有代表性的自然生态系统、珍稀濒危野生动植物物种的天然集中分布地、有特殊价值的自然遗迹所在地和文化遗址等，需要在国土空间开发中禁止进行工业化城镇化开发的重点生态功能区	我国保护自然文化资源的重要区域，珍稀动植物基因资源保护地	严格控制人为因素对自然生态和文化自然遗产原真性、完整性的干扰，严禁不符合主体功能定位的各类开发活动，引导人口逐步有序转移，实现污染物"零排放"，提高环境质量

资料来源：根据《全国主体功能区规划》（单行本）整理汇总。

总之，通过对上述四类功能区类型及主体功能定位的梳理和比较，可以看出：

优化开发区作为提升区域竞争力、带动全国经济社会发展、在更高层次上参与国际竞争的重要区域，今后其增长质量和效益的提高将放在首位考虑的因素，而不再把增长速度放在首位。但这类区域仍是我国在发展上率先发展的区域。

而重点开发区并不意味着所有方面都需重点开发，而是重点开发那些能够维护地区主体功能的开发活动，旨在成为继优化开发区后的经济快速增长区，能够成为承接优化开发区产业转移和限制开发区、禁止开发区人口转移的重要区域。属于今后要快速发展的区域。

至于限制开发区，并不是限制所有的开发活动，更不是限制"发展"，主要是对大规模、高强度的工业化和城市化活动进行限制。特别是其中的重点生态功能区，这类区域在全国生态系统中地位十分重要，同时也是为全国提供生态安全的保障。它的主体功能就是要提供生态产品，提供生态安全的保障。这些地区今后的发展，一方面主要是通过加大中央财政的转移支付，提高当地基本公共服务的能力；另一方面，这些地区也可以通过发展自己的生态经济，逐步地改善生活水平。通过这几条渠道使得这些区域能够和其他区域一样有大体相当的生活水平和基本公共服务的水平。这类区域的开发必须坚持保护优先、适度开发、点状开发的原则，对自然灾害多发区域、生态脆弱区域以及贫困地区等，应在进行充分的生态环境评估后，在保护区域生态功能的前提下进行保护性开发，因地制宜发展生态经济和资源环境可承载的特色产业，积极引导冗余的人口经济活动平稳有序地转移至重点开发区或优化开发区，并从开发内容、强度和方式上进行约束，逐步使之成为全国或区域性的重要生态功能区。

禁止开发区的设立、划定和管理体系相对成熟，并不是要禁止所有的开发活动，主要是禁止那些与区域主体功能定位不相符的开发活动，禁止对自然生态的人为干预活动，可在保护区域生态环境和有资源环境承载力的前提下发展生态旅游业等产业，是传承本区域文化遗产、确保生态平衡和自然特色、改善区域生态环境质量的核心区域和保护文化遗产的重要区域。①

需要注意的是，优化开发、重点开发、限制开发、禁止开发不是一

---

① 国务院发展研究中心课题组：《主体功能区形成机制和分类管理政策研究》，中国发展出版社2008年版，第16—19页。

成不变的；重点开发区随着开发强度的提高可能变成优化开发区，限制开发区可能变成禁止开发区。近年来开展的退耕还林、退牧还草、退田还湖，在一定意义上就是将以提供农产品为主体功能的区域，调整或修复为以提供生态产品为主体功能的区域。

第三节　主体功能区规划与建设对民族地区现代化的影响

由于历史的原因，我国少数民族居住的地区大都地处边陲和山区高原，交通不便，自然条件较差。在地理环境特点上，主要表现为高原区、沙漠区、石山区、草原区四大类。像青藏高原、黄土高原、内蒙古高原、云贵高原等都具有典型的高原区地貌，有大量的少数民族都生活于其中。如藏族，大多生活在平均海拔 4000 米以上的青藏高原，高寒缺氧，大部分地区年平均气温不到 5℃，地貌和气候均不适于发展农业生产，而只能以畜牧业生产为主，人类自身的生存条件极为艰苦。而东乡族、保安族、裕固族等少数民族则生活在黄土高原，气候干旱，降水稀少且集中，地形沟壑交错，生产和生活条件不佳。至于干旱沙漠区，更是基本都分布在民族地区，如新疆的塔克拉玛干沙漠、内蒙古的腾格里沙漠、毛乌素沙漠等。沙漠地区降水稀少，蒸发量远远大于降水量，农业生产主要依靠人工灌溉，条件艰苦；还有很多少数民族主要生活在草原区，如蒙古族、哈萨克族等均长期生活于此，也被称为"马背上的民族"。在我国的西南少数民族地区，石山区分布较广。这里山多、石多、土少、地少，是典型的"喀斯特"地貌，土地保水性差，生产条件恶劣。

显然，从地理区位看，民族地区具有边缘性、边际性和邻边性的特点。然而恰恰又是这种不利的区位条件，造就了民族地区在我国生态安全系统中具有极其重要的地位和作用。一方面，民族地区是我国主要大江大河的发源地。从南到北的珠江、长江、黄河三大水系以及雅鲁藏布江、怒江、澜沧江、金沙江、塔里木河、额尔齐斯河、伊犁河等主要河流都源于西部民族地区。其中，青藏高原作为长江、黄河、澜沧江、怒江、金沙江、雅鲁藏布江等主要江河的发源地，有"中华水塔"之称。

另一方面，民族地区森林面积大，但森林资源的集中分布区也是在主要江河发源地和上中游流域，对于涵养水源、防风固沙、防止水土流失，发挥着重要的生态功能。这些森林的数量、质量及分布对流域局部地区甚至整个流域的生态环境，都会产生重大影响。一旦这些地区的生态环境遭到破坏，那对整个国家的生态环境安全都会造成很大的威胁。

然而，近些年来，我国民族地区生态环境的日益恶化已成为不争的事实。仅从这些年来荒漠化面积的变化情况这一方面的数据就可见一斑。根据我国先后发布的《第三次中国荒漠化和沙化状况公报》《第四次中国荒漠化和沙化状况公报》和《第五次中国荒漠化和沙化状况公报》，对我国荒漠化土地面积状况进行了持续监测。从监测数据看，从2004年到2009年，再到2014年，全国荒漠化土地面积分别为263.62万平方公里、262.37万平方公里、261.16万平方公里，荒漠化面积占国土总面积的比重从2004年的27.46%下降为2009年的27.33%，2014年进一步下降为27.20%。总体呈现出一个小幅平稳下降的趋势。然而其中，荒漠化土地面积相对集中的新疆、内蒙古、西藏、甘肃、青海五省区，其荒漠化面积之和在全国荒漠化土地总面积中所占比重，反而从2004年的95.31%上升到了2009年的95.48%，再到2014年底的95.64%。① 虽然上升幅度并不算大，但至少说明民族地区的荒漠化状况依然严峻，尽管也在通过退耕还林、退耕还草等手段在进行治理，但目前看民族地区的生态环境仍不容乐观。因荒漠化造成的沙尘暴天气不仅给民族地区，给华北、京津地区的空气也都造成了极大的污染，且经济损失严重。同时，民族地区的森林退化问题、水土流失问题等等，也同样不容乐观。

水土流失、土地荒漠化、土壤盐碱化、森林草原大面积退化等等，加剧了自然灾害的发生频率和程度，不仅给民族地区的经济和社会带来了极大危害，加剧了民族地区人口的贫困程度，也给整个国家的生态环

---

① 根据国家林业局《第三次中国荒漠化和沙化状况公报》（中国政府网，http://www.gov.cn/ztzl/fszs/content_650487.htm)、《第四次中国荒漠化和沙化状况公报》（中国网，http://www.china.com.cn/fangtan/zhuanti/2017-09/03/content_41523193.htm)、《第五次中国荒漠化和沙化状况公报》（国家林业局官方网站，http://cfdb.forestry.gov.cn/lysjk/indexJump.do?url=view/moudle/searchData/showDetail&keyid=100701）数据整理得出。

境安全都会造成极大的威胁。究其原因，与民族地区的贫困落后不发达有关，也与发展上的短视行为有关。从这些年来的整体发展情况看，尽管民族地区在经济社会发展上取得了显著的进步，但由于先天基础差、发展起点低、现代性累积严重不足等种种原因，使得其发展水平总体上仍处于落后状态，依然是我们这个发展中国家中的欠发达地区。这使得无论是当地政府还是少数民族群众，都有着摆脱贫困、追求富裕的强烈而迫切的愿望。人们为了谋生的需要，不得不利用各种可能的生计手段，从而也决定了人类的生产活动对地理环境的作用方式。在"靠山吃山，靠水吃水"传统观念下，民族地区丰富的自然资源自然也就成为当地摆脱贫困最主要的依靠。但在资源开发的过程中，对生态环境成本意识的淡薄，加上唯GDP是从的急功近利的政绩观，以及受民族地区人力资源素质不高、技术水平较为落后的局限，对自然资源的开发利用，更多表现为一种传统开发手段下的低水平的平面开发，不仅没有取得较高的经济效益，反而造成了资源环境的破坏和生态系统的失衡，导致出现越开发—越贫困—再开发—更贫困的恶性循环，甚至陷入了"自然资源的诅咒"，造成了"富饶的贫困"。可以说，正是在追赶东部较发达地区的过程中，所采用的这种粗放、原始、初级的经济发展模式，没有摆脱"先污染，后治理"的传统既有思路，使民族地区原本就非常脆弱的生态环境更加恶化。

  在当前中国经济社会发展的新阶段新形势下，这样一种对自然资源低水平、粗放式的开发，已经越来越难以为继。而主体功能区规划的提出，无疑对民族地区原有的这种发展模式形成了更大的约束。功能区的划分在客观上增强了对限制开发区产业发展的空间指导和约束功能，致使被列入限制开发区的民族地区，其开发对象、开发方式、环境承载力、开发规模等等，都必须在相应的约束框架下去设计和推进。从全国主体功能区规划的划分类型及功能定位看，优化开发区主要集中在长三角、珠三角、环渤海等地区，在民族地区范围内，只有个别资源环境条件较好、产业基础相对雄厚、具有一定区位优势的省会城市和相关城市群被列为重点开发区，其余民族地区的大部分区域多被列为限制开发区和禁止开发区。在《全国主体功能区规划》中划定的国家重点生态功能区25

个地区，总计 436 个县级行政区，属于西部民族地区的国家重点生态功能区有 20 个地区，共 198 个县级行政区，占全国生态功能区的 80%，占县级行政区个数的 45.4%。① 同时，在国家层面，属于限制开发的农产品主产区"七区二十三带"中，西部民族地区占到了"四区八带"，包括：长江流域主产区、河套灌区主产区、华南主产区、甘肃及新疆主产区等农产品主产区和西南小麦产业带、西南的玉米产业带、西北、西南的马铃薯产业带、广西、云南的甘蔗产业带、云南的天然橡胶产业带、西北的肉牛、肉羊产业带、西北的奶牛产业带等农业区。而《全国主体功能区规划》中划定的禁止开发区，包括 319 个国家级自然保护区、40 处世界文化自然遗产、208 个国家重点风景名胜区、738 个国家森林公园、138 个国家地质公园②，很多也都在民族地区。

无疑，在民族地区生态环境总体脆弱的状况下，对这些地区开发强度的限制以及开发方向和开发内容的调整，一定程度上在给民族地区的现代化建设带来了诸多机遇的同时，也带来了巨大的挑战。它意味着被划定为这两类功能区的民族地区，在发展方式和发展手段上将面临新的调整，地方政府和当地群众对未来的发展愿景和发展思路，也必然面临着新的考验。

正如有学者指出的，限制开发区中的生态脆弱区，大多是集"贫困地区＋少数民族聚居区＋生态脆弱区"于一体的一个复杂地域，生态脆弱、环境恶化、经济社会发展滞后等各种区域问题交相叠加。③ 这些地区面临着既要进行生态功能区建设，又要想办法脱贫解困、实现发展的双重任务和使命，压力巨大。在其推进现代化建设过程中，谋求发展和保护生态之间的矛盾比其他任何地区都要尖锐。怎样协调好发展和保护这一对矛盾，在生态许可的范围内寻求合适的方式来实现自身发展，这是很多被划定为限制开发区和禁止开发区的少数民族地区都面临的关键问

---

① 徐宁、赵金锁：《西部民族地区限制开发区经济发展方式评价》，《甘肃理论学刊》2014 年第 2 期。
② 《全国主体功能区规划》（单行本），人民出版社 2015 年版，第 76 页。
③ 杨美玲、米文宝、周民良：《主体功能区架构下我国限制开发区域的研究进展与展望》，《生态经济》2013 年第 10 期。

题。可以说，机遇与挑战并存。

一 主体功能区规划与建设给民族地区带来的机遇

就长远发展来看，主体功能区的规划与建设无疑能为民族地区带来许多新的机遇和积极效应。

（一）主体功能区的规划与建设，有利于推进民族地区基本公共服务的均等化，带动民族地区群众生活水平的提高

长期以来，由于经济发展水平落后，民族地区的财政收入相对较少，财力不足，极大地限制了民族地区基本公共服务的投入，使得民族地区基本公共服务供给能力不足，总体水平偏低，且供给很不均衡。尤其是民族地区的农村居民，更是处在基本公共服务供给的末端，很难享受到均等化的基本公共服务。

而主体功能区的划定及各区域主体功能定位的明确，使国家必然要加大对限制开发或禁止开发地区转移支付的力度，逐步推进这些地区基本公共服务的均等化。在国家"十二五"规划纲要中明确提出：中央财政今后将逐年加大对农产品主产区、重点生态功能区特别是中西部重点生态功能区的转移支付力度，增强基本公共服务和生态环境保护能力。这意味着随着主体功能区建设的逐步推开，民族地区特别是民族地区的农村居民所获得的基本公共服务水平将会逐步提高。不仅如此，国家"十二五"规划纲要还强调，要完善利益补偿机制，基本形成适应主体功能区要求的法律法规和政策。因为对于被列入限制开发或禁止开发区域的民族地区而言，是以牺牲自身的开发权为代价，以自己的"不开发"或"限制开发"，为全国的的环境保护和生态建设做出了贡献。国家将通过生态补偿机制的进一步完善以及区别化财政政策的实施，增加对限制开发或禁止开发区的一般性转移支付，集中用于公共服务；增加专项转移支付，专门用于生态环境修复。并逐步建立长效机制，力争使这些地区的居民都能够享有与发达地区居民大体均等化的公共服务，在住房、就业、医疗以及接受教育的机会方面、在生活环境和生活水平上逐步缩小并接近发达地区居民的水平，真正实现"不开发的发展""不开发的富裕"。

（二）通过主体功能区的规划与建设，民族地区有可能走出一条不同于东部地区的发展道路

在过去几十年的现代化建设中，民族地区一直以模仿和追赶东部发达地区为目标，走的是一条以资源开发为主导的工业化发展模式。这一模式由于没有很好地与民族地区自身的要素条件和区位特点相结合，以至于造成了产业布局不合理，工业开发建设始终在低水平徘徊等问题，很大程度上制约了民族地区发展质量的提升。同时，单纯追求 GDP 的增长，也损害了民族地区的发展后劲。尽管在我国当前的经济发展中，GDP 仍是衡量经济发展状况不能忽视的一个重要指标，但单纯依靠这种 GDP 核算方式，还无法客观全面和科学地衡量出一个地区经济社会发展的综合状况，反而会因为这种"GDP 冲动"，导致对资源的过度开发，破坏生态环境。固然，发展经济的目的是要实现经济总量的提升，创造出更多的物质财富，但如果"经济至上"、唯 GDP 是从，必然会把社会逼近"发展的悬崖"。[①] 尤其是对于民族地区而言，是我国主要大江大河的发源地，其生态修复和环境保护的状况直接关系到我国整体的生态安全问题。如果唯 GDP 是从、单纯追求大规模工业开发，只会造成整体生态环境的进一步恶化。而以主体功能区划为基础的区域开发格局的构建，无疑将弱化 GDP 对于民族地区地方政府政绩考核的唯一性和重要性。

在国家"十二五"规划纲要中明确提出：要按照不同区域的主体功能定位，实行差别化的评价考核。如对限制开发的农产品主产区和重点生态功能区，会分别实行农业发展优先和生态保护优先的绩效评价，不考核地区生产总值、工业等指标。对禁止开发的重点生态功能区，将会把自然文化资源原真性和完整性保护情况来作为绩效评价的重要指标。显然，明确民族地区的主体功能定位，在考核评价上将保护生态、改善资源环境承载力状况作为重要的考评指标来考量当地政府，可以使政府跳出将 GDP 增长作为单一追求目标的思维定式，激励政府在保护环境上大有作为，有利于增强生态保护的实效。同时，作为限制开发区的民族地区政府，还可从自身的特色资源优势出发，积极创新，做大做强以特

---

① 张丽君、张斌：《民族地区生态功能区建设》，《黑龙江民族丛刊》2008 年第 1 期。

色资源为基础的主导产业,使主导产业的产业链延展拓深,形成"一业突破"的区域主导产业极化带动新格局,促进区域经济的突破发展。① 争取把民族地区的生态优势转化为经济优势,走出一条有区域特色的可持续发展的区域经济发展道路。

(三) 主体功能区的确定有利于民族地区实现资源的有机整合,构建科学合理的地域分工合作体系

一定范围内的资源整合能够很好地实现资源的高效利用,大大增加规模效益,降低资源开发成本,实现规模开发。尤其对于分布在相邻地区、但分属不同行政区范围的同类型资源,可以通过延伸产业链有机的联系在一起,实现资源由分散到集中的优化整合。对于实现点状基础上的资源规模开发、高效利用以及高附加值开发②,都有着显而易见的好处。但长期以来,在一些资源丰富的欠发达地区,由于急功近利的发展观,也造成了资源分散开发、粗放开发的现象普遍存在,导致了资源利用上的低效益,资源浪费严重,以致高附加值的经济资源贬值使用甚至无附加值开发。③ 同时,由于没有明确的主体功能定位,地方政府在盲目追求 GDP 增长的冲动下,不顾发展条件上的异质性、差别性,而采取同质化的方法手段进行开发与管理。造成不同地区间产业结构趋同,重复建设不断,各区域之间竞争性大于合作性,合作不足、竞争过度的矛盾也就必然长期存在。

而主体功能区作为一个跨行政区界的经济区形式,以分工协作和经济互补为基础,为全面布局与地方自主、整体规划与地方发展之间找到了最佳的平衡点,有利于实现合理的资源整合和产业整合。同时,通过政府的政策引导和宏观调控,使各地区一方面在其功能范围内充分发挥各自优势,另一方面加强区际间经济联系,分工协作、优势互补。既可以有效防止重复建设,也可以形成科学合理的区域分工格局,保证了有限资源的高效开发和利用,也有利于形成区域经济的极化效应和扩散效

---

① 蔡云辉:《论限制开发区的经济突破发展》,《长白学刊》2011 年第 1 期。
② 同上。
③ 鲁勇:《行政区域经济》,人民出版社 2002 年版,第 260 页。

应，进而促进民族地区现代经济的快速发展。① 同时，对于民族地区来说，也使得未来区域合作的目标方向更加明确，合作基础将进一步深化。

二 主体功能区规划与建设给民族地区带来的挑战

主体功能区建设是国家一项长期的战略规划。对于大多被列入限制开发和禁止开发地区的民族地区来说，这一规划建设对其经济社会发展带来的机遇和有利影响更多是长期的、外溢的和不确定的；而对其发展所带来的挑战或者说不利影响则是当期的、明确的和具体的。主体功能区的规划和建设给民族地区带来的挑战，主要表现在三个方面。

（一）对民族地区的产业发展将会产生较大冲击

受自身主体功能的制约，限制开发区的区域开发活动将被限制在一定的范围和限度内，原有的一些产业发展将有可能面临转型调整。未来产业选择将可能更多围绕特色产业及农产品生产、生态产品生产等相关产业而展开。与此同时，受区域自身经济发展水平、人力资源和科技条件、区位和交通条件等多方面因素的制约，投资的成本与风险会相对增大。这种状况对吸引投资、扩大投资规模，以及在一定时期内完成某些产业的区域产业聚集，都将产生客观的制约。②

从《规划》所确定的划分类型看，民族地区中被列入重点开发区的仅有少数的几个略有优势和基础的省会城市和相关城市群，大部分地区属于限制开发和禁止开发区。从产业发展的角度看，即便是这少数几个被列入重点开发区的地区，其原有的产业发展层次和水平也较低，企业的经营效益并不理想。相比较更具优势和潜力的东部地区的产业发展状况而言，市场竞争力较弱，不利于产业转移的承接和产业升级的实现。至于大部分被划归为限制开发和禁止开发区的民族地区，今后的产业发展将面临艰难的调整和转型。对于以提供农产品和生态产品为主要功能的限制与禁止开发区，为保证其主体功能的实现，对于诸如资源开采、化工等妨碍主体功能实现的环境不友好型产业，将受到严格的限制甚至

---

① 蔡云辉：《论限制开发区的经济突破发展》，《长白学刊》2011年第1期。
② 同上。

禁止，而这些产业又是我国经济发展现阶段利润最高、对增加地方财政收入和带动当地经济增长效果最明显的产业。显然，因产业限制所致，必然会使民族地区的发展机会遭到一定程度的削弱，甚至从某种意义上讲，是为了国家的整体利益，变相"剥夺"了这些地区的部分发展权利和利益。对民族地区产业发展所带来的冲击不言而喻。未来限制开发区域在进行产业布局时，一方面，要有步骤地淘汰和转移不符合主体功能定位的产业；另一方面，还要积极布局和发展生态效应、经济效应明显的特色产业。构建"自然资源—产品—再生资源"的新经济发展模式，引导发展兼具生态效应和经济效应的特色产业等等。[1] 同时，禁止开发区和限制开发区内原有产业发展，将会在税收政策、市场准入、环保成本等方面，受到更多的限制，面临更高的门槛。与其他地区甚至一般的欠发达地区相比，将进一步处于不利的竞争环境中。这些都对现有的以开发当地资源为主的产业的适应能力带来了严峻的考验。

（二）增加了民族地区发展的成本和难度，一定程度上延缓了其现代化的进程

限制开发区中的生态脆弱区大多数集中在民族地区，这些地区不仅生态环境极度脆弱，其社会经济发展也是长期处于欠发达状态，可以说同时面临着发展经济、保护环境、限制开发方式、开发强度与规模等多方面的压力。在限制开发区域的主体功能定位和发展方向下，这些区域资源开发受限、地方财政收入缩减、利用本地资源发展经济的权利受抑制。限制开发区实际是以自身发展受限为代价，来保障社会所需的生态产品和农业产品的供给。即是以自身内部的利益损失，来生产和创造外部效益。[2] 由此可见，在这一功能定位下，这两类区域不仅会丧失一定的发展机会，还要为生态恢复和建设承担比以往更高的成本支出。例如在森林资源较为丰富的民族地区，要保证和维护其森林生态系统的服务功能，不但要严格禁止森林资源的砍伐和相应木材加工业的发展，而且还

---

[1] 林建华、任保平：《主体功能区建设：西部生态环境重建的新模式选择》，《生态经济》2009 年第 2 期。

[2] 陈映：《西部限制开发区域产业政策探析——以国家层面的农产品主产区和重点生态功能区为例》，《经济体制改革》2013 年第 5 期。

要投入大量资金，用于封山育林、森林防火、林木管护等。与此同时，森工行业萎缩，大量林业工人及其家属待岗或失业，也需要投入大量资金妥善安置，以保障其生活，维护社会稳定。这方面的资金投入往往是巨大的，即便中央财政能够给予一定的财政支持或补贴，但对财政状况本来就捉襟见肘的民族地方政府来说，相比以往仍需额外支出一部分资金，增大了民族地区发展的成本，从而成为限制和禁止开发区经济发展的桎梏。① 这不能不在很大程度上增加了民族地区发展的难度。

按照现有的规划方案，未来以限制开发为主的民族地区，基本建设投资将更多投入在相关生态项目的建设上，新增投资中，获得国家和省级工业开发项目的概率将大大降低。而生态项目的建设往往周期长，短期内经济效益并不显著。因而近期来看，经济效益与比较优势不明显，对社会投资的吸引力也会下降；另外，在居民生产生活上，限制开发区的居民尤其是以往主要依靠传统开发方式维持生计的群众，也面临着发展手段被限制、生计方式要调整的问题，对其当下的生活水平和状况将产生直接的影响；而禁止开发区居民面临着失去原有生产资源和生活来源的问题。因此，短期内在民族地区的居民增收方面会有较为明显的不利影响。此外，从财力支持来看，中央财政对围绕主体功能区建设所产生的财力缺口具体支持政策还不明朗，政府间和市场化的生态补偿机制的建立是一个长期渐进过程，涉及利益调整、体制机制、法制环境、观念意识、技术支撑等重要的制约条件，难度较大。② 总的来看，对于广大的民族地区来说，在新的规划安排和政策框架下，至少在相当一段时期内，其发展成本会增加，发展难度有所加大。

（三）有可能加剧民族地区的资源流失，使各区域间的空间不均衡状况进一步扩大

推进形成主体功能区，其主导思想就是打破原有的地域界线，强调人的繁荣和发展。通过不同功能定位的调整，让适宜开发的开发，适宜

---

① 王昱、丁四保、王荣成：《主体功能区划及其生态补偿机制的地理学依据》，《地域研究与开发》2009 年第 1 期。

② 朱金鹤、崔登峰：《以限制开发为主的边疆地区主体功能区建设研究》，中国农业出版社 2013 年版，第 169—170 页。

保护的保护，并以此引导人口进行合理的迁移，逐步实现各地区人均收入水平和生活质量差距的逐步缩小。然而从全国范围来看，现阶段完全放弃"地域的繁荣"，单纯强调"人的繁荣"，必然会推动人口、要素和产业更加向少数条件较好的地区集聚。其结果，反而会强化"中心"与"边缘"化的倾向，进一步加剧经济发展的空间不均衡。①

按照四类主体功能区的划分依据，国家将按照差别化原则对不同区域进行分类管理和考核，在产业政策、财政政策、土地政策、绩效评价和政绩考核等方面对四类主体功能区进行区别对待，各有侧重。这就意味着各个区域在内部发展模式和承担的外部功能上存在着巨大差异。而这种内在结构和外部政策的差异也会进一步深化各主体功能区之间利益的不平衡。这可以从各自发挥主体功能所产生的外部性的效果来对比。如优化开发区和重点开发区，其经济开发的外部性表现为加大了对域外资金和劳动力的吸纳，而相应产业的开发也有可能增加对生态环境的破坏，从而表现出一定的负外部性；对于限制开发区和禁止开发区，其生态服务的外部性则表现为作为生态屏障，控制沙漠化、提供水资源，防止生态灾难向外部扩散，为其他区域提供生态产品和生态服务等，表现出典型的正外部性。正负两方面的外部性导致了限制和禁止开发区与优化和重点开发区之间，生态、环境和经济利益的不平衡有可能进一步加大。② 此外，还要看到，许多属于限制开发和禁止开发的民族地区，大多也都是财政比较困难、公共服务供给能力较弱的区域。而鼓励限制和禁止开发区内的人口向重点开发区转移，其内在的机理和过程有可能使得这两类功能区本来就严重不足的公共服务，效率和效果进一步降低。如对于人口迁出地区，在基础教育阶段所花费的投入无法得到相应的回报，降低了人口迁出区域公共服务的产出效率，而迁入区域没有进行投入却得到现成的产出，反而进一步加剧了限制和禁止开发区的资源流失，加深了各区域间空间发展的不均衡。

---

① 魏后凯：《对推进形成主体功能区的冷思考》，《中国发展观察》2000 年第 3 期。
② 王昱、丁四保、王荣成：《主体功能区划及其生态补偿机制的地理学依据》，《地域研究与开发》2009 第 1 期。

但无论如何，主体功能区规划与建设的启动，意味着中国的现代化建设和发展已经进入到一个新的发展阶段和层次中。民族地区如果仍然沿用旧有的发展思路，试图以一种低水平、粗放式的工业化开发模式去实现自身的现代化发展，这种路径已经越来越难以为继。主体功能区规划中对以限制开发和禁止开发为主的民族地区主体功能定位的明确，使这些地区的产业发展有了更明确也更符合未来发展要求的空间指导和功能约束，在开发内容、开发方式、开发规模、环境承载力等方面，都必须且只能在相应的框架指导下去设计和推进。对这些地区的未来发展形成了一个较大的约束空间。在这样一个新形势下，民族地区面临着既要进行生态修复与保护，又要尽快脱贫解困、实现民族地区现代化发展的双重难题。这一对矛盾如何来协调和破解？如何在新的时代背景下走出一条不同于传统的新的发展路径？对于生态脆弱的民族地区来说，确实是一个值得深入探讨的问题。

第四章

回顾与反思：民族地区现代化的传统发展路径及突出问题

"现代化是人类历史上最剧烈、最深远并且显然是无可避免的一场社会变革。"① 在现代化的发展演进过程中，西方国家无疑扮演了一个成功的先行者的角色，通过工业革命率先实现了工业化、现代化。也因此，在早期的现代化研究中，人们通常认为，现代化的过程就是一个西方化的过程，也是后发国家或地区进行工业化追赶的过程。工业化水平的高低也被看成是衡量现代化的一个重要指标。梳理和回顾当今世界现代化发展的历史进程，可以看到，确有许多国家"后来者居上"，成功实现了工业化追赶和超越，如19世纪到20世纪的美国、日本以及亚洲"四小龙"。但仍有许多后发国家尽管实施了工业化追赶战略，却并未摆脱长期落后的状态且差距还在不断拉大。如何去解释这一经济现象，并从中找到有说服力和借鉴价值的答案，这不仅成为经济学研究的重要内容，对于现代化起步较晚的后发国家或地区来说，更是有着重大的理论和现实意义。

民族地区是我国现代化发展中的后发地区。受多种因素的制约影响，其现代化步伐的推进一直缓慢艰涩。相比东部发达地区，因其基础条件差、发展起点低、现代性积累严重不足的客观条件，再加上这些地区多宗教、多文化、发展多层次的特点，使得民族地区的现代化进程有着自

---

① ［美］吉尔伯特·罗兹曼：《中国的现代化》，国家社会科学基金《比较现代化》课题组译，江苏人民出版社2010年版，第3页。

身特殊性和复杂性：

首先，启动时间上的后发性。在整个世界现代化进程中，我国是典型的后发展国家，而民族地区又属于我国的后发展地区。由于历史的原因，几千年的民族压迫和剥削，使得一直以来边区开发就明显落后于内地汉族地区。加上民族地区大多地处偏远，发展环境差、难度大，因而在现代化的进程中处在相对边缘状态。使民族地区的现代化进程表现出明显的后发性特点：即现代化的起步晚于内地汉族地区，并且是在外力推动下被迫走上了现代化建设的道路。就其发展状态而言，民族地区不仅落后于内地汉族地区的发展水平，更远远落后于世界现代化的水平，具有双重迟发展的特点。也由此导致了民族地区在发展中面临着比其他地区更多的困难和问题。因此分析民族地区的现代化问题，不能不立足于后发性这一基本视角。

其次，发展动力上的外生性。由于发展起步晚，同时民族地区多地处偏远，地域环境相对闭塞、隔绝，加上自身现代性的累积十分有限，自我发展能力不足，因而民族地区现代化的启动与发展，往往不是基于内部动力的自发要求而产生，而是由外力触动产生的。因此，可以说外生性是后发性必然的逻辑顺延。在民族地区现代化建设进程中，外在动力的介入特别是中央政府的投入与支持起到了相当重要的作用。当然，任何国家或地区的现代化，如果单纯依靠外在的现代性扩散，是不可能获得成功的，最终还是要激发起机体自身内部的活力和动力，才可能实现。但若没有外力的介入和推动，民族地区现代化连启动都相当困难，更遑论自我发展。回顾新中国成立以来民族地区经济社会发展的历程，可以清楚地看到，无论是民族地区社会改革的成功，还是改革开放后的快速发展，中央政府的大力支持始终是民族地区不断发展进步的重要源泉。这也是研究民族地区现代化问题，不能脱离的客观现实。

再次，发展水平上的不平衡性。民族地区地域辽阔，从南到北，由东至西，祖国各地都留下了少数民族生存发展的脚步。其生存环境的复杂多样，使得各少数民族维持生计的手段方式往往各不相同，社会现代化的基础也有较大差异，发展水平更是极不均衡。不同民族之间甚至同一民族内部的不同地区之间，其社会发展程度也是不一样的。一些少数民族例如回族、满族、壮族等，在新中国成立以前，资本主义工商业就有一定程度的发展；而有些民族尚处于相当原始落后的经济状态，有些甚至还沿用着刀耕火种的原始生产方式。新中国成立后，在中央的大力支持和帮助下，通过民主改革、社会主义改造以及对民族地区的工业化建设，各少数民族社会经济都有了较大程度的发展。但历史积淀下来的差距毕竟不可能在短时期内消除，民族地区内部的差异也会长期存在。因而我们必须着眼长远，有重点分阶段地推进民族地区的现代化进程。

最后，发展环境上的复杂性。民族地区多宗教、多文化的现实状况，使民族地区的现代化建设环境相比其他地区更为复杂。在我国民族地区，民族与宗教之间的关系密不可分，一教多族、一族多教、一族一教的情况同时并存。在少数民族群众的宗教信仰上，也表现出多样性、民族性、复杂性、差异性等多重特点。在长期的宗教信仰、传统习俗的影响下，再加上受地理环境和生产活动的制约，民族地区形成了与汉族地区极不相同的丰富而独特的民族文化。这种多宗教、多文化的现状，使我国的民族问题呈现出多因素交织的特点，"往往表现为经济问题与政治问题交织在一起，现实问题与历史问题交织在一起，民族问题与宗教问题交织在一起，国内问题与国际问题交织在一起"[1]，使民族地区的现代化建设环境尤为复杂严峻。

以上种种特殊性的存在，决定了民族地区的现代化绝不是简单地模仿和照搬较发达地区的发展模式和路径就可以实现。然而，在以往几十年的民族地区现代化建设中，受传统现代化理论的影响，民族地区把工业化视为摆脱贫困的唯一出路，利用开发具有比较优势的自然资源，在发展中以模仿和追赶汉族发达地区为目标，追求GDP的快速增长，形成了资源开发导向型的工业化发展道路。然而，尽管经过了几十年的工业化追赶，在整体发展上民族地区却仍然远远落后于汉族发达地区。显然，对民族地区的现代化传统发展路径有必要从理论和实践两个层面进行深层次的分析和反思，找出症结所在，才能为今后民族地区找到一条适合

---

[1] 中共中央文献研究室编：《十六大以来重要文献选编》（中），中央文献出版社2006年版，第900—901页。

自身特点的现代化发展之路奠定基础。

第一节 民族地区现代化传统发展路径的理论渊源

就民族地区现代化传统发展路径的形成而言,包括发展经济学的相关理论、比较优势理论及后发优势理论等等在内的很多思想、观点,都对民族地区发展道路的探索、形成,起了不可缺少的理论指导作用,是构成民族地区现代化传统发展路径的重要理论渊源。本节就着重对这些理论进行一个简要的梳理和分析。

一 发展经济学的相关理论

第二次世界大战后,亚、非、拉美三洲广大地区的殖民地和附属国纷纷走向独立。对这些刚刚走上民族独立和复兴道路的国家来说,通过怎样的方式来迅速推动本国民族经济发展,尽快改变国家贫穷落后的面貌,成为一个重大且迫切的问题。美国政府从其"全球战略"出发,极为注重并大力支持对这些新兴国家和地区发展策略的研究。为迎合发展中国家推动经济发展的迫切需要,一些经济学家根据发达国家的发展经验,运用西方经济学的理论和研究方法,就发展中国家的经济发展问题进行了深入研究,提出了立场不同、观点各异的学说和理论。在此基础上,发展经济学逐渐兴起并成为一门独立的学科。发展经济学自产生以来,大致上经历了结构主义、新古典主义和新古典政治经济学等几个演进阶段。其中,对民族地区现代化传统发展路径的形成有着较大影响的主要是结构主义理论和新古典主义理论,以及与新古典主义理论同时并存的激进主义理论。

(一) 结构主义理论

20世纪40年代到60年代,发展经济学的理论主要表现为结构主义的思路。这一时期,凯恩斯的国家干预理论在西方国家大行其道,在东方,苏联高度集中的计划经济与工业化模式取得了很大的成功。受此影响,结构主义理论十分重视国家干预。他们认为发展中国家经济发展落后的原因主要是受其经济结构的制约,商品经济不发达,市场不完善,价格机制严重扭曲，存在着刚性、滞后、短缺、过剩、低供求弹性等种种问题，因而发展中国家不能指望市场机制对经济进行调节，使经济自动达到均衡。必须充分借助国家的力量，通过经济计划化对经济进行干预，逐步实现资本积累。在此基础上实施工业化战略和进口替代政策，使发展中国家的经济结构得到调整，逐步转向以工业和服务业为主。在结构主义理论指导下，新兴的民族独立国家纷纷实施了工业化发展战略，通过工业扩张、计划经济等方式来加快本国经济发展。这一时期，具有开创性论点并成为代表人物的发展经济学家有刘易斯、罗森斯坦、缪尔达尔、纳克斯、赫希曼、钱纳里、张培刚等人，他们也被称为"发展经济学的先驱"。

尽管这些经济学家的研究视角和侧重点有所差别，但基本都包含了以下观点：

一是都十分强调储蓄增长、资本积累对发展中国家经济增长的促进作用，并将之看成是发展中国家经济发展的决定性因素。他们认为，影响发展中国家经济增长的首要条件主要在于包括资金、设备、机器等在内的物质资本及形成速度的快慢。例如，纳克斯的"贫困恶性循环"理论认为，正是由于发展中国家居民收入水平低，储蓄和消费都不足，从而影响了资金供给和产品需求，限制了资本的形成，导致发展中国家陷入到了贫困的恶性循环中。为此，必须大规模增加储蓄，扩大投资，实施全面增长的投资计划，只有这样，贫困的恶性循环才能被突破。罗森斯坦·罗丹的"大推动"理论也认为，要想克服发展中国家需求和供给对经济发展的限制，最好的办法就是，对国民经济中相互关联、相互补充的各个部门同时进行大规模投资，促进这些部门的平均增长，这样，就会在需求和供给两方面都产生积极的"外部经济效果"：一方面能创造出互为需求的市场，解决需求不足的难题，从而克服发展中国家因国内市场狭小、需求有限而导致的对经济发展的局限；另一方面，从供给的角度看，又能够降低生产成本、增加利润，有利于促进储蓄的增加、投资的扩大，进而克服因资金供给不足而制约经济发展的问题。此外，赖宾斯坦的最小临界努力等理论，也都是强调了资本形成对促进经济增长的重要作用。

二是都高度重视工业化的积极作用，主张大力促进工业化发展。发展中国家大多数以传统农业为主，现代工业在国民经济中所占比重普遍较低，经济总体落后。因此，要想摆脱政治上对发达国家的依附，迅速改变经济上的落后面貌，提高人民的生活水平，谋求工业化也就成为这一时期新独立的发展中国家的普遍愿望。经济学家们认为，工业化能够减少进口、扩大外汇储备，从而增加工业发展所需的生产资料和满足人民生活所需的消费品和服务，不仅如此，工业化还能够大量吸收农业剩余劳动力、提高农业劳动生产率。故工业化是发展中国家加快经济发展、走向繁荣的唯一途径。如刘易斯的二元经济模型理论（也称作"两部门模型"）认为，发展中国家存在着以制造业为中心的现代工业部门和农村的传统农业部门，农业部门劳动生产率大大低于工业部门的劳动生产率。而发展中国家要想实现经济发展，必须依赖于现代工业部门的扩张，需要扩大城市工业以吸收农业剩余劳动力。因而他主张应将劳动力源源不断地从传统农业部门转移到现代工业部门中，在缓解劳动力过剩与耕地不足矛盾的同时，解决工业发展对劳动力的需求问题，从而促进现代工业部门不断扩展，最终使发展中国家由二元经济转变为一元经济，农业国转变为工业国。张培刚在其《农业国工业化问题》一书中，系统阐述了农业国工业化的发展战略，明确指出"工业化为一系列基要的生产函数连续发生变化的过程"，"工业化包括农业及工业两个方面生产的机械化和现代化"①。普雷维什则从国际贸易的角度分析了外围国家即发展中国家贸易条件恶化的原因，他认为，由于外围国家主要以初级产品出口为主，而初级产品需求的收入弹性相对较小，因而出口价格长期不变甚至下降；相反，中心国家以出口工业制成品为主，其需求的收入弹性相对较大，故出口价格会随收入增加而逐渐上升。这就导致了以出口初级产品为主的发展中国家贸易条件的恶化。所以，发展中国家必须大力推进工业化，实行出口替代战略，培育本国工业品出口以替代进口的工业品，才能摆脱贫困。纳克斯、罗森斯坦·罗丹等也都非常重视工业化对经济发展的促进作用。

---

① 张培刚：《农业国工业化问题》，湖南出版社1991年版，第139—140页。

三是非常强调计划对稀缺资源的配置作用,认为计划是发展中国家启动经济发展的主要手段。结构主义者认为,发展中国家由于市场机制不完善,劳动力价格刚性,社会发育不成熟,人口增长快且数量大,金融和技术市场尚未形成和法律制度缺失等特征,要发展经济不能依靠市场,只能通过计划化和政府干预来实现工业化和促进经济发展。刘易斯在其《经济计划化原理》一书中较为透彻地阐述了发展中国家实行经济计划化的可能性和必要性:"为什么发展中国家乐意从事计划化呢?因为它们的需要更为迫切,尽管会出现失误和缺少能力,它们还是要去做。因为,如果人民站在它们一边,从民族感情意识到自己的落后,急于要求进步,那么,他们就乐意承担重大的困难任务,容忍许多错误的发展,而热情地投身于重振国家的工作。人民的热情既是计划化的润滑剂,又是经济发展的推动能源。人民的热情可以使任何事情能够实现。"[①] 此外,荷兰经济学家丁伯根对经济规划的数理研究和经济分析,钱纳里的"双缺口"模型和赫希曼的不平衡发展理论等研究,无疑对计划化思想和主张提供了理论支持,起了很大的推动作用。

这一时期,由于结构主义理论不仅符合当时西方经济学的主流——凯恩斯主义的国家干预理论,而且与当时新兴民族独立国家谋求发展的迫切愿望和经济现实高度契合,使得结构主义思想在经济学界获得了较大范围的支持和肯定,同时,在许多发展中国家和地区的经济实践中,该理论的运用也取得了积极的成效:初步建成了本国的民族工业体系、各国国民经济的独立性有所增强、人民生活水平有一定程度的提升等等。但实践中一些问题和偏差也逐渐显现,表现在:过于突出工业化,忽视了农业的发展和进步;生产中片面强调物质资本的形成,对人力资源的开发重视不够;对计划管理强调过多,而忽略了市场机制作用的发挥;此外,过于突出内向型经济发展,对发展外向型经济的重视不够等等。以致在经济上出现了经济效率低下、农业停滞,农产品供给不足、债务负担严重等一系列不良后果。资料显示,从1948年至1952年到1960年,

---

[①] Lewis, W. A.: "Principles of Economic Planning", 1949, p.128. 转引自谭崇台《论发展经济学的发展》,《上海行政学院学报》2000年第1期。

整个发展中国家人均粮食产量年平均增长率仅为0.6%，从1960年到1970年则降为0.1%。① 此外，失业率上升、农业发展陷入停滞、有增长无发展等现象也在一些国家先后出现。发展中国家与发达国家之间的差距不仅没有缩小反而在逐步扩大。经济实践上的失败也迫使发展经济学家们对结构主义理论和政策建议的局限性进行修正与反思。

结构主义的理论缺陷主要表现在：一方面在于缺少相应的微观理论基础，对经济发展中微观经济主体的重要作用缺乏深入的分析和考察，从而没能在理论上为发展中国家设计一种能够促进经济发展的激励机制；另一方面，其理论框架过于松散，难以形成一个严密的理论体系；此外，在对欠发达经济体发展问题的理解和认识上，结构主义经济学家也存在一定的片面和肤浅之处。

结构主义的政策缺陷主要在于：过分强调工业化，往往采取保护性、内向性的进口替代工业化战略，粮食和农业原料的价格被人为压低，阻碍了农业的健康发展；重计划轻市场的思想，既忽视了政府本身的缺陷性以及过分干预经济对经济发展所产生的价格扭曲等负面效应，也忽视了市场本身所具有的有效配置资源的基础性作用；过分重视资本形成的重要作用，而忽略了经济增长中人力资源的开发和技术进步同样有着不可忽视的重要性。事实上，恰恰由于发展中国家教育投入的不足在很大程度上影响了物资资本投入的效率。②

同时，仔细分析的话，可以看出结构主义理论对欠发达国家或地区的发展道路所给出的建议，隐含着典型的"西化论"思想。他们实际上认为现代化的过程就是像发达的中心国家所走过的道路一样，通过工业化的推进，不断减少传统农业部门，最终建成一个发达的资本主义社会的过程。对于身处边缘、现代化起步晚的众多欠发达国家来说，其现代化的实现，要么走模仿中心国的工业化道路，要么通过与中心国的经济联系为工业化创造条件。除此二者，别无他选。显然，结构主义经济学

---

① 谭崇台：《论发展经济学的发展》，《上海行政学院学报》2000年第1期。
② 王治海：《民族地区实现经济可持续发展的路径选择研究》，博士学位论文，新疆大学，2008年版，第21—23页。

家关于现代化过程的描述，实质上是一种以资本主义社会为归宿的西方化过程。① 持类似观点的还有罗斯托。他在其《经济成长的阶段——非共产党宣言》一书，从经济史的角度探索了从传统社会向现代社会增长的过程。把现代社会的经济成长过程分为五个阶段，即传统社会阶段、为起飞创造前提条件阶段、起飞阶段、向成熟推进阶段、高额大众消费阶段。罗斯托的经济成长阶段论对落后国家追赶先进国家具有一定的指导意义，但这一理论的局限在于，一方面，它是一种线性发展理论，不具备周期理论的预见性；另一方面，罗斯托的理论忽略了多种经济发展模式存在的可能性。实际上，一些小的经济体完全可能以其他的路径实现现代化，或者实现跳跃性的发展。正因为这一理论反映了一种"西方中心论"的发展观，把现代化进程完全纳入到一个单向度演进的范式中，也引起了学界的很大质疑和争论。但无路如何，以上这些思想观点中所蕴含的以西方现代化的路径为模板、从农业社会经工业社会走向现代化的认识思路，对民族地区传统发展路径的形成还是产生了相当深刻的影响。

（二）新古典主义理论

20世纪60年代中后期至80年代中期，在对结构主义理论进行反思的过程中，新古典主义思想流派逐渐复兴。其核心思想仍是强调市场调节这只"看不见的手"的作用，反对政府对市场的干预，主张经济的完全自由化，否定发展中国家贸易条件的长期恶化，推崇金融自由化理论和政策，提倡实行出口鼓励战略，重视人力资本投资，重视发展农业。有代表性的理论主要包括：索洛的新古典增长模型、舒尔茨的人力资本理论、哈伯格的贸易条件论、麦金农和萧的发展中国家货币金融理论等等。他们的主要观点体现在：

一是从片面追求工业化转变为重视农业的发展。20世纪五六十年代，受结构主义理论影响，发展中国家大多重视发展工业，投入了大量资金和人力在工业特别是制造业部门，而对农业则重视不够。以至于经过一段时间的发展后，这些国家普遍出现了农业危机。为此，费景汉、拉尼

---

① 钱乘旦、陈意新：《走向现代国家之路》，四川人民出版社1987年版，第25—26页。

斯、舒尔茨、吉利斯等人从不同的角度对农业部门的重要性进行了考察分析，认为农业应当是发展中国家经济发展的基础和主导部门，必须高度重视农业的发展。如费景汉和拉尼斯对农业理论进行了动态化和系统化的研究，认为刘易斯的二元经济模型的一个缺陷就在于，没有注意到农业部门由于劳动生产率的提高而出现剩余产品，这是农业中的劳动力向工业流动的先决条件。所以农业部门在经济发展中具有基础性的地位，其作用并非只是消极被动的，从而对刘易斯的模型作了修正。吉利斯也认为，"几乎没有哪一个发展中国家能忽视农业发展，其主要原因是农业在经济发展中起着核心作用，无论在供给还是需求方面都如此"[1]。此外，结构主义经济学家曾先验地认为，发展中国家的农民是懒惰的、非理性的、缺乏明确目标的，对这一判断，新古典主义发展经济学家也提出了质疑和否定。他们认为，只要市场机制发挥作用，保证价格机制不受障碍地发出信号，发展中国家的农民同样是理性的经济人，同样能够对经济刺激做出合乎理性的、灵敏的反应，从而纠正了对农业的忽视。克里希纳、法尔康等人还以经济计量的方法证明了农民行为方式具有市场敏感性。舒尔茨也特别强调，现代农业对经济发展的作用是不可低估的，发展中国家面临的关键问题在于如何将传统农业改造成现代农业，而不在于排斥农业的发展地位来优先发展工业。总之，新古典主义发展经济学克服了"唯工业化"的片面性，对农业在发展中国家的重要作用给予了重新认识。

二是从片面强调计划管理转变为重视市场机制。新古典主义发展经济学家通过分析认为，发展中国家政府对经济发展的干预存在着很大的局限性，其所实施的计划管理，并没有如预期的那样，达到资源配置优化的效果，反而在实践中出现了许多扭曲现象，导致了经济的低效和不公，这恰恰是不合理的国家干预、以计划取代市场所造成的政策诱导性扭曲，因此，有必要重新认识市场价格机制。加拿大经济学家约翰逊在其《货币、贸易与经济增长》中，对市场功能进行了充分论证，认为，

---

[1] ［美］吉利斯等：《发展经济学》（第四版），黄卫平总校译，中国人民大学出版社1998年版，第625页。

市场作用的发挥不仅能够解决现有资源的有效配置问题，而且还具有动态功能，能够提供持久的增长与发展刺激。并且只要有完善的法律体系保证契约能够顺利履行，则市场的所有功能就可以自动完成，无须庞大的管理机构。① 克莱格和卡茨估算了资本与劳动在部门间的替代弹性及供给和需求弹性，表明弹性并不为零，从而证明了在发展中国家的要素市场和产品市场上，市场机制并非不起调节作用。②

三是从片面强调物资资本的积累转变为重视人力资源的开发。在深入分析一些发展中国家经济增长因素的基础上，发展经济学家们发现，较高的经济增长率并非总是伴随有较高的资本形成率，这说明，资本形成并不是经济发展过程的唯一组成部分。同时，舒尔茨在对战后德国和日本经济的快速复苏进行分析的基础上，提出了一个著名的观点：在影响经济发展的诸因素中，人的因素是最关键的。人的质量的提高是决定经济发展的核心因素，而并非取决于资本的多寡或自然资源的丰瘠。舒尔茨的人力资本理论为发展中国家的经济发展提供了十分重要的理论依据。不少发展中国家开始认识到穷国发展的关键在于人力资本的形成，从而逐步改变过去单纯强调物质资本的做法，开始重视人力资本的作用，加大了对人力资本的开发。

四是从保护性的内向发展转变为开放性的外向发展。在外贸方面，以戈特弗里特·哈伯勒为代表的经济学家对普雷维什、辛格等主张的贸易条件长期恶化论提出了质疑和批评，认为以"比较成本说"为基础的国际贸易同样是会给发展中国家带来利益的，发展中国家应将国际贸易持续发展下去，并应实行出口替代战略等等；在金融领域，美国经济学家肖和麦金农同时提出了"金融自由化"理论，认为正是由于发展中国家的过度计划管理和人为管制所造成的金融压抑，才导致了发展中国家经济的不发达，而没有看到市场自由化条件下，金融深化对快速而稳定的经济增长具有明显促进作用。因而主张要改变凌驾于市场机制之上的

---

① 赵丽红：《广义发展论——对发展经济学的宏观拓展》，博士学位论文，中国社会科学院，2002年第10页。

② 张蕴萍：《西方发展经济学研究述评——兼论发展中国家经济发展战略的变迁》，《理论学刊》2010年第9期。

不适当的金融、财政和国际经济政策，发展中国家应努力以金融自由化的方式去推进金融深化，减少政府对金融的过度干预，放松对金融机构和金融市场的限制，以促进经济增长。

总之，这一阶段，不少发展中国家在新古典主义理论的影响下，纷纷对经济发展战略进行了重大调整，对以往存在的片面重视工业、忽视农业，片面追求物质资本积累、忽视人力资源开发等问题进行了纠正，在经济体制上由计划管理下封闭式的进口替代向市场开放模式下的鼓励出口转变。很大程度上使这些发展中国家的国民经济焕发了生机，其经济出现了持续、快速的增长，人民生活水平不断提高，"东亚奇迹"的出现即是典型的代表。

新古典主义修正了结构主义发展经济学的一些片面观点，还依据发展中国家的实际情况提出了一些新的理论，在一定时期赋予了发展经济学以新的活力。但其理论也存在一定的缺陷，没有结合特定的社会、历史、制度等非经济因素的影响去分析经济问题，而是一种理想化环境下的纯经济分析，这显然是不正确的。实践中也有一定偏颇，如主张一国经济对内对外一律放开，否定发展中国家贸易条件的长期恶化，主张实行完全的经济自由化等等，使一些发展中国家的经济发展出现了许多波折，尤其是一些国家金融危机的爆发将这些问题暴露得尤为突出，这也使得发展经济学又一次陷入困境之中。

（三）激进主义理论

在新古典主义学派积极发声的同时，激进主义学派也从另一个角度分析研究了不发达国家的经济发展问题。在他们看来，富国和穷国之间是一种中心和外围的关系，这种关系的实质是中心剥削和支配外围、外围依附于中心的关系。他们认为不发达状态是第三世界国家经济在恶劣的贸易条件下被纳入世界资本主义体系所导致的结果。换言之，不发达是一种结构性问题，是世界经济不合理的结构所造成的。[①] 激进主义理论中最具代表性的主要是依附理论和世界体系理论。

---

① 张蕴萍：《西方发展经济学研究述评——兼论发展中国家经济发展战略的变迁》，《理论学刊》2010年第9期。

依附理论主要产生和发展于20世纪60—70年代的拉丁美洲，它是以不发达国家和发达国家之间特殊的经济政治格局为研究对象的一种发展理论。该理论的演变主要经历了从"古典依附论"到"依附发展论"的发展过程。主要代表人物有阿根廷的劳尔·普雷维什、埃及的萨米尔·阿明、英国的A.G.弗兰克等。普雷维什、弗兰克和阿明对古典依附论的创立和发展做出了贡献；卡多索和埃文斯的观点则是"依附发展论"的代表。依附理论的核心概念是"中心"和"边缘"（也称"外围""边陲"）。他们通过对发展中国家尤其是拉丁美洲等地发展实践的考察分析，认为西方发达国家在国际经济政治关系中处于中心地位，而不发达国家在国际经济政治关系中处于边缘地位。由于发达国家在资金、技术、市场等方面的优势，加上技术进步及其传播机制本身的不平衡性特点，使得中心国家与边缘国家之间存在严重的不平等。边缘国以生产和出口附加值低的初级产品为主，而中心国则主要生产和出口具有高附加值的工业品。由于市场容量以及需求弹性、收入弹性等一系列条件的变化更有利于工业产品，而对初级产品不利，因而初级产品的贸易条件存在着长期下降甚至恶化的趋势，边缘国家始终会处在不利的地位上。加上边缘国自身在技术和资本上的劣势，在发展过程中对中心国家的资本、技术等有着很大的需求，从而形成了边缘国对中心国的依附，阻滞甚至丧失了发展本国工业的机会。依附的实质是拉美国家的经济发展受到发达国家的控制和制约。这种以发达国家支配和控制不发达国家、不发达国家依附和受控于发达国家为本质特征的国际贸易，是西方发达国家剥削不发达国家的一种途径。依附和发展是不相容的，拉美国家现代化受阻的根本原因来自外因，即"依附"的结果，是由于这种控制、剥削和依附关系所造成的。不少依附论的学者指出，不发达国家要想依靠发达国家的"支持"和"帮助"实现现代化，只能是一种不切实际的幻想，必须消灭世界资本主义体系，彻底摆脱依附，实现独立发展。作为外围的发展中国家只有大力发展工业化，才能摆脱对中心发达国家的依附，摆脱贫困，实现经济发展。

应该说，依附理论有其合理和积极的方面。它弥补了从发展中国家内部看问题的片面性，揭露和批判了"西方中心主义""西化论"，唤起非西方国家关注自身的发展问题,为研究发展问题提供了一种新的视角,有助于认识在开放经济条件下可能遇到的各种问题。但另一方面,依附理论也存在明显的缺陷。在批判现代化理论的内因决定论的同时,又陷入了外因决定论,不懂得事物发展是内因和外因共同作用的结构;特别是依附理论中的激进派主张"脱钩",在对外开放上持"关门""不接触"的态度,认为不发达国家要摆脱依附实现发展,就必须割断与发达国家的经济往来和联系,这种脱离发展实际的、自我封闭的发展理念和行为,实践证明是行不通的,也不可能实现自身的发展。[1] 同时,受依附理论将自力更生发展工业视为发展中国家唯一出路的影响,许多发展中国家在发展战略的选择上把工业化绝对化、单一化,以至于实践中产生了很多的问题。随着该理论缺陷的日益暴露,依附论也逐渐被产生于20世纪70—80年代的世界体系理论所取代。

作为世界体系理论的创始人,美国的艾曼纽尔·沃勒斯坦教授以一种新的观察视角,将世界看作一个整体,对世界体系结构进行了考察分析,逐渐形成了世界体系论。这一理论的基本特点就是从世界体系的整体动态角度分析社会发展问题,在"中心—边缘"的结构中增加了"半边缘",补充和完善了依附理论。该理论认为,整个世界体系由中心国家、边缘国家和半边缘国家三个部分组成。中心国家是在世界体系中占主要地位的国家,边缘国家是指受中心国控制的国家,半边缘国家是指介于二者之间、既受中心国家控制,同时又可以部分控制边缘国家的国家。在不平等的国际分工和贸易秩序下,他们之间形成了剥削与被剥削的关系,造成了各个国家地位的上升或下降。对边缘国家来说,可选择的道路有两条:一条是在世界资本主义体系内部由"边缘"上升为"中心"的"追赶型"道路;另一条则是全面否定世界资本主义体系的"反体系运动"道路。前一条道路是无法削弱现有的世界体系的,只有走后一条道路,边缘国家才能真正实现自身的发展。[2] 同时,世界体系理论

---

[1] 卫忠海:《现代化的理论与实践》,四川大学出版社2008年版,第28—29页。
[2] 张雷声:《寻求独立、平等与发展——发展中国家社会经济发展理论研究》,中国人民大学出版社1998年版,第194—203页。

非常强调国家政治力量在各国发展中的重要作用，认为各国政府是促进资本转移、拓展其在世界体系中地位以及迈向现代世界体系的主要动力。

世界体系论改变了在对发展中国家不发达原因的分析上，西方发展理论过于偏重内部因素考察、而依附理论过于重视外部因素分析的局限，提出了"中心—半边缘—边缘"的世界体系结构分析，补充和发展了西方发展理论和依附理论。由于"半边缘"概念的提出，其研究方法也比依附理论的二元静态结构更为灵活和动态化了。受世界体系理论的启发和影响，一些学者在研究少数民族现代化发展问题时，也运用了这一理论，产生形成了以探寻少数民族发展问题为核心内容的扩散理论（Theory of Diffusion）。如 M. Hechter，以英国 Celts 民族为例，研究了国家经济发展过程中如何协调经济较发达的多数民族聚居区（核心地区）与经济欠发达的少数民族聚居区（边远地区）的关系问题，认为工业化是联系"核心地区"与"边远地区"的必要条件，通过发展工业化，来带动和实现社会组织各个层次的发展变革，使"边远地区"逐渐缩小与"核心地区"之间的发展差异。①

总之，这一理论对于近年来民族现代化发展问题研究也产生了很大的影响。当然，正如一些学者所批评的，世界体系理论也存在一些问题，如：过分强调经济在世界体系中的作用，对政治、文化问题重视不够，存在过分经济主义倾向；世界体系论的"结构决定论"（外部因素决定论）过于僵化。作为发展理论，过于注重整体性研究，而对个体性、特殊性的研究显得不足，毕竟就每一个国家而言，其在不同历史时期的发展过程也是各自不同的，具有一定的差异性和特殊性。而世界体系理论忽视了对具体国家发展道路的探讨，致使其实际应用性较为缺乏，还没有摆脱西方中心主义的思想束缚等。

发展经济学自 20 世纪 70 年代末到 80 年代中期，在将近 10 年的时间里一度陷入困境。但 20 世纪 80 年代中后期，随着以制度研究为主要内容

---

① 温军：《民族与发展：新的现代化追赶战略》，博士后研究报告，清华大学，2001 年，第 94 页。

的新古典政治经济学的兴起，发展经济学理论又进入到一个新的发展阶段。主要是对包括法律、制度、文化等非经济因素给予了高度关注，把制度理论引入经济发展研究中。鉴于本节内容主要是侧重从影响民族地区传统发展路径形成的理论渊源的角度来进行分析，故此处对新古典政治经济学的思想观点不做赘述。

二 比较优势理论

在民族地区传统发展路径的形成上，比较优势理论是有着深刻影响的一个重要理论。这一理论是在亚当·斯密绝对优势理论的基础上、经大卫·李嘉图的发展、赫克歇尔—俄林的深化，最终形成的。

（一）亚当·斯密的绝对优势说

作为经济学鼻祖的亚当·斯密，他首先提出的"分工受市场范围的限制"命题，开创了经济学界对分工问题研究的先河。那么，国家（区域）之间，按照什么样的原则进行合理分工，进而形成双赢的国家（区域）产业结构，实现共同的经济增长呢？斯密在经济学说史上率先提出了对国际分工、国际贸易影响深远的绝对优势说，又称绝对成本说。在斯密的《国富论》中，他首先分析了分工的利益，认为分工对于提高劳动生产率、增加国民财富有显著的好处。进而，他以家庭之间的分工为例，指出既然分工可以极大地提高劳动生产率，那么让每个人都专门从事他最有优势的产品的生产，然后彼此进行交换，则每个人都可以实现利益增长。即分工的前提和原则就是以成本的绝对优势为基础。由此，斯密由家庭推及国家，认为，这一分工原则同样也适用于国与国之间的贸易交换。他认为，由于不同国家的自然禀赋和后天条件各有不同，每个国家都会有某种绝对有利的生产条件，最适合于专门进行某些特定产品的生产，相对于其他不具有该生产条件的国家来说，生产该产品的生产成本一定是最低的。如果各国都按照各自的有利条件进行分工和交换，一方面会使各国的资源、劳动和资本得到最高效的利用，另一方面也会大大提高劳动生产率，增加物质财富，并使各国都能从贸易中获益。这便是"绝对优势说"的基本内涵。

亚当·斯密基于劳动分工原理的绝对优势说，首次深入论证了贸易互利性原理，在经济学说史上第一次为自由贸易提供了正规的理论解释，但这一理论的一个隐含缺陷是无法解释以下问题：如果一个国家不具备任何绝对优势，则能否参与国际分工与国际贸易，能否从中受益？事实上，两个国家恰好具有不同商品生产的绝对优势的情况是极为偶然的，这一缺陷使得斯密的绝对优势理论面临着挑战。

（二）大卫·李嘉图的比较优势说

大卫·李嘉图作为古典经济学的集大成者，他在继承斯密绝对优势说的基础上，提出了自己的比较优势说（又称比较成本说），推进了该理论的发展。他认为，即使一国在两种商品的生产上都没有绝对的优势，但只要两种商品在生产上的劣势程度有所不同，而另一国虽在两种商品生产上都有绝对的优势，但优势的程度不同，则相对来说处于劣势的国家在劣势较轻的商品生产方面更具有比较优势，处于优势的国家则在优势较大的商品生产方面更具有比较优势。双方若都按各自的比较优势来进行分工和专业化生产，则两国都能从贸易中得到利益。其实质就是"两利相权取其重，两害相权取其轻"，这就是比较优势理论。也就是说，国际贸易的开展并不必须以生产技术绝对差别的存在为前提，只要各国之间存在生产技术上的相对差别，那么，在生产成本和产品价格上就会出现相对差别，从而使各国在不同的产品上具有比较优势。两国按各自的比较优势参与国际贸易，就都可以在不增加劳动的情况下获得比较利益，提升福利水平，增加财富总量。

总之，比较优势学说是在绝对优势说的基础上，对国际分工的必要性和国际贸易所具有的互利性做了进一步深刻的分析和揭示，从劳动生产率差异的角度成功解释了国际贸易发生的一个重要原因，为自由贸易提供了有力的证据。比较优势说揭示了人类分工协作的原理，为自由贸易政策提供了理论基础，该理论被西方经济学界奉为经典，并成为国际贸易分工理论发展的主线。但由于比较优势说是建立在静态分析的基础之上，分析中只考虑了劳动力是唯一生产要素的情况。因此，按此结果进行分工与贸易，实现的只是静态比较优势与静态效率。这是比较优势理论一个很大的不足。

(三) 赫克歇尔—俄林的要素禀赋论 (H-O模型)

瑞典经济学家埃利·赫克歇尔及其他的学生贝蒂尔·俄林，继承并发展了李嘉图的比较优势理论，提出了要素禀赋论，用生产要素的丰缺来解释国际贸易产生的原因。在他们看来，现实生产中投入的生产要素不只是劳动力这一种，而是有多种生产要素。所谓要素禀赋，是指生产要素（包括劳动、资本与土地等）在一个国家（地区）中的天然供给状况。俄林认为，商品价格的绝对差异是来自于成本的绝对差异，而成本的绝对差异一是由于生产要素的供给总量不同，即两国的要素天然禀赋不同；二是由于不同产品在生产过程中所使用的要素比例不同（要素密集程度不同），从而使得同种商品在不同国家具有相对价格差异。显然，在生产上密集使用本国相对充裕又便宜的生产要素生产的产品往往具有相对价格优势，而需要在生产上密集使用本国相对稀缺又昂贵的生产要素生产的产品，则具有明显的相对价格劣势。如果各国在贸易交换中，都出口前一类商品，而进口后一类商品，双方就都有利可图。因此，要素禀赋理论主张的分工原则是按生产要素的禀赋程度进行分工，所主张的贸易政策是自由贸易。

要素禀赋说对区域产业分工与产业发展有着重要的启示价值。区际之间、国际之间按照要素禀赋进行产业分工，各区域、国家集中发展能充分利用各自丰富的生产要素的产业，然后通过市场交换来加快各自的经济发展，对区域经济、一国经济发展仍具有重要的现实意义。生产要素禀赋理论在比较优势的基础上实现了理论的深化，由此成为现代国际分工与自由国际贸易理论中最具代表性的理论。尽管该理论受到里昂惕夫等学者的质疑，但仍被视为国际贸易理论发展史上的一座里程碑。

从上述分析可见，以亚当·斯密的绝对优势学说为基础、经大卫·李嘉图的发展以及赫克歇尔—俄林要素禀赋论的深化，比较优势理论对于指导现代国际分工与自由国际贸易中有着极其重要的作用。对于一国国内不同区域间的产业分工和交换同样有着不言而喻的影响。也因此，在以往民族地区的经济发展中，也是按照比较优势理论确立了自身的产业格局，以蕴藏量相对丰富、要素禀赋有较大优势的能源、资源产业作为优势产业进行开发建设，形成了以采掘工业、重化工业为主的产业布局。可以说，在民族地区现代化传统发展路径的形成上，比较优势理论是其中一个重要的理论来源。

然而，我们并不能片面静止地对待要素禀赋上的比较优势。在现实生产中，投入的生产要素并非是恒久不变的常量，而是变量。生产力水平的提高、科技水平的发展等外部条件的变化，均会引起生产要素在数量、质量和结构上发生相应变化。落后国家或地区如果单纯按照自身的成本和资源优势来确定贸易结构，就有可能会跌入"比较利益"的陷阱中：一方面，按照禀赋优势，落后国家或地区自然会以劳动密集或资源密集的初级产品的输出为主，但由于开发的是初级产品，边际报酬递减迟早会出现，而且由于开发技术落后，开发成本也会日益增大；另一方面，落后国家或地区输入的主要是发达经济体的工业制成品，使后发地区对发达地区的依赖性增强。这一点在改革开放以来民族地区与东部发达地区之间"贸易剪刀差"的交换中已经充分显现出来，由于工业品价格偏高、农矿原料价格较低，以至于在贸易交换中，民族地区"高进低出"，遭受了双重利益损失。

在当代技术革命飞速发展的条件下，生产要素早已不局限于各种有形的要素，人力资本、知识信息、技术创新等各种无形要素越来越多地融入其中。从当前的经济发展状况来看，在一定范围内继续按照自身的要素禀赋的比较优势来安排生产和贸易，是作为欠发达地区的少数民族地区目前还不能放弃的发展思路和手段，但从动态发展的角度看，民族地区建立在资源禀赋与比较成本基础上的比较优势必然会呈现逐步减弱和下降的趋势。一方面，经过多年的经济高速增长，资源的生产性消耗明显上升，不少资源性产品的价格优势越来越小。另一方面，民族地区现实的资源支配能力还比较弱，在与发达地区的竞争中处于明显的弱势。缺乏较强的资源支配力，则仅有的资源优势也可能不为市场所认同，或在市场要素流动中失去比较优势。

三 后发优势理论及扩展

在民族地区传统发展路径的形成上，还有一个重要的理论来源，就是后发优势理论。后发优势理论之所以产生主要是在一些国家或特定区域的发展中，有一些特别的现象引起了人们的关注和思考。例如都是经济、科技较为落后的国家或地区，有的长期处于落后状态且与先进国家的差距不断拉大，但有些却能够在不长的时间里迅速追赶上先进国家或地区。这些现象该如何解释，在这些现象背后又藏着怎样令人着迷的原因，一些经济学家提出了后发优势理论来进行解释分析。由于这一理论主要是围绕经济、技术等各方面均处于劣势的后进国家或地区如何赶上先进国家或地区而展开分析论证的，所以在民族地区的发展中，也是比较多地受到后发优势理论中一些思想和观点的影响。

（一）格申克龙的后发优势理论

俄裔美国经济史学家亚历山大·格申克龙（Alexander Gerchenkron）是后发优势理论的创立者。第二次世界大战后，经济学家们围绕着新兴第三世界国家如何实现经济发展，争取经济独立纷纷展开了研究，格申克龙也在关注思考这个重大问题。他深入分析和总结了19世纪欧洲特别是较为落后的巴尔干地区的一些国家如德国、法国、意大利、奥地利等经济落后国家工业化发展的特殊历程和经验，探索了经济落后国家实现经济发展的有效途径，在此基础上提出了后发优势理论。所谓"后发优势"又被称为"落后的有利性"或"落后的优势"等。他在1962年出版的《经济落后的历史透视》一书中全面阐述了这一理论。他认为，一国经济发展进程的快慢很大程度上会因为工业化前提条件的差异而有所不同，相对落后程度越高、与先进国家的发展落差越大的国家，其后的增长速度反而越快。其中的原因就在于这些国家具有一种因落后而得益的"落后优势"（advantage of backwardness）。这种落后的优势在现代化先发国家中是不存在的，也不能人为创造而产生。完全是由后发国本身的落后地位而产生的特殊有利条件，即这种优势是与其经济的相对落后性相伴共生的，是来自于落后本身的优势。

格申克龙在分析考察19世纪欧洲较为落后国家工业化过程的基础上，从八个方面对比和总结了相对落后国家与现代化先发国家在工业化进程与特征上的差异，并得出如下结论：一国经济越落后，则其工业化就越可能表现为较高的制成品增长率；同时也就越重视企业的大规模化；越强调生产资料的生产；对人民消费水平的压制就越严重；同时工业化所需资本的供给越带有强制性和集权化；而且农业越不能为工业提供有效的市场支持，从而经济结构就越不平衡。① 格申克龙认为，正是这些特点的存在使得在经济落后国家中，现代工业的发展与传统经济形成了巨大的反差，由此释放出巨大的推动力，推动着经济的增长和结构的变化。后发国家在工业化前期的相对落后程度越大，在工业化起步阶段的"大突进"程度就越高。

具体来说，这种"后发优势"主要表现为：一是由于经济相对落后，从而会在经济停滞的现实与经济发展的高期望值之间产生一种紧张关系，激发起后进国家的国民对发展工业化的强烈愿望和社会压力，进而激励本国的制度创新；二是由于工业化基础条件的不足，后进国家只能创造性地寻求适当的替代物以填补先决条件的缺乏。同时，后进国家也必然会充分吸取先进国家工业化经验教训，创造性、选择性、多样性地设计和形成本国的工业化模式，选择有别于先进国家的不同发展道路，优化赶超战略，避免走弯路，从而缩短工业化初期阶段的时间，较快进入工业化较高阶段；三是作为经济技术相对落后国家，可以充分利用先进国家已经研制开发出来的技术、设备和资金，由此能够大大节省研发时间和研发经费，快速培养人才，在一个较高的起点上推进工业化。由此，格申克龙首次从理论高度深刻揭示了后发国家的工业化存在着对于先发国而言取得更高时间效率的可能性，也强调了后发国家在工业化进程方面赶上乃至超过先进国家的可能。

格申克龙的分析说明，一国经济的相对落后并非像人们通常所认为的那样仅仅是一种劣势，如果利用的好，落后反而会转变成一种优势。当然，能否真正抓住后发优势，还需要相对落后国家结合本国的经济社会环境制定适当的金融、税收与外贸政策，使原有的落后劣势逐步弱化，这样才能实现劣势向优势的转变，使经济落后国家最终实现工业化的赶超和发展。

---

① 王秀中：《一部论述后发优势的经典之作——亚历山大·格申克龙的〈经济落后的历史透视〉中译本简评》，《经济问题研究》2010年第11期。

（二）列维对格申克龙后发优势论的具体化

美国经济学家列维（M. Levy）从现代化的角度将格申克龙的后发优势论具体化，总结归纳了后发型现代化的利与弊。列维认为后发优势表现在五个方面：一是认知优势。由于先发国家的现代化已经有了相当一段时期的发展，人们对现代化的认识也日益地深入，这就使得无论在理论上还是在实践上，后发国家对现代化的理解和把握都比先发国开始现代化时的认识要丰富和深刻得多。二是借鉴优势。有了现代化先发国的先行之路，后发国可以大量借鉴他们的经验和教训，也可以直接借鉴和采用先发国较为成熟的技术、设备及组织结构。三是技术发展优势。即后发国可以直接利用先发国已达到的技术发展水平和高度，跳跃先发国在现代化开始时所经历的技术研发阶段，缩短发展时间。四是前景预测优势。即由于先发国家的先行发展，其现代化发展已达到了较高的水平和程度，从而为后发国的现代化提供了可预测的参照。五是外援优势。即后发国有可能在资本和技术上获得先发国的支持和帮助。与此同时，列维认为相对落后国家的后发劣势同样不容忽视：一是民主政治发展劣势。由于后发国现代化起步晚，所以现代化的启动和推进往往需要由政府来动员组织大规模的行动，由此会在一定程度上影响民主政治的发展。二是对影响社会发展诸因素之间相互依存的关系方面可能存在忽视。后发国往往更容易先看到先发国现代化所取得的成果，却容易忽略形成这些成果背后的因素、条件以及与社会其他因素的内在关系。三是社会心理劣势。即相比先发型国家，后发型国家在经济发展与社会转型方面跟前者存在着较大的差距，容易造成严重的社会失望情绪。

列维还认为，在后发国家的社会转型过程中，有三个重要的战略性问题是后发国必须面对并需要解决好的：一是控制结构问题。后发国的现代化不是始于内生，故在现代化转型过程中，其原有的社会控制结构必将遭到破坏。因此后发国家应当建立起有效的控制和协调结构，才能实现社会平稳而有效的转型。此时政府的集权和组织作用便显得尤为重要。二是资本积累问题。由于先发国家的现代化是一个逐步进化的过程，故其对资本的需求也是逐步增强的；而后发国家的现代化则是在有目标参照的前提下，需要在较短的时间内迅速启动和发展，从而对资本的需求也较为集中，会在短时间内大量增加。由此需要特殊的资本积累形式，并必然要有政府的介入。三是两种心态的问题。现代化的成果是人们都想获得的，但为此所付出的代价以及在现代化过程中必须要经历的混乱、痛苦和可能的利益损失，却是人们并不愿意承受的，但这又是不可避免的。这就会使人们在剧烈的社会变动中产生强烈的失落感和疏离感。这种心态是后发国在现代化过程中需要及时引导和处理好的。

（三）阿伯拉莫维茨的"追赶假说"及其拓展

在格申克龙的后发优势说提出后，1986年阿伯拉莫维茨（Moses Abramovitz）进一步提出了"追赶假说"。他通过对劳动生产率和单位资本收入的分析指出：一国的经济增长速度与其经济发展的初始水平呈反向变动关系，即一国初始经济水平越落后，其后期经济增长的速度越高，反之亦然。由此，所有后发国家最终都必然会赶上先发国家。不过他强调，这仅是一种潜在的后发优势，后发国家要想实现对先发国家的追赶，要想把这种潜在可能变为现实，还需要具备由外在技术差距与内在社会能力相互作用形成的复合因素。这种内在社会能力体现在：如能否通过教育实现技术能力的不断提升，政治经济等各方面的制度制定是否更加合理规范等。阿伯拉莫维茨认为，一个国家只有处于虽然技术落后但社会是整体进步的状态，该国家才具有了经济高速增长的强大潜力。另外他还提出，在某些特殊阶段，一些历史因素会限制或促进知识的传播、结构的调整、资本的积累，进而会影响到经济追赶的实现。

此后，鲍莫尔（Baumol）、多瑞克（Dowrick）与格莫尔（Gemmel）对追赶理论进行了拓展与证明。如鲍莫尔认为，在经济落后国家，其低下的教育水平和工业化水平使其无法有效利用技术差距，从而经济追赶难以实现。

（四）伯利兹、克鲁格曼等的"蛙跳"模型

1993年，伯利兹、保罗·克鲁格曼等（Brezis, Paul Krugman）在总结发展中国家成功发展经验的基础上，基于后发优势理论，提出了技术发展的"蛙跳"（Leap-flogging）模型。该模型认为：后进国在有了一定技术创新能力的前提下，可以跨越技术发展的某些阶段，直接采用先进国家的某些处于技术生命周期成熟前阶段的技术，直接开发、应用新技术、新产品,以高新技术为起点,在某些领域和产业实施技术赶超和跨越,进入国际市场与先进国家进行竞争。"蛙跳效应"表明,先进与后进、发达与不发达并不是一成不变的,先发国与后发国是会兴衰交替的。当然,"蛙跳"的实现也是有条件的,如发达国家和发展中国家之间存在明显的工资成本差距,以及新技术最初效益不高但具有巨大的生产力提高潜力等等。具备了上述条件就有可能使后发国家实现成功追赶。

此外,包括罗索夫斯基、南亮进、渡边利夫等在内的部分学者,还结合20世纪80年代日本、韩国等亚洲新兴工业化国家经济快速增长的现实过程,对格申克龙的后发优势假说进行了理论验证。[①] 如日本经济学家南亮进在他的《日本的经济发展》一书中特别指出,20世纪五六十年代日本之所以能够快速实现经济恢复与增长,主要是从后发优势中受益。但70年代以后,日本之所以没能实现更进一步的发展,原因就在于日本没能实现技术创新和突破,仍停留在对引进技术的模仿上,没有把模仿改造为真正的自主创新,从而使经济发展失去了动力和方向。随着技术差距的缩小或消失,这种"落后优势"在日本已不复存在。当美国利用信息技术革命推动经济增长并进入"新经济"的时候,日本与它的差距又被拉大了。这些研究在很大程度上验证了后发优势假说的客观性,也引起了人们对后发优势理论的更多关注。

后发优势理论首次从理论高度证实了后发国家工业化存在着相对于先进国家而言取得更高时间效率的可能性,为后发国家或地区经济增长过程中充分利用后发优势的实践提供了积极的借鉴和参考,增强了后发国家或地区实现经济快速发展的信心。总之,由格申克龙的后发优势假说以及经后来的一系列发展而形成的后发优势理论体系,为分析后进国家的工业化和经济增长提供了一个颇具说服力的理论框架,并被一些后进国家的经济增长过程所验证。该理论对后发劣势的分析,更对后发国家或地区充分利用好后发优势、实现经济发展提供了有益的警示。

但是,也必须看到,对后发优势理论的理解和运用不能绝对化。后进国家和地区的确存在着某些潜在的后发优势,具备在较短时间内赶超

[①] 尹轲:《赶超经济的性质与机制研究》,博士学位论文,东北财经大学,2005年,第43页。

先进国家和地区的可能性。但是，这种后发优势只是潜在的可能，不可能自发地发挥出来。能否被后发国家或地区充分利用，主要取决于这些国家或地区有没有形成一个有利于技术学习和创新的良好的机制，进而才能创造出使这些潜在的后发优势得以充分发挥的政治、经济制度和发展战略。从绝对意义上看，先发国家或地区在资本、技术、管理以及制度结构方面都拥有毋庸置疑的优势，留给后发国家或地区的优势空间极其狭小。许多现代化的后发国家或地区，之所以在现代化的追赶中发展缓慢，经济增长率相较先发国家低，其原因就是这些国家没能形成良好的政治、经济和社会条件，缺乏利用和发挥后发优势的良性机制，反而落入"后发优势悖论"——即由于后发优势的存在，后来者不愿花代价进行自我创新，只愿意引进和模仿，其结果必将导致后来者永远处于模仿者的地位，最多实现追赶，而不可能实现超越。结果使本来具有的后发优势变成了后发劣势。[①]

如果以此反思民族地区现代化的传统发展路径，恰恰是忽视了"后发优势悖论"的存在。在几十年的现代化建设过程中，民族地区正是以较发达的现代化先发地区为追赶目标，盲目模仿先发地区的工业化发展道路，以 GDP 增长为唯一考量，试图通过引进资金、技术和项目去赶上先发地区，由此也形成了民族地区现代化的传统发展路径。然而，民族地区的这一传统发展路径，实际上忽视了自身在发展基础、现实条件、文化传统、制度机制等方面的特殊区情，以至于尽管追赶了几十年，但与较发达地区的差距却依然存在甚至更大。

总之，20 世纪以来，在以上传统发展理论的影响下，民族地区所采取的发展战略和路径的一个突出特点就在于强调工业化，把 GDP 的增长作为民族地区发展的首要甚至是唯一的目标，而忽视了国民收入分配和社会福利，忽视了人的发展。这一发展路径一段时间内促进过民族地区的经济增长，触动了现代化进程的按钮，但过度追求工业发展，忽视了经济社会发展中的全面协调和可持续性，没有严格区分"增长"与"发

---

① 尹朝安：《现代化赶超中的制度创新：历史考察与理论分析》，博士学位论文，中国社会科学院，2002 年，第 18 页。

展"的差异,偏离了人民生活的基本需要,因而产生了日益明显的局限性,也使民族地区的现代化追赶之路格外艰辛。

第二节 民族地区传统发展路径下的开发实践

1949年中华人民共和国的成立,标志着我国少数民族地区的现代化建设进入到一个全面启动的新阶段。从"一五""三线"时期在民族地区进行的工业开发,到改革开放以来民族地区经济社会建设的推进,再到西部大开发以来民族地区的加速发展,民族地区的现代化建设走过了一条曲折的发展道路。大体经历了三个大的历史时期:即新中国成立后到改革开放前的建设时期(1949—1978年)、改革开放后的发展时期(1979—1998年)、西部大开发以来的加速推进时期(1999年至今)。

一 新中国成立后至改革开放前的建设时期(1949—1978年)

(一)"一五"时期民族地区的工业开发

新中国成立初期,随着民族地区民主改革和社会主义改造的顺利完成,民族地区的社会面貌出现了前所未有的巨变。为了进一步促进少数民族地区经济社会的发展,自20世纪五六十年代起,在国家总体财力薄弱、经济状况困难的情况下,中央仍针对少数民族的特点,采取了一系列扶持措施帮助民族地区进行经济建设,并开启了民族地区的大规模工业建设,初步改变了民族地区没有现代工业的历史,奠定了民族地区工业化的基础。

1949年,刚刚成立的新中国面对的是一个不仅一穷二白、经济极其落后而且生产力布局严重畸形、区域发展极不平衡的烂摊子。国民经济仅有的一点薄弱的经济基础大都集中在东南沿海一带。其中,东部沿海的土地面积占全国的12%,而工业产量占全国的75%,当时最大的工业部门——纺织部门的纱锭总数和纺织机总数的85%—90%都集中在沿海,钢铁、煤炭、电力和主要机械工业也有80%以上集中在沿海地区。[①] 而内

---

① 王海波:《新中国工业经济史》,经济管理出版社1994年版,第61页。

地尤其是边远民族地区,更是处于生产力发展水平极度低下的状态,经济十分落后。甚至有部分少数民族仍然以刀耕火种的原始生产方式为主,原始的游耕游牧也在个别少数民族中存在,一些地区手工业还没有从农业中分化出来,更不要说现代工业的建立和本民族工人阶级队伍的形成。① 民族地区工业产值在整个经济中所占比重微乎其微。如面积占国土45%的西北和内蒙古广大地区,工业产值仅占全国的3%,面积占国土23%的四川、云南、贵州和西藏,工业产值仅占全国的6%。② 据统计,1949年底,民族地区工业产值仅为5.6亿元,只占全国同期工业产值的1/25。具有一定规模的企业只有100多家,其中绝大多数是以体力劳动为主的采矿业和以手工劳动为主、设备陈旧的小型轻工厂及修配厂。在许多少数民族聚居区,甚至连家庭手工业和手工业作坊的发展都很微弱。③ 东西部工业生产严重失衡。

针对民族地区的这一发展状况,中央政府高度重视,并在制定国家发展计划时,对民族地区实行重点倾斜和优先照顾。1952年12月,中共中央专门提出了《中央关于少数民族地区的五年计划若干原则性意见》,对民族地区"一五"期间的经济建设给予指导。特别强调各地在制定计划时,既要照顾到少数民族的要求和愿望,又必须充分估计各民族当前发展阶段的特点和各种不同的情况,并根据可能实现的条件,不要提空洞的难以实现的计划。④ 按照中央的精神和指导意见,各有关部门和地区也都分别制定了帮助民族地区发展各项建设事业的计划。1953年,伴随着中国第一个五年计划全面实施,一部分民族地区的经济开发进入了第一次高潮。

按"一五"计划的安排部署,国家新建的8条铁路干线中有5条被安排在少数民族地区或直接与少数民族地区相连接。如兰新铁路,直接贯通甘肃和新疆;宝成铁路将西北和西南连接在一起,还有内蒙古包头

---

① 司马义·艾买提:《中国民族工作的辉煌成就》,《人民日报》1994年9月2日第5版。
② 王桂琴、刘秉龙:《民族地区工业化进程研究》,中国民族大学出版社2007年版,第134页。
③ 同上书,第149—150页。
④ 李资源:《中国共产党民族工作史》,广西人民出版社2000年版,第281页。

经宁夏到甘肃兰州的包兰铁路，内蒙古集宁到二连浩特的铁路，还有连接广西和广东的黎湛铁路等。按照"一五"计划的安排，公路修建的重点主要集中在交通状况极为恶劣的西南民族地区和边疆、沿海地区。特别是修建了举世闻名的康（川）藏公路和青藏公路，在异常困难和艰苦的施工条件下，排除各种障碍，最终于1954年12月同时举行了通车典礼。这些道路交通的修建，很大程度上改善了民族地区以往交通闭塞、出行困难的面貌，使广大民族地区同内地之间的物资交流、人员往来及各民族群众的交流交往大大增加，也为民族地区经济文化事业的发展奠定了良好的基础。同时，国家还在部分民族地区实施建设了内蒙古包头钢铁基地、宁夏青铜峡水电站、新疆克拉玛依油田等一批重点项目，并配套建设了一批能源交通项目。其中"包钢"和克拉玛依油田是国家重点工程，其开工建设始终得到了国家领导人的高度重视。1959年，"包钢"一号高炉出铁时，周恩来总理还专程赶到草原钢城剪彩。这些大型现代化工业和能源项目的建设，结束了民族地区没有现代工业、"手无寸铁"的历史，初步改变了单一的国民经济结构，为民族地区的进一步发展初步奠定了基础。

由于这一时期中央的指导方针正确，尤其注重从民族地区的实际出发，以"慎重稳进"的方针推进民族地区的改革和建设，从而对民族地区的经济建设起到了积极的推动作用，取得了显著的成效。据统计，民族自治地方的工业总产值，由1949年的5.4亿增至1957年的29.5亿元（均按1952年的不变价格计算），增长了4倍多。许多少数民族地区还建立了一批中小型工矿企业。新疆在1949年解放时，采用机器生产的小型工厂总共只有十几个，到1957年已发展到1000多个。内蒙古自治区1957年的工业总产值，比1947年自治区成立时增长了20倍。截至1957年，少数民族地区铁路通车里程达5400多公里，公路通车里程达6万多公里。伴随着这一建设过程，少数民族自己的工人队伍也在不断发展壮大。1949年全国只有46000多名少数民族工人，到1957年已发展到82万多人。[①] 这一时期的工业建设为民族地区的进一步发展奠定了良好的基

---

① 黄光学：《当代中国的民族工作》（上），当代中国出版社1993年版，第121页。

础，国民经济也得到较大发展（见表4-1）。

表4-1　　　　1952—1957年民族地区的地区生产总值　　　　单位：亿元

地区	地区生产总值					
	1952年	1953年	1954年	1955年	1956年	1957年
内蒙古	12.16	15.57	19.46	17.49	24.6	21.27
广西	12.81	14.24	16.21	17.43	19.51	21.57
新疆	7.91	8.74	10.54	12.31	14.09	14.67
宁夏	1.73	1.68	2.14	2.24	2.57	2.58
西藏	1.32	1.36	1.39	1.43	1.62	1.56
青海	1.6	1.7	2.4	2.9	3.8	4
云南	11.78	14.86	17.03	18.34	21.33	22.53
贵州	8.55	10.01	11.14	11.61	14.65	16.3

资料来源：根据国家统计局国民经济综合统计司编：《新中国六十年统计资料汇编》，中国统计出版社2010年版，整理。

当然，这一时期民族地区的工业建设也存在一些问题，如过于强调发展重工业，使民族地区的重工业比重过高，农轻重比例失调，成为以后民族地区工业发展的沉重包袱。而且在建设中求快心切，使得在新建项目中出现了部分生产能力因盲目求快而至闲置的问题。但无论如何，"一五"时期在民族地区的工业建设总的说来是取得了巨大成功，不仅奠定了民族地区的工业基础，也为民族地区的进一步发展创造了条件。

（二）"三线"时期民族地区的工业建设

始于20世纪60年代中期并基本贯穿了我国三个五年计划时间[①]的"三线"建设，在中华人民共和国历史上是一个空前规模的重大经济建设战略，是新中国历史上规模最大的一次西部开发，其投入资金之多，建设规模之大，持续时间之长，影响之深远在新中国历史上都是空前的，

---

① 三线建设始于1964年，结束时间主要有三种说法，即1978年，以十一届三中全会召开和1979年国民经济调整为标志；1980年，以第五个五年计划结束为标志；1983年，以中央确定三线调整改造政策为标志。本书主要采用第一种说法。

并因而成为西部建设史上的一个鼎盛时期。三线建设是特定历史条件下的产物，它从决策形成到付诸实施有着复杂的时代背景和深刻的思想渊源。是在"冷战"的国际大背景下，在60年代中期中国面临外敌入侵的战争威胁，而国内国防建设存在不足以及中共党内"左"倾错误日益扩大化、绝对化等主客观因素的综合影响下，将国防原则绝对化的结果。同时，由于三线建设主要是在"文革"期间进行的，从而使得国防战备、经济建设、政治运动交织在一起，构成了复杂多重的背景因素，也使得三线建设本身遗留了诸多的问题。种种原因使当前学术界对这一重大建设事件的评价争议很大。鉴于本研究方向和主题，笔者无意对"三线"建设本身进行全面的分析论证，而主要是从民族地区现代化的角度考察"三线"时期民族地区的工业建设情况。

1964年8月，基于对当时日趋紧张的国际形势的判断，为加强战备，中共中央做出重大决定：集中力量建设三线，第一线能搬的项目要搬迁，明后年不能见效的续建项目一律缩小规模。自此，三线建设成为经济发展的首要任务和中心任务。"三线建设总的目标是：要采取多快好省的方法，在纵深地区建立起一个工农业结合的、为国防和农业服务的比较完整的战略后方工业基地。"① 从60年代中期开始到80年代初结束，三线建设历经十多年的时间，分三个阶段展开：

开始起步阶段（1964—1968）：根据中共中央的决定，先后组建了铁路、矿山、国防等几支庞大的考察选址工作队，从1964年下半年开始，先后在西南、西北和中南地区进行了勘探和初步的选址工作，并拟定了三线建设的总体布局。这一阶段，三线建设主要以打基础为主，建设区域重点放在西南地区，铁路、冶金和国防建设是这一阶段投资的重点领域，集中进行了湘黔、成昆、贵昆等铁路的建设，以及攀枝花钢铁厂、酒泉钢铁厂和重庆工业基地的建设。基于备战的形势，为保证三线建设能快速形成生产能力，中央这一时期对一、二线的经济建设采取了"停、缩、搬、分、帮"等项措施，将一部分工厂、工程迁往西部。并抽调大

---

① 马齐彬、陈文斌等编：《中国共产党执政四十年（1949—1989）》，中共党史资料出版社1989年版，第253页。

批东部沿海地区的干部、工人和技术人员参与西部新建项目的建设。经过广大参建者的艰苦努力,在1964—1968年间,我国西部的三线建设取得了重大成就:贯通西南的川黔、贵昆、成昆等几条重要铁路开始动工修筑;新建、扩建了攀枝花、包头、酒泉等大型钢铁基地和为国防服务的10个迁建、续建项目;同时在川、黔、甘等地建设了一批为国防服务的石油、机械、电力项目,这使得西部三线战略大后方基地已初具规模。

全面建设阶段(1969—1972):20世纪60年代末,中苏紧张对峙的局面进一步加剧。苏联方面不断在边境挑起事端,制造流血事件,使中苏边界武装冲突升级。1969年3月,苏联边防军更是蓄意入侵我国黑龙江地区,制造了珍宝岛流血冲突事件,此后又不断侵入我国新疆塔城等多个地区,制造新的冲突,严重威胁我国安全。在战争威胁不断加剧的背景下,中共中央决定加速三线建设的步伐,大力发展军工工业,极大地加强和充实了三线建设的领导班子、施工力量还有物资资金。仅以基本建设投资为例,凡是三线地区投资比重都大幅度上升,大项目比较多的四川省当时占全国的投资比重竟高达12.09%,而沿海地区投资比重都大大下降。而在西部迅速增长的投资中,增长最快的是国防工业投资,1969年国防经费比1968年猛增了34%,1970年和1971年又分别猛增了13%和17%。① 迅速增加的投资,使这一时期的备战工作突破了常规性范围,很快进入突击性阶段,带动了三线建设的又一个高潮。这一时期,在继续加快西南三线建设的同时,建设重点也逐渐向包括湘西、豫西、鄂西在内的"三西"地区转移,许多因"文革"动乱而暂停或缓建的项目又重新上马,同时还投资了许多新的大项目,大小三线建设全面铺开。三线建设主要项目都是这一时期搞起来的。

收尾配套阶段(1973—1978):进入20世纪70年代初以后,中国的外部国际环境开始逐步趋向缓和。于1971年10月恢复了我国在联合国的合法席位,并于1972年2月实现了尼克松总统的首次访华,打破了两个大国隔绝多年的坚冰。我国所处的国际形势有所好转。国际局势的变化

---

① 李红梅:《中国共产党民族地区现代化思想及实践研究》,中央民族大学出版社2009年版,第167页。

使我国原有的在工业布局和投资分配上以国防为第一原则的依据不再充分，为此，国家计委在1973年拟定的《第四个五年计划纲要》（修正草案）中，对备战、三线建设与各项经济建设的关系进行了逐步调整，提出：在重点建设内地战略后方的同时，必须充分发挥和适当发展沿海工业基地的生产能力，把发展沿海工业生产"摆在同三线建设同等重要的位置"。根据这一指导思想，我国经济建设重点由此开始发生变化，逐步从内地向沿海转移。从1973年以后，三线建设不再安排新上项目，而主要以扫尾、配套为主，以求尽快发挥其效益。同时，投资向东南沿海倾斜，1973年初我国从西方国家引进的价值43亿美元的成套设备大部分安装在沿海地区。"四五"计划后期，沿海地区和三线地区的基本建设投资比重已经大体持平。此后，中国的投资倾向于沿海和东部的时代开始了。自此，我国经济发展基本实现了由以备战为主向相对正常的经济建设的转轨。1978年随着我国经济建设指导方针的变化，历时十多年的备战意义上的三线建设基本结束。

对于三线建设的认识和评价问题，如前所述，由于其特殊的历史背景和种种复杂的因素交织在一起，因而当前学术界还存在着很大的争议和不同的看法。但无可否认的是，三线建设作为新中国历史上规模最大的一次西部开发，其建设规模之大，投入之多，动员之广，行动之快，在西部建设史上是前所未有的，也形成了中国工业建设在地域上的一次空前规模的西移，对民族地区而言，无疑更是建设史上的一个鼎盛时期，对民族地区现代化建设起到了极其重要的作用。

1. "三线"建设带动和促进了民族地区基础设施的大发展。由于西部民族地区特殊的地理环境状况，决定了修筑铁路、公路，改善交通状况在这一地区开发中的重要作用。因而从"三线"建设一开始，国家就首先重点投资修筑了成昆铁路并实现了宝成铁路电气化，完成了川渝铁路和襄黔铁路的建设，加上地方建的支线，共新增铁路8046公里，占全国同期新增里数的55%，使三线地区的铁路占全国的比重由1964年的19.2%提高到34.7%，货物周转量增长了4倍多，占全国的1/3。公路建设也取得了较大发展,新增里程数 22.78 万公里,占全国同期的 55%。①同时,国家还加强了西部水运、民用航空和邮电通信等方面的建设,取得了显著成就。这在客观上为打破这些地区的传统封闭状态,为此后民族地区工业布局的展开打下了良好的基础。

2. "三线"建设加速了民族地区的工业化进程。从 1964 年到 1980 年,国家对三线地区累计投资达 2052.68 亿元,相当于 1953—1964 年投资总额的 3 倍。整个"三五""四五"时期,国家共在三线地区投资 1186.35 亿元,占全国比例的 43.4%。在地区年均投资量上,三线地区的 11 个省区(川黔滇陕甘宁青豫湘鄂晋)三线建设时期比 1953—1964 年时期年均增长 125.62%,相当于翻了一番,其中四川、贵州、宁夏、湖北增长接近或超过两倍。② 在巨大的资金投入下,国家在西部建成了近 2000 个大中型骨干企业、科研单位、大专院校和交通邮电项目。如在原材料工业方面,建成了包括攀枝花钢铁厂、重庆钢铁公司等在内的钢铁工业企业 984 个,生产能力约占全国的 27%;建成有色金属工业企业 945 个;化学工业建成了一批天然气化工、石油化工、磷化工等骨干的化工企业。③ 在能源工业方面,建成了贵州六盘水、贺兰山煤炭基地、河南平顶山焦煤矿等 50 多个统配煤矿区,三线地区原煤产量由 1964 年的 8367.2 万吨增加到 1975 年的 2.12 亿吨,占同期全国煤炭增长总额 2.67 亿吨的 47.9%;兴建了黄河上游的刘家峡、八龙羊峡水电站、贵州乌江渡水电站等,还建设了 32 座火力发电厂,三线地区的发电量由 1964 年的 149.7 亿度增加到到 1975 年的 635.6 亿度。在机械工业方面,建成投产的大中项目共有 124 个。到 1975 年,三线地区机械工业总产值占全国的比重也从 1964 年占 1/5 左右上升到 1975 年占 1/4 左右。④ 以上述大中型企业为骨干,形成了 45 个以重大产品为中心的专业化生产科研基地和 30 个各具特色的新兴工业城市,基本建成以国防工业为重点,以交通、煤炭、电

---

① 刘国光主编:《中国十个五年计划研究报告》,人民出版社 2006 年版,第 339 页。
② 同上书,第 340 页。
③ 马泉山:《新中国工业经济史(1966—1978)》,经济管理出版社 1998 年版,第 266 页。
④ 《当代中国》丛书编辑委员会编著:《当代中国的基本建设》(上),中国社会科学出版社 1989 年版,第 177—180 页。

力、钢铁、有色金属工业为基础的，机械、电子、化学工业相配合的门类比较齐全的工业体系，极大促进了民族地区的工业发展。

3. "三线"建设推动了民族地区技术进步和生产力水平的提高。三线建设是我国沿海地区工业生产能力向内陆腹地的一次再推移，是继"一五"时期之后工业技术和管理经验的又一次全国性传播和扩散。据统计，从1964年开始共实施了380个搬迁项目，共有职工14.5万人和设备3.8万台从沿海搬迁到了内地[①]，其中既包括核工业、航空航天、船舶、兵器工业、电子工业，也包括一些重要的科研单位、高等院校等。这些内迁的企事业单位大多是一些技术先进、管理水平较高的骨干企事业，他们的内迁使西部民族地区工业化水平在短时间内得到迅速提升。同时数以十万计的科技人员和技术工人的内迁，把先进技术、管理经验扩散、传输到了民族地区，真正起到了"传、帮、带"的作用。为西部民族地区技术的进步和生产力的提高做出了巨大贡献。

4. "三线"建设推动了民族地区的城市化建设。在备战和国防原则下，三线建设中的项目选址主要以"靠山、分散、隐蔽"为原则，这使得很多项目布点处于人烟稀少的偏远地区，远离原有的大中城市和人口密集地区。从经济效益的角度看，这虽然不是合理的企业经济行为，却是有益均衡的社会行为。随着企业的新建，科研机构和大专院校的内迁，以及公路、铁路等交通的建设，大批资金、设备和人员进入到原来荒无人烟的西部地区，给荒芜的落后地区带来了前所未有的发展机遇，在这些地区产生"聚集效应"，逐渐形成了30个各具特色的新兴工业城市，在偏远边疆的荒山僻野中拔地而起，如由攀枝花钢铁公司聚集形成的攀枝花市，由航天、军工企业带动的西昌和酒泉市等等，过去都是荒山野岭，现在已发展成为世界著名的钢城、航天城。民族地区许多古老落后的县、乡、镇在建设大军的带动下，成为现代化的工业都市和交通枢纽。这些新兴城市的建立大大加快了西部民族地区的城镇化进程，也推动了民族地区的快速发展（见表4-2）。

---

① 赵德馨主编：《中华人民共和国经济史（1964—1984）》，河南人民出版社1989年版，第183页。

表 4-2　　　　1964—1977 年民族地区的地区生产总值　　　　单位：亿元

地区	地区生产总值			
	1964 年	1968 年	1972 年	1977 年
内蒙古	32.55	32.96	39.36	51.65
广西	27.18	28.46	53.47	68.75
新疆	21.55	19.78	24.38	35.67
宁夏	4.09	5.06	8.83	12.13
西藏	2.83	3.54	4.25	5.81
青海	5.6	6.4	10.3	13.1
云南	29.25	26.51	49.5	55.84
贵州	19.75	21.38	29.62	37.72

资料来源：根据国家统计局国民经济综合统计司编：《新中国六十年统计资料汇编》，中国统计出版社 2010 年版，数据整理。

三线建设对推动民族地区经济社会发展，改变其落后面貌起到了重要作用。但三线建设毕竟是一场以备战为主导的大规模经济建设，受人们认识水平的局限和当时复杂多变的国内外环境等因素的影响，三线建设的布局以国防原则取代了经济原则，在建设中不可避免地存在着许多片面性。这主要表现在以下几个方面：

首先，经济效益差。"三线"时期，国家在三线地区投资 200 多亿元资金，占沿海与内地基建投资总和的 60%，但由于战略决策失误等原因，巨额资金没有发挥应有的效益。以钢铁和电力企业为例，三线地区平均每亿元投资建成的发电量为 10.5 万千瓦，比全国平均 12 万千瓦少 12.5%；每亿元投资建成的炼钢能力为 3.69 万吨，比全国平均 4.87 万吨少 24.2%。1966—1978 年，基本建设中损失、浪费及不能及时发挥经济效益的资金达 300 多亿元，占同期国家用于三线建设投资的 18% 以上。[①] 据统计，三线建设时期，全国基本建设固定资产交付使用率 1966—1970 年为 59.5%，1971—1975 年为 61.4%，是 1949—1985 年的 36 年中交付

---

① 阎放鸣：《三线建设述评》，《党史研究》1987 年第 4 期。

使用率最低的。每百元积累所增加的国民收入也由"一五"时期的35元下降到"三五""四五"时期的26元和16元。① 造成经济效益差的原因，从三线建设本身来看，一是由于三线地区原有发展基础较为薄弱，面对大规模建设项目的同时铺开，各方面的配套措施难以及时跟上，导致施工进度不畅窝工现象严重，造成了资金设备的大量闲置；加上设点偏僻，交通运输条件不佳，导致一些新建企业建成后开工不足甚至长期无法开工，连职工生活问题都难以解决等。二是由于"三线"建设的主要目标是建设一个在常规战争，特别是核战争中炸不烂、打不垮、能长期支持战争的牢固后方基地，因此在工业布局上强调"靠山、分散、进洞"。为追求隐蔽性，各地新建和迁建企业的建设几乎是"镶、嵌、埋、贴"在山里，不仅增加了施工难度，工程造价大大高于其他地区，而且对企业建成后的生产和职工生活都带来不利影响。三是由于过分强调争时间、抢速度，许多建设项目的上马准备仓促，缺乏全面设计规划，有些还没有经过科学合理的可行性论证就仓促上马了。甚至部分项目是边勘探、边设计、边施工的，导致工程质量很差，给投产带来了困难。这些都给民族地区的工业建设造成了不良影响，导致民族地区虽然建立起了不少具有现代性的工业企业，但却经济效益低下，没有能够充分发挥出现代企业应有的经济效能。

其次，三线建设形成的以重、军工为中心的产业结构，使民族地区经济的结构性矛盾进一步加剧。由于特殊的国际环境，三线建设主要以战备为纲，强调优先发展重工业、冶金、机械工业，故资金投入大量集中在重工业领域。当时轻重工业投资比例平均为1∶14.05，特别是1970年和1971年轻、重工业比例分别高达1∶15.31、1∶16.84。② 这一投资规模有它的历史作用，即它在以惊人的速度实现历史性赶超过程中，奠定了西部民族地区的工业化基础，但不容忽视的是在这样一条道路选择中，西部民族地区各产业关联度、工业内部结构及人民生活并没有随着工业

---

① 《当代中国》丛书编辑委员会编著：《当代中国的基本建设》（上），中国社会科学出版社1989年版，第197页。

② 蒙慧：《中国共产党西部地区经济思想及实践研究》，博士学位论文，中国人民大学，2006年，第81页。

产出占 GDP 的比重迅速提升而处于较高水平，轻工业过轻，农业、第三产业落后与低效成为与高度重工业化相对应的最主要特征，导致人民群众生活所需的部分必需品非常匮乏，得不到有效满足。仅以农业为例，1957 年，三线地区 11 省（区）共调出粮食 87 亿斤，而到 1971 年反而要调入粮食。① 失衡的产业结构也成为阻碍当时及以后经济结构调整的主要因素。

再次，在传统的垂直管理体制下，三线企业未能有效带动起民族地区的工业发展。在计划经济年代，经济管理完全按照行政隶属关系进行垂直管理。这也造成了在管理体制上三线企业自成体系、条块分割。使得这些企业在生产中自成体系，与当地经济缺乏联系；而在生活中又自成社会，脱离外部环境孤立运转。在这种条块分割管理下，民族地区的工业企业形成了自我运行、自我循环的运转体系，完全脱离了与当地经济的联系。企业的生产与开发主要面向东部，为东部输出初级产品和原料燃料，其产品也是通过计划调拨体系调往东部加工区，整个生产循环系统几乎与地方经济不产生关联。使得这些三线企业的发展在当地缺乏横向分工协作关系和横向产业链条，不能带动民族地区各产业的关联发展，从而难以对当地的区域经济产生应有的辐射力和带动力。由于工业建设没有与民族地区的农业现代化相衔接，当地农民群众没有可能参与到工业化的进程中，仍生活于传统落后的农业生产方式中。其结果就是民族地区广大农村的经济社会发展一直在低水平徘徊，人们在生产和生活方式上的现代化提升极为缓慢，反过来又抑制了这些现代企业的跃升和发展。总之，在僵化的管理体制下，三线企业游离于地区经济运行之外，使得工业企业本身应具有的启动区域社会经济发展的功能被大大削弱了，使民族地区农业现代化失去了很好的发展机会和投资诱因。在这一背景下，西部民族地区农村和农业发展自身结构极为单一，丰富的农牧产品资源严重缺乏加工能力转化。② 正是从这个角度看，"三线"时期民族地区的工业建设没能成为真正意义上民族地区现代化的启动器。

---

① 阎放鸣：《三线建设述评》，《党史研究》1987 年第 4 期。
② 张炜、丁静伟：《论民族地区工业化道路选择》，《西北民族学院学报》1992 年第 3 期。

二 改革开放后的发展时期（1979—1998年）

十一届三中全会后，伴随着指导思想的拨乱反正，我国的工作重点也全面转移到现代化建设上来。基于对逐步趋于缓和的国际形势的判断，以及东西部地区经济社会发展基础和投资收益的较大差别，我国实施了区域经济非均衡发展战略，优先发展区位优势明显、经济基础良好的东部沿海地区，并逐步带动内地发展。从1981年"六五"计划开始直到20世纪90年代，我国经济建设的重点全面转移到了东部沿海地区，资金、技术、人才大量向东部地区聚集。这一时期西部民族地区在国家投资中的份额逐步下降到历史最低点。"六五"时期为17.01%（其中西北8.65%，西南8.36%）；"七五"时期为15.99%，"八五"时期仅为12.70%。① 自此，民族地区的发展步伐大大放慢，工业总产值占全国比重逐年下降，与东部沿海地区的发展差距开始逐渐拉大。

当然，国家在集中加快东部地区发展的同时，也仍然强调了带动民族地区发展的必要。如"七五"计划提出"要加速东部沿海地带的发展，同时把能源、原材料建设的重点放到中部，并积极做好进一步开发西部地带的准备。把东部沿海的发展同中、西部的开发很好地结合起来，做到相互支持、相互促进"。这一时期，国家也采取了许多切实有效的政策措施，对民族地区的发展进行大力扶持。从80年代初开始到90年代，先后设立了"支援不发达地区发展资金""支持老少边穷地区经济发展专项低息贷款""支持老少边穷地区经济发展专项低息贷款""扶贫专项贴息贷款""牧区扶贫专项贴息贷款""民族教育专项补助经费""少数民族贫困地区温饱基金"等多个专项扶持资金和低息或贴息贷款，用以支持民族地区的发展。其中，1980—1989年，用于民族地区的"支援不发达地区发展资金"累计达36亿多元；还有每年3亿元（1985年后增至10亿元）的"支持老少边穷地区经济发展专项低息贷款"，其中分配给少数民族地区的低息贷款占一半以上；每年10亿元的"扶贫专项贴息贷款"，

---

① 郑长德：《中国少数民族地区的后发赶超与转型发展》，经济科学出版社2014年版，第76页。

一半以上也都用于民族地区。特别是1991年面向民族地区专门设立的"少数民族贫困地区温饱基金",三年间共安排温饱基金总额2.1亿元。此外,国家还对少数民族贫困地区的农牧业税实行减免政策。对西部民族8省区实行财政补贴,1988—1990年中央每年对八省区的定额补助数额达74.8亿元。从20世纪70年代末开始,国家还组织东部发达省区对口支援民族地区。① 并确定了北京支援内蒙古,河北支援贵州,江苏支援广西、新疆,山东支援青海,天津支援甘肃,上海支援云南、宁夏,全国支援西藏的帮扶格局。在这些政策扶持下,这一时期,民族地区的现代化建设虽放慢了脚步,但并没有停滞不前,仍取得了一定程度的发展。主要表现在:

首先,民族地区的农业、消费品工业等在这一时期得到了一定的发展。在1979年中央提出的"调整、改革、整顿、提高"的方针指导下,民族地区首先集中力量进行了农业、消费品工业和支农产业的发展,充分运用当地资源,进行产品和市场开发,缓解了城乡市场供应紧张的局面。在农业方面,先后开辟了银川平原,青海柴达木盆地,内蒙古河套地区,新疆奎屯河、玛纳斯河等流域,以及西藏雅鲁藏布江谷地,云南西方版纳地区等各种类型的农业生产基地。大力提高农业机械化水平,使农业生产效率不断提高,粮食产量稳步增长。为支援农业生产,使农业得到稳步发展,不仅增加了民族地区化肥工业的配置分布,分别在乌鲁木齐和银川新建了两个大化肥厂,同时西部各省区对原有的小化肥厂也普遍进行了整顿调整,扩大了生产规模。商品粮、工业原料和畜产品大量涌入市场,使民族地区的商品经济走上繁荣发展之路。在日用消费品的生产上,为鼓励西部各省区"提高日用工业品的自给水平",国家在纺织品供需缺口大的四川、贵州、云南、新疆安排了近百万锭的棉纺能力;在新疆、内蒙古自治区扩建了毛纺能力。还充分利用当地生产优势,大力发展云南、广西、宁夏、新疆的制糖工业,使之成为我国新兴的制

---

① 郑长德:《中国少数民族地区的后发赶超与转型发展》,经济科学出版社2014年版,第77页。

糖基地。①

其次,民族地区的基础设施和基础产业建设取得了新进展。基础设施建设一直以来是民族地区的短板。改革开放后国家继续加大了对民族地区的基本建设投入,1978年民族地区国有单位基本建设投资是53亿元,而到1998年增加到1399亿元,平均每年增长17.8%。② 投资的增加对改善民族地区的建设条件起到了重要的作用。在基础设施建设方面,筹资兴建了南昆、南疆等铁路和众多公路。1990年兰新铁路西段建成通车,成为发展大西北边疆经济的主要战略通道。据统计,1998年少数民族自治地方铁路营业里程达1.73万公里,是1952年的4.6倍;公路通车里程达37.41万公里,是1952年的14.4倍;邮路及农村投递总长度113.54万公里,是1952年的8.6倍。③ 在能源资源开发和基础产业建设方面,20世纪80年代以来,扩建了西北地区准格尔、柴达木和长庆等老油田,还新开发了远景储量可观的塔里木、吐鲁番、哈密和陕甘宁盆地的油气田,兴建了从陕甘宁至京、津和西安等城市的输气管道。西北地区的原油加工与石化工业相应发展,先后新建了乌鲁木齐石化总厂、宁夏炼油厂、宁夏化工厂等,对新疆、宁夏产业结构的升级与关联带动发挥了重要作用。

再次,民族地区的老工业基地得到改造。改革开放后,按照国家"调整、改造、发挥作用"的方针,对许多原"三线"建设项目进行了根本性的调整改造。从"七五"计划开始,以搬迁或迁并方式,将121个"三线"单位迁至邻近的大中城市。迁建后,许多单位适应市场需求,积极调整生产方向,根据市场导向与自身技术特长开发新产品;有的调整建制,组建了大型企业集团,如原分建在德阳、自贡、乐山几地的电机厂、汽轮机厂和锅炉厂等联合组建成"中国东方电气集团公司",成为我

---

① 陈栋生:《历史启迪与思路创新——西部地区工业化的回顾与前瞻》,《上海社会科学》2000年第6期。

② 稽明:《促进民族地区发展的财政政策研究》,博士学位论文,东北财经大学,2011年,第29页。

③ 吴建国:《现代化视角下的西部民族地区非公有制经济论稿》,博士学位论文,四川大学,2003年,第43页。

国大型水、火电站设备的重要研制基地。① 还有大批原来以军工生产为主的企业，积极进行技术改造，努力转产开发民用产品，在重大技术装备、重点工程配套设备、替代进口的关键零部件和耐用消费品的研制生产上取得了非常不错的业绩。有的如长虹彩电、嘉陵、长安等还发展成为国内有名的大型企业集团，创出了具有较高影响力和市场占有率的名牌产品。总之，改革开放后，许多"三线"企业在政策引导下纷纷进行了产品与组织结构调整，通过转轨改制使原来的老企业、老基地在此后又焕发出新的活力。

最后，民族地区的对外贸易和开放有了较大程度的发展。我国有着漫长的陆地边境线，总长约2.2万多千米，居住在边境地区的几乎都是少数民族，仅云南就有16个少数民族跨境而居。长期以来，由于边境地区远离经济中心，其经济发展一直较为滞后。20世纪80年代初以来，随着我国改革开放及与周边国家恢复或建立政治、经济和外交关系，国家积极支持和鼓励民族地区开展边境贸易，边境贸易蓬勃兴起，逐渐形成了边贸不边、小额不小的发展态势。如内蒙古边境贸易进出口额1983年只有100万美元，到1988年已达9680万美元，增长87倍。② 边贸的方式也由单纯的易货贸易扩大到经济技术协作和劳务输出。随着对外开放的梯次推进，1992年，国家实施沿边开放战略，我国陆续批准了黑河、绥芬河、珲春、满洲里、二连浩特、伊宁、博乐、塔城、凭祥、东兴、河口、畹町、瑞丽共13个沿边市县作为沿边开放城市，并制定了相应的优惠政策来促进这些地区的开放与发展，从而使沿边开放战略全面推开。同时，批准内陆地区的省会（首府）城市昆明、贵阳、银川、南宁、乌鲁木齐、呼和浩特等为内陆开放城市，也实行沿海开放城市的优惠政策。这使过去长期处于我国市场网络末端和运输末梢的沿边省区迅速跃升为对外开放的前沿。边境贸易、边境运输等多种形式的对外经济技术合作方式快速兴起，吸引了东部地区的商贸大量涌入。消费品和边民互市贸易繁荣

---

① 陈栋生：《西部大开发中的工业发展问题——近20年西部工业化历程的回眸与启迪》，《市场经济研究》2000年第2期。
② 黄光学：《当代中国的民族工作》（下），当代中国出版社1993年版，第266页。

活跃,第三产业和外向型农业得到发展。1994年13个边境开放城市国民生产总值41亿元,年均增长22%,高于全国平均发展速度。社会商品零售总额40亿元,比1991年增长1倍多。边境贸易成为地方财力增强的主要因素。1994年边境开放城市财政收入11亿元,比1991年增长80%,年均增长21%。一些原来由国家财政补贴的市县开始向国家做贡献。13个边境开放城市,从1992年起,累计向国家上缴关税和代征工商税40亿元,口岸城市的基础设施得到加强,城市面貌大为改观。[①]

从以上分析可以看出,改革开放后的近20年时间中,从纵向看,民族地区的发展仍然是取得了显著的进步和提升。但如果横向比较的话,可以看出,民族地区与东部沿海地区的发展差距在明显拉大。1978年后我国所实施的非均衡发展战略,使沿海地区在投资和政策上均获得了有力的倾斜和支持。优惠政策的倾斜、大量投资的支持,使东部沿海地区以前所未有的速度快速发展起来,也带动了我国整体国民经济迅速发展。然而,与东部沿海地区的迅猛增长相比,这一时期民族地区的工业化发展步伐则明显放缓,不论在发展水平、发展潜力,还是人民的收入水平、消费水平等方面,与东部地区的差距全面拉大。据统计,从1985年到1999年,除民族自治地方的农业总产值占全国比重基本保持不变或略有提高外,民族自治地方的工农业总产值和工业总产值占全国的比重在总体上是不断降低的(见表4-3)。

表4-3　1985—1999年民族自治地方的工农业总产值、农业总产值、工业总产值占全国比重的变化情况　　　　　　单位:%

指标	1985	1990	1995	1998	1999
工农业总产值	9.1	7.2	6.0	5.9	5.7
农业总产值	12.1	12.8	12.5	13.1	12.9
工业总产值	7.9	5.4	4.6	4.5	4.3

资料来源:《中国民族统计年鉴2000》,第396页。

[①] 赵连均:《沿边开放的理论与实践》,黑龙江人民出版社1998年版,第96—97页。

根据中国科学院国情分析研究小组所发表的第7号国情研究报告《民族与发展——加快我国中西部民族地区社会经济发展研究》中所收集整理的资料数据看,改革开放以来,民族地区的发展差距集中反映在"五个相对落后"上:

其一,交通、邮电等基础设施相对落后。尽管国家对民族地区的铁路、公路、航空以及通讯等方面投入了大量资金,交通运输条件有了很大改善,铁路密度、客运密度和货运密度均有明显增加。但总体上民族地区基础设施条件还是相对比较落后的。如,1995年全国电话普及率为4.34%,8个民族省区中除内蒙古略高于全国平均水平为4.64%外,宁夏、新疆与全国平均水平基本接近,分别为4.21%和3.94%,而贵州、广西、云南、青海分别仅为1.11%、2.09%、2.12%、2.94%,大大低于全国水平。民族地区的铁路密度、客运密度也大大低于全国平均水平。具体见表4-4、表4-5。[①]

表4-4　　　　　　　　中西部民族地区铁路密度　　　　　　单位: km/万 km²

年份	内蒙古	广西	贵州	云南	西藏	青海	宁夏	新疆	中西部合计	全国
1980	38.1	72.3	74.3	43.8	0.0	7.0	81.3	6.6	19.9	52.0
1985	38.2	89.4	80.0	43.8	0.0	15.3	81.3	9.5	22.7	54.3
1990	43.6	96.9	79.9	44.2	0.0	15.3	81.3	9.5	24.2	55.6
1995	50.6	98.8	80.4	42.9	0.0	15.3	136.7	12.3	27.0	56.9

资料来源:国家统计局编:《改革开放十七年的中国地区经济》,中国统计出版社1996年版。

表4-5　　　　　　　　中西部民族地区客运密度　　　　　　单位: 人/km²

年份	内蒙古	广西	贵州	云南	西藏	青海	宁夏	新疆	中西部合计	全国
1980	36.4	396.3	335.6	136.9	0.0	7.5	124.7	8.2	48.8	356.0

---

① 中国科学院国情分析研究小组,《民族与发展——加快我国中西部民族地区社会经济发展研究》,辽宁人民出版社2006年版,第28—29页。

续表

年份	内蒙古	广西	贵州	云南	西藏	青海	宁夏	新疆	中西部合计	全国
1985	58.4	846.8	619.1	244.9	0.4	18.0	260.4	22.4	95.8	646.0
1990	91.4	1108.3	2328.3	279.0	1.7	25.7	547.9	57.7	184.5	804.9
1995	159.8	1451.6	4542.1	565.6	2.0	33.3	881.3	195.0	347.8	1221.5

资料来源：国家统计局编：《改革开放十七年的中国地区经济》，中国统计出版社1996年版。

其二，社会发展相对落后。表现在：（1）人口增长速度较快，但文化素质普遍偏低。全国人口普查资料显示，少数民族地区人口增长速度明显快于全国平均水平。1982—1990年间，全国人口年递增1.5%，其中汉族1.3%。少数民族则为3.95%，是全国人口递增速度的2.6倍，汉族人口增长速度的3倍。1990—1995年全国人口平均年增长速度为1.81%，8个民族省区人口增长速度均高于全国平均水平，普遍为全国平均速度2倍以上，其中青海、内蒙古少数民族人口增长速度达5倍以上。但中西部民族地区在人口快速增长的同时，人口素质没能保持同步提高，人口文化素质普遍较低。这可以从民族地区人口受教育年限和文盲、半文盲比重两个指标反映出来。受教育年限是反映区域文化教育程度的综合指标。据1990年人口普查的资料计算，6岁和6岁以上人口平均受教育年限，全国为7.87年，8个民族省区为7.59年，比全国低0.28年；少数民族人口受教育年限，8个民族省区仅为4.87年，比全国平均低3年。全国少数民族文盲率1990年达到30.85%，比汉族高9.3个百分点。我国少数民族成人文盲半文盲率属于世界高水平行列。（2）城市发育程度低。城市化水平是衡量一个地区社会经济发展程度的重要标志。总体而言，中西部民族地区城市不发育，城市化程度低。1995年8个民族省区非农业人口3592万人，占总人口比重为21.1%，低于全国22.6%的平均水平。同期中西部主要民族地区城市数量由61个增加到87个，仅增加42.6%，而东部地区则由93个增加到262个，增加182%，增长速度为前者的 4 倍。① 同时，城市规模结构不完善。西部民族地区大中城市的数量和比重，相比东部地区均明显偏低，缺乏区域性中心城市。而且城市经济实力弱，城市人均 GDP 只有东部的 62.5%，人均财政收入只及东部的 71.9%。由于中小城市发展缓慢，人口不断向有限的大城市集中，使大城市越来越不堪重负。(3) 社会基本服务设施落后。从文化设施水平看，民族 8 省区人均报纸拥有量大大低于全国平均水平，1995 年全国人均 26.69 印张，而内蒙古仅 4.5 印张，贵州为 5.87 印张，西藏为 6.82 印张，其他省区也大大低于全国平均数。1995 年广播普及率全国为 78.7%，而西藏和青海分别为 55%、58%，贵州为 61.7%，广西为 66.3%，与全国平均水平有较大差距。从医疗卫生条件看，由于民族地区人口相对较少，因而按每千人平均拥有的医生数和医院床位数并不低。但发展不平衡，广大农村，尤其是贫困山区，卫生条件差，缺医少药现象普遍，地方病、传染病流行。从法定传染病报告率看，多数民族省区明显高于全国平均水平，如青海为全国同一指标的 2 倍，宁夏、新疆、贵州为全国同一指标的 1.5 倍左右，反映出民族地区医疗卫生条件的落后性。

其三，经济发展相对落后。表现在：第一，经济发展水平低。新中国成立以后，尤其是改革开放以来，民族地区经济社会发展有了很大进步，但经济总量和人均指标仍然比较低，从总体上仍属于低收入组和不发达地区。1995 年人均 GDP 同全国平均水平相比，8 个民族省区只有全国平均水平的 61.4%，60% 以上的地级单位和 70% 以上的县级单位均为低收入和极低收入类型。从不同省区看，除新疆、内蒙古属于下中等收入类型外，西藏、青海、宁夏、云南、广西属于低收入类型，贵州为极低收入类型（见表 4-6）。

---

① 中国科学院国情分析研究小组：《民族与发展——加快我国中西部民族地区社会经济发展研究》，辽宁人民出版社 2006 年版，第 29—30 页。

表4-6　　　　8个民族省区人均GDP与全国平均水平比较　　　单位:%

年份	内蒙古	广西	贵州	云南	西藏	青海	宁夏	新疆	合计
1978	83.6	60.0	46.2	59.6	98.9	112.9	97.7	82.6	64.9
1985	93.7	50.4	49.3	74.4	106.1	106.1	93.4	92.5	65.8
1990	91.2	46.2	46.6	63.6	80.6	80.6	89.4	97.8	64.0
1995	83.0	74.5	41.3	58.4	72.1	72.1	74.0	91.7	61.4

说明：按各地区可比价格计算，全国人均GDP水平为100。

从上表的数据变化还可以看出，从1978年到1995年，民族地区的人均GDP同全国平均水平相比还有进一步的下降。从1978年的64.9%到1985年提升了不到1个百分点，此后就持续下降，1990年降为64.0%，1995年更是下降为61.4%。这说明民族地区与沿海省区的经济差距有进一步拉大趋势。

第二，民族地区经济结构不合理，结构单一，结构性矛盾十分突出。表现在：产业结构上农业所占比重较大。1995年中西部民族地区一、二、三产业产值比例为33.2∶35.7∶31.1，第一产业比重高出全国12.6个百分点。从工农业比例来看，工农业产值比例为62.5∶37.5，全国为81.9∶18.1，按工业化传统标准，工业产值占工农业产值比重应在70%以上。表明民族地区总体上还没有实现工业化。还有，工农二元结构有进一步扩大趋势。按工农业总产值计算的工农二元结构比率，1980年为1.53，1995年已扩大到5.46，扩大了将近2.7倍。此外，国有经济比重偏高，非国有经济发展缓慢。改革开放以来，全国尤其是东部沿海地区的非国有化进程明显加快，1978年全国全民所有制工业占工业产值的比重为77.63%，到1995年已降为11.53%，下降了66.1个百分点，而中西部民族地区，国有工业仍占较大比重，仅由1978年的81.21%降至1995年的44.87%，只降低了36个百分点。

第三，地方财政自给率低。尤其是分税制后，经济实力弱小的各民族省区财政自给率普遍大幅度下降，1995年财政自给率大多仅40%—50%，最低的青海仅为29.9%，其次是宁夏，为39.0%。唯有广西和新疆自给率超过50%。[1] 这表明，少数民族地区财政收入少，吸纳能力低，

---

[1] 张落成、吴楚材：《民族地区结构性矛盾探析》，《贵州民族研究》1998年第3期。

财政赤字严重,依赖中央财政补贴和输血过日子,不但建设基金缺乏,连正常的工资都难以兑现。

其四,对外开放相对落后。改革开放后,边境贸易得到了很大的发展。但由于民族省区经济基础薄弱,交通运输条件比较落后,加上境外经济水平和市场容量的限制,总体上对外贸易和外向性经济发展缓慢。1995年8个民族省区外贸进出口总额为90.2亿美元,从纵向看,是1980年的13倍,与改革开放之初相比有了长足的进步;但横向看,与全国平均水平相比还存在较大差距,仅占全国总额的3.2%,不及上海市的1/2,外贸依存度只有14%,仅及全国平均水平的1/3。① 同时,由于民族地区软件和硬件条件都比较落后,投资环境较差,吸引国内外资金的能力十分有限。1995年中西部民族省区(除西藏外)实际利益外资为21.2亿美元,只占全国总量的4.4%,利用外资规模非常小。同时,对外开放的级别和层次也较低。

其五,改革进程相对落后。由于特殊的历史、政治和区域条件,加上传统计划体制影响深远,形成了一个较为稳定而又难以变革的社会经济体系。人们缺乏强烈的竞争意识和市场观念,"等靠要"思想严重,加上狭隘保守的乡土意识,难以适应市场经济的发展需要,市场化进程缓慢。根据学者们对1997—1999年29个省区所进行的市场化程度综合测算结果看,民族地区中除广西位居第18位外,其他几个多民族省区均位居倒数几位,市场化程度为全国最低。从数据情况看,1997—1999年贵州的市场化指数从3.71提高到3.86、内蒙古从3.27提高到3.45、云南从3.46下降为3.39、新疆2.27提高到2.90、宁夏从2.17提高到2.69、青海从1.66提高到2.00。② 可以看出,这些民族地区的市场化程度在几年间虽略有提高,但提高程度很不明显,有的甚至还下降了。

三 西部大开发以来的加速推进时期(1999年至今)

改革开放后东西部地区之间发展差距的逐渐拉大,日益引起了中央

---

① 中国科学院国情分析研究小组:《民族与发展——加快我国中西部民族地区社会经济发展研究》,辽宁人民出版社2006年版,第30页。

② 王晓鲁:《各省区市场化进程排行榜》,《中国改革》2001年第11期。

的高度重视。在国民经济整体已经有了较大发展，东部地区也已具备较强发展实力的条件下，帮助和支持落后的西部地区发展这一重大任务也就再次提上议事日程。1999年6月，江泽民同志在陕西视察过程中特别发表了重要讲话，明确提出：加快中西部地区发展的条件已经基本具备，时机已经成熟。从现在起，这要作为党和国家一项重大的战略任务，摆在更突出的位置。随后，1999年9月，十五届四中全会通过了《中共中央关于国有企业改革和发展若干重大问题的决定》，正式提出了国家要实施西部大开发战略的决定。2000年1月下旬，西部开发会议在北京召开，正式成立了国务院西部开发领导小组，为西部大开发的启动正式揭开了序幕。

按照中共中央、国务院所确定的西部大开发战略的实施范围，主要包括新疆、甘肃、青海、西藏、宁夏、云南、重庆、贵州、四川、陕西、广西、内蒙古12个省（区、市）和吉林省延边朝鲜族自治州、湖南省湘西土家族苗族自治州、湖北省恩施土家族苗族自治州。从划定的范围看，全国155个民族自治地方中的118个在西部开发的范围之中，即包括5个自治区、30个自治州、83个自治县（旗）。55个少数民族中也有50个集中分布在西部地区，西部的少数民族人口占到了全国少数民族总人口的86%强。从这个角度看，西部大开发实质上是民族地区的大开发，是少数民族的大开发。

根据2000年1月西部开发会议的部署安排，明确了推进西部大开发的战略重点，即：加强西部地区基础设施建设、加强生态保护和环境建设、积极调整产业结构和所有制结构，提高西部地区经济竞争力、发展科技教育事业，提高人口和劳动力素质。西部大开发正式启动实施以来，全国上下积极行动，中央政府在政策扶持、资金投入、项目安排等各个方面加大了对西部地区的支持力度，东中部较发达地区也通过多种方式、采取多种手段助力西部地区的发展，西部各省区市也纷纷行动起来，出台各种政策措施以加快推进西部大开发。使民族地区的现代化建设迅速进入到全面推进的发展时期。这一时期，国家对西部地区的投资力度明显增加，据资料统计，"2000—2011年，西部大开发累计新开工重点工程165项，投资总规模3.1万亿元。从固定资产投资来看，1999—2010年间,西部地区投资增速迅猛,西部12个省市区固定资产投资额从1999年的5691.66亿元迅速增长到2010年的63420.36亿元,年均增长率达到61.3%,10年间累计固定资产投资额达到26.65万亿元"①。经过十多年的开发建设,西部民族地区的经济社会发展取得了一定的成效。这表现在:

第一,基础设施建设取得实质性进展。西部大开发战略实施以来,国家持续加大了对西部民族地区基础设施建设的投资支持力度。2000—2015年底,西部地区累计新开工重点工程270项,投资总规模5.6万亿元,涉及铁路、能源、交通、水利等诸多领域。2000—2014年,西部基础建设投资总规模达2.8万亿元,完成投资之巨前所未有。② 相继建成了青藏铁路、西气东输、西电东送、国道主干线和大型水利枢纽等一批重点工程。使民族地区的交通、水利、能源及通信等基础设施条件得到明显改善,西部基础设施建设取得历史性突破。据最新资料统计,2000—2014年,西部地区新增公路通车里程200万公里,增长约4.7倍;新增铁路营业里程8000多公里。③ 西部地区的交通状况和出行条件得到明显改善。

第二,生态环境总体恶化趋势得到遏制,局部地区情况有所好转。与"一五""三线"建设时期主要着眼于民族地区的资源开发和新工业基地的建设不同,世纪之交的西部大开发战略主要着眼于西部地区的基础设施和生态环境建设,这也是长期以来制约西部民族地区发展的最薄弱环节。故西部大开发战略从一开始就提出了建设"山川秀美"的新西部这一目标,强调要避免"大开发"变成"大开荒"的历史重演。为此在西部实施了一系列生态环境建设的重大工程,如退耕还林、退牧还草、天然林保护、防护林工程和京津风沙源治理等。截至2014年底,西部累计营造林4000余万公顷,其中退耕地造林3亿亩;退牧还草工程累计安排草原围栏建设任务8亿亩;青海三江源自然保护区生态恶化土地治理

---

① 刘立志、孙启明、韦结余:《西部地区经济可持续发展的关键因素分析》,《国际商务》(对外经济贸易大学学报)2014年第2期。

② 李承明:《重点工程大突破》,《西部大开发》2015年第Z2期。

③ 同上。

面积250万亩。① 随着这些生态工程的实施，环境治理效果有所显现，给西部地区带来了明显的生态效益、社会效益以及一定的经济效益。生态环境有所改善，重点流域水污染状况得到遏制，部分流域水质得到显著改善。从这些工程建设和治理的效果看，总体上生态环境恶化的趋势得到了一定程度的遏制，某些局部地区如陕北地区、贺兰山脉、内蒙古中东部等地生态情况均有好转。

第三，经济发展步伐明显加快。在西部大开发战略的推进下，西部地区的电力、煤炭、有色金属、棉花、畜牧、旅游等产业，以及部分装备制造和高新技术产业获得了较快的发展，拥有了一定的市场占有率。民族地区还初步形成了一批特色优势产业，成为我国重要的农产品、能源和原材料生产基地。如内蒙古，牛奶、羊肉、山羊绒产量连续5年居全国之首；广西、云南蔗糖总产量占全国的90%；甘肃金昌镍年产量占全国90%原煤产量居全国第二位。新疆，优质棉基地播种面积和产量分别占全国的22.9%和32.8%②，石油和天然气产量分别居全国第三位和第一位。总体上看，西部大开发带动了西部地区经济的快速增长。以地区生产总值计算的经济总量，由1999年的1.54万亿上升到2011年的9.94万亿元，增加了将近5倍还多（按可变价格计算）。从GDP增速来看，其经济发展速度节节攀升，增速高于全国平均水平。2011年西部地区GDP增长速度更是比东部地区高出3.42个百分点，比全国平均水平高出2.25个百分点。③

第四，城乡居民收入和生活条件有了明显提高。2000—2014年，西部人均地区生产总值由4624元增加到37291.27元，15年间增长了8倍。同时，中央还特别加大了对西部地区的扶贫资金投入，共安排扶贫资金1065.55亿元，使西部地区农村贫困人口减少了3000多万人，375个国家扶贫开发工作重点县农民人均纯收入从2000年的1197.6元增加到2014年的7306元。西部民族地区的医疗卫生条件也大大改善。2000—2014年

---

① 李承明：《重点工程大突破》，《西部大开发》2015年第Z2期。
② 同上。
③ 刘立志、孙启明、韦结余：《西部地区经济可持续发展的关键因素分析》，《国际商务》（对外经济贸易大学学报）2014年第2期。

间，西部地区建成乡镇卫生院 16440 个，村卫生室近 18 万个，新型农村合作医疗参合率达到 85%。① 此外，随着乡村公路"畅通工程"与"通达工程"的实施，以及农村安全饮水、易地扶贫搬迁、广播电视村村通等一系列惠农工程，西部民族地区农村居民的生活条件也有了明显改善。截至 2012 年末，民族自治地方广播和电视综合人口覆盖率分别达到 94.37% 和 96.56%，比 1999 年各提高 14 个和 12 个百分点。②

第五，科技教育事业进一步发展。自 2000 年 2 月"西部大开发科技专项行动"开始实施以来，科技部通过建立会商机制，组织实施了一大批对西部地区经济社会协调发展具有重要支撑的项目。在农业、能源、生态环境等领域，组织实施了一大批科技项目，累计安排经费 114.8 亿元。目前，西部地区建有国家重点实验室 33 个，占全国的 15.6%；省部共建实验室 15 个，占全国的 34%，企业国家重点实验室 5 个，国家重大科学工程 3 个以及国家级科技条件基地 3 个。这些科技基础设施在西部地区的布局建设，很大程度上缓解了这些地区科技落后、自主创新能力薄弱的问题，使西部民族地区的科技事业有了新的发展。技术交易日趋活跃，2008 年，交易额达到 214.5 亿元，比上年增长 32.5%，大大高于全国 19.7% 的平均增速。③

在教育方面，国家相继实施了贫困地区义务教育工程、农村中小学危房改造工程、西部地区"两基"攻坚计划等，教育经费投入不断加大，以支持西部地区教育特别是农村义务教育发展。2008 年底，民族自治地方实现"两基"县已达到 674 个，占总数的 96.6%。"两免一补"政策惠及西部绝大部分少数民族学生，22 个人口较少民族农村义务教育阶段寄宿生全部享受生活费补助。内地新疆班和西藏班招生规模不断扩大，在校生达到 4 万人。④ 从 1999 年至 2014 年，西部地区累计培养高中阶段及以上教育的毕业生达 5000 万人，每 10 万人口拥有普通高校学生数由

---

① 李承明：《重点工程大突破》，《西部大开发》2015 年第 Z2 期。
② 《中国统计年鉴·2013》，中国统计出版社 2013 年版，第 38 页。
③ 鲁淑艳：《历经十年发展　成就今朝辉煌——西部大开发十年发展成就综述》，《中国农村科技》2010 年第 6 期。
④ 许鑫：《十年西部大开发　民族地区大受益》，《中国民族》2009 年第 12 期。

2001年的422人增加到2000人。①

总体而言，西部大开发战略的实施有力促进了民族地区的经济社会发展，使民族地区的国内生产总值、工业增加值、城乡居民收入都有较快的增长，基础设施建设以及生态环境建设也得到一定程度的改善。但如果将民族地区的经济发展与东部地区横向比较，就会发现到目前为止，西部大开发战略的实施还并未从根本上遏制住东、西部差距扩大的势头。从当前来看，西部开发还面临着不少的问题和压力，主要集中在以下几方面：

第一，仍未摆脱粗放的资源开发和利用方式，生态建设任务依然繁重。作为我国自然资源的富集区，民族地区的能源、矿产、生物、土地等资源相对丰富。在其他发展条件优势不足的状况下，"立足资源搞开发"也就成为西部大部分地区寻求经济发展的普遍选择和基本模式。然而由于经济技术水平的制约，在对资源的开发利用上，民族地区总体仍未摆脱粗放型的开发方式，高耗能低产出的现象仍较为普遍。2008年，西部地区万元GDP能耗高达1.81吨标准煤，万元工业增加值能耗高达3.43吨标准煤，分别比全国平均水平高63.9%和36.7%，比东部地区高117%和114.2%。西部地区万元工业增加值"三废"排放量也远高于全国平均水平。②

第二，发展层次低，产业配套不完善。在西部民族地区的产业结构上，第一产业比重畸高，尤其是采掘和原料工业所占比重大。据全国经济普查数据，2008年，在规模以上工业总产值中，西部民族地区的采掘和原料工业的比重达到17.26%。这说明民族地区产业发展层次还比较低，对资源的加工深度和综合利用程度不高。加上民族地区自我发展能力特别是技术创新能力不足，资源优势向经济优势的转化往往存在较大的困难。2007年，西部高技术产业增加值仅占规模以上工业增加值的

---

① 李承明：《社会民生谱新篇》，《西部大开发》2015年第Z2期。
② 魏后凯：《我国西部大开发的成效与未来政策展望》，《新西部》（下半月）2009年第12期。

5.6%，比东部地区低7.8个百分点。① 同时，西部民族地区服务业发展滞后，物流成本较高，产业配套不完善，企业经营环境不够宽松。

第三，城镇化滞后，城乡二元结构明显。据《中国西部经济发展报告（2013）》对西部地区城镇化发展情况的研究分析，西部目前城镇化发展水平远远滞后于全国平均水平，更滞后于东部地区。从数字来看，2012年末全国城镇人口数达到71182万人，以城镇人口所占比例表示的城镇化率为52.57%；其中，东部地区城镇化率最高为56.4%，而西部地区仅为44.9%，比东部地区低了11个多百分点。云南、甘肃与贵州的城市化率均在40%以下，最低的贵州仅为36.4%，与城镇化率最高的上海89%的水平相比，相差将近63%。西部地区城镇化水平不仅与东部地区差距明显，而且也滞后于自身的经济发展水平。同时，西部地区城乡居民收入差距大，二元结构明显，中心城市的带动作用不强。

第四，政府公共服务能力不足，地区公共服务水平低。民族地区财力薄弱，尽管近些年民族地区地方财政收入占国内生产总值比重不断提高，但总体上地方财政收支缺口依然比较大，提供公共服务的能力和水平相对较低。2012年，全国财政收入117210亿元，比上年增长12.8%，广东、江苏、山东的地方财政预算收入分别以6228.2亿元、5860.69亿元、4059.43亿元在全国排前三位。而民族地区除内蒙古以1552.75亿元排名第19位之外，其他少数民族地区均位居后列。贵州1014.05亿元，排名第25位；新疆909.10亿元，排名第26位；宁夏264.04亿元，排名第29位；青海186.40亿元，排名第30位。② 显然，民族地区的地方财力不足，也制约了公共服务能力的提升，导致对当地居民基本公共服务的供给水平不高。

上述分析充分说明，21世纪以来，西部大开发战略的实施对促进民族地区的现代化发展起了重要的推动作用，在局部甚至有所突破。但总体上与全国平均水平尤其是与东部地区相比，民族地区仍存在很大的发展差

---

① 魏后凯：《我国西部大开发的成效与未来政策展望》，《新西部》（下半月）2009年第12期。

② 《2012年全国各省（市区）主要经济指标完成情况》，西部监测预测网，2013年2月16日。

距,且这种差距还有继续扩大的趋势。民族地区仍然是依靠国家政策优惠和大规模资金投入的输血型经济,造血功能仍显不足。与此同时,由于收益分配的不合理,以及移民安置问题中的种种不足,使得部分开发项目的实施,从实际效果看对于东、中部地区的意义更大,而对西部地区的积极成效并不明显。少数民族地区的群众似乎还没能更多分享到地区经济社会发展所带来的成果。据统计,2010年西部地区全面建设小康社会的实现程度只有71.4%,仅相当于东部地区2003年的水平。城乡居民收入分别只有东部地区的70%、55%左右。[①] 总之,民族地区经济发展与社会发展不协调、社会公共服务体系不完善、民生改善问题日益迫切等问题的存在,都说明民族地区现代化建设的形势依然严峻,任务仍十分艰巨。

第三节 传统发展路径下民族地区现代化建设的突出问题

一 以工业化为中心的民族地区现代化进程的特征分析

从民族地区现代化建设的历史进程可以看出,经过新中国成立后60多年的大规模建设,民族地区从前工业社会迈进了工业化社会,初步形成了具有一定技术水平和生产能力的现代工业体系,少数民族群众的生活水平和质量也得到了显著的提高。但其现代化发展水平与全国尤其是与东部地区相比,仍表现出较大的差距。回顾这几十年民族地区现代化建设的风雨历程,总的来看,呈现出以下几个突出特征。

(一)以追求GDP增长和实现赶超为根本目标

长期以来,在人们的传统认识中,普遍将经济发展水平上的不平等看成是造成少数民族与汉族不平等的主要原因,因而在发展实践中也主要是将缩小经济发展差距,作为消除少数民族与汉族之间不平等的唯一手段和途径。这一认识也使得少数民族地区在现代化建设过程中,几乎无一例外地以"模仿内地汉族地区的经济发展模式,追求经济快速增长

[①] 谭振义、赵凌云:《中国西部大开发进程的历史审视》,《云南南民族大学学报》2013年第2期。

以实现经济赶超"这样一条发展道路作为自身的选择。在相当长的时间中，为实现对汉族发达地区的经济赶超，民族地区始终以经济增长优先，把单纯追求 GDP 增长放在首位。这就导致了民族地区在发展第一、第二产业的过程中，其发展政策基本都保持了与国家宏观产业政策的统一，未能较好体现出少数民族自身的特色，也不利于将少数民族经济纳入到民族地区的整体发展中。除少数以扶持民族贸易和民族特需用品生产为主的第三产业政策外，缺乏更多切实有效、具有民族特色的导向性产业政策。这也必然造成在支柱产业的选择上民族地区与东部地区有较高的相似度，产业结构表现出明显趋同的倾向。根据胡鞍钢和温军以产业结构相似系数公式所进行的计算，从 20 世纪 80 年代开始直到 20 世纪末的近 20 年时间中，民族地区与东部地区的年平均农业产业结构相似系数达 0.9959，而年平均工业产业结构相似系数更是高达 0.9999，相似系数几乎等于 1。这说明民族地区的产业结构与东部地区的产业结构相比没有任何特色，几乎完全一致。[①] 而民族地区本身发展基础薄弱，科技水平不高，创新能力有限，在这种缺乏竞争优势的条件下，与发达的东部地区在几乎完全相同的产业领域去进行竞争，其结果可想而知。显然，按照这样的模式和思路去发展，其结果不仅是民族地区的落后难以改观，而且必然导致民族经济特色的丧失。

（二）以资源开发为主要途径，居于垂直分工格局的末端

我国民族地区有着极为丰富的自然资源，是我国草地、森林、水能和矿产等四类资源赋存最为集中的地区之一，不仅资源总量大，而且人均占有水平高。也因此成为我国重要的战略资源储备与保障区。同时，经济发展所必需的煤炭、有色金属、磷、钾盐等资源，也多分布在内蒙古、新疆、甘肃、宁夏、云南、贵州、广西等少数民族省区，在全国占有较高比重，因此这些地区也被划分为资源型地区。通常认为该类型地区更适宜发挥各类资源的比较优势，故应以资源开发为主，并适当发展加工业。由此，资源开发也就成为推动民族地区现代化建设的主要途径

---

① 胡鞍钢、温军：《社会发展优先：西部民族地区新的追赶战略》，《民族研究》2001 年第 3 期。

和方式。导致了民族地区很多都将采掘工业和原材料工业如有色金属冶炼、能源开发、非金属矿物制品等确立为当地的支柱产业或主导产业,在整个工业产值中采掘工业和原材料工业产值所占比重畸高。从相关数据来看,民族地区采矿业的比例远远高于全国平均水平,且呈现出动态上升的趋势。据学者郑长德的统计分析,2004—2008 年的数据变化看,在全国规模以上工业企业总数中,采矿业企业数所占比重,全国从 3.89% 微增到 4.7%,而民族地区却从 9.84% 直线上升到 16.0%。2008 年的这一数据,民族地区比全国高出了 11.3 个百分点;再从采矿业总产值占规模以上工业总产值的比重看,民族地区从 2004 年的 12.36% 上升到 2008 年的 17.26%,而同期全国的数据分别为 5.35% 和 6.36%,民族地区高出全国的比重从 7.01 个百分点上升到 10.09 个百分点①(见表 4 - 7)。

表 4 - 7　　　　2008 年民族地区规模以上工业行业结构　　　　单位:%

	企业数			工业产值		
	采矿业	制造业	电力、燃气及水的生产和供应业工业	采矿业	制造业	电力、燃气及水的生产和供应业工业
内蒙古	16.66	72.66	10.68	13.63	70.95	15.42
广西	5.12	85.44	9.44	2.16	85.89	11.96
贵州	11.63	77.80	10.57	7.92	67.25	24.82
云南	8.49	79.72	11.79	4.64	83.15	12.21
西藏	8.56	47.59	43.85	10.31	68.81	20.88
青海	14.69	69.55	15.77	28.23	49.08	22.69
宁夏	8.31	85.20	6.50	9.40	70.36	20.24
新疆	9.65	75.31	15.03	35.34	57.94	6.72
民族地区	9.84	78.77	11.39	12.36	73.08	14.55
全国	3.89	92.96	3.15	5.35	86.89	7.76

资料来源:见郑长德《西部民族地区工业结构的逆向调整与政策干预研究》,《兰州商学院学报》2011 年第 6 期。

---

① 郑长德:《西部民族地区工业结构的逆向调整与政策干预研究》,《兰州商学院学报》2011 年第 6 期。

几十年来，民族地区一直作为我国的资源产地和能源原材料基地，以资源开采为主，资源产品大量输往东部，由东部进行工业加工制造，再将工业制成品返销回民族地区。这种"西矿东厂"的分工格局，再加上国家资源产品价格的不合理，造成了民族地区在与东部地区的产品交换中，卖出的是廉价的初级资源产品，买进的是高价的工业制成品，由此也形成了区域经济的垂直分工格局。东部地区处于这一格局的上端，而民族地区则处于末端。

虽然客观地看，这种垂直分工格局一定程度上兼顾了东部汉族地区与西部民族地区在资源禀赋、经济基础、技术水平等方面的差异性和互补性，但不可避免造成了民族地区产业结构上轻工业过轻、重工业过重的不合理局面，以及在投入产出上过分依赖区外要素的被动。加上植入性的工业发展与当地社会经济发展脱节，使民族地区在工业化过程中，无法有效进行资本、技术、人才和知识的积累。[1] 并且这种垂直分工格局和民族地区产业结构初级化问题几十年来一直未能从根本上改变。从而导致了民族地区的资源优势长期无法真正转变为经济优势，资源开发型工业没能实现民族地区资源的增值和增效。改革开放后虽然这一状况有所变化，一些高科技产业和资源深加工项目在民族地区也开始起步发展。然而，随着全国资源环境的约束加剧，民族地区能矿资源在全国经济中的战略地位不降反升。包括目前"西气东输""西电东送"等一系列标志性的西部开发工程，实际上是继续在强化这种垂直区际分工格局下民族地区资源提供者的身份和地位。而且由于我国到目前为止还没有建立起合理的资源补偿机制，以至于对当地资源的开发却不能给当地百姓带来真正的实惠，如在一些天然气产区，天然气被源源不断地输往区外，而气源地的老百姓自己却用不上这种清洁、低廉的燃料，当地想要发展下游加工业也得不到充足的原料保障。[2] 这不能不说是很吊诡的一个现象。事实上，民族地区在对国家整体经济发展做出重要贡献的同时，自身是

---

[1] 曹海英：《西部地区工业化的历史进程和现状分析》，《北京政法职业学院学报》2008年第4期。

[2] 戚本超、景体华：《中国区域经济发展报告（2007—2008）》，社会科学文献出版社2007年版，第4页。

付出了巨大的代价和牺牲的。资源的开采不仅使民族地区很多不可再生的能源资源大量被消耗，有些资源濒临甚至已经到了枯竭的境地。而且无节制的开发更是严重污染和破坏了民族地区的生态环境，使民族地区群众的生存环境被大大压缩，民族地区的可持续发展面临巨大压力。

（三）工业结构重型化特征突出

新中国成立之初，为了尽快实现工业化，在严峻的外部环境下保证我国新生政权的稳固，我国仿照当时的苏联，实行重工业优先发展战略。而民族地区自然资源丰富，同时又是我国相对落后的区域，因此，为了国家工业建设的迫切需要，也为了尽快缩小民族地区与汉族地区的经济发展差距，20世纪五六十年代，我国采取了均衡发展战略，把工业投资的重点集中于西部民族地区，在民族地区进行了以重化工业为主的大规模工业开发。在改革开放前30年的时间里，民族地区工业化建设走的是一条由投资需求带动的以重工业为主的增长道路，形成了其工业结构的重型化，民族地区也因此过早地进入重化工业阶段。同时，由于民族地区的重工业又以采掘业和原材料工业占较大比重，深加工工业所占比重偏小。因此，民族地区的重型化工业结构又表现出初级型特征，附加效益较低。

近些年来，尽管民族地区也加快了轻工业的发展，但总体上发展层次不高。主要集中于一些以农产品为原料的纺织、食品加工、造纸业等，附加值低，在工业经济中所占份额较小，因此，轻重工业比例不协调的状况并没有明显改观。20世纪80年代以来，与全国平均水平相比，民族地区重工业占工业总产值的比重一直偏高。其中，1980年高出全国5.39个百分点，1990年高出5.86个百分点，1993年更是高了9.21个百分点。进入21世纪后，随着国家整体产业结构调整，该比重有所下降，但仍高出全国平均水平。2001年高出全国6.22个百分点，① 2006年高5.68个百分点。从我国各地区工业基本类型的分类来看，西部民族地区基本上都属于重型原料工业在工业中占较大比重的地区（见表4-8）。

---

① 洪名勇、董藩：《西部地区重工业发展构想》，《民族研究》2003年第4期。

表 4-8　　我国各地区工业基本类型分布

工业基本类型	地区
综合性高级加工区	广东
重型加工区	北京、天津、上海、江苏、四川、陕西
重型原料工业区	河北、山西、内蒙古、黑龙江、江西、湖南、甘肃、青海、新疆
轻型农产品加工区	浙江、安徽、福建、山东、海南
重型原料—加工工业区	辽宁、吉林、宁夏
两离型加工区	湖北
轻农产品加工—重型原料工业区	河南、广西、贵州、云南、西藏

资料来源：马骥：《我国地区工业竞争力 CIP 指数中的异常状况分析》，《南京师大学报》2005 年第 3 期。

民族地区这种重型化的工业结构特征，加上又多集中于对上游产品的初级加工，同居民生活关系密切的消费需求之间联系不紧密，从而重工业也难以支持当地农业、轻工业的发展，产业关联效应较弱，对其他产业增长的拉动作用不强。在总体产业结构失衡的情况下，民族地区弱小的农业、轻工业也不堪重负，难以支撑工业体系的发展，不能为重工业的进一步发展提供拓展空间。

（四）经济结构呈现出典型的二元性结构

民族地区工业化的启动及后来的发展，是在其内生动力不足、发展基础极其薄弱的情况下，借助于国家的力量强制推进的。利用计划体制的强大动员能力以及国家在资金、设备、人员的大量投入，在偏远广阔的西部地区通过新建和从内地迁建企业的方式发展起了一定数量的大机器工业。尤其是分布在民族地区的中央企业，基本都是在"一五"或"三线"建设时期从沿海和内地迁移和新建起来的。在这种"外控型—嵌入式"的投资形成方式下，这些搬迁来的工矿企业，犹如一块块"飞地"零星地"嵌入"在民族地区。再加上僵化的垂直管理体制及"三线"建设本身的特殊背景和要求，这些"飞地式"嵌入在民族地区的工业企业从一开始就缺乏与当地经济的有机联系，与当地少数民族原有产业关联度低，专业分工协作差，彼此之间缺乏内在关联。不仅没能很好地带动当地经济发展，给当地少数民族群众带来实惠，有些反而增加了当地政府和少数民族群众的负担。因此，这种"嵌入式"的工业化建设虽然为民族地区现代工业的发展奠定了基本的架构，但也使民族地区的二元经济结构由此形成并长期存在。这种二元经济结构表现在多个层面：既表现为普遍意义上城乡之间和工农之间的分离，也表现为现代工业与传统工业、中央企业与地方企业、国防工业与民用工业共存的这种独特的双层二元结构。①

所谓城乡之间和工农之间的二元结构主要表现在，在传统发展战略下，以自然资源开发和原材料初级加工为主的重化工业对资本、人才、技术和装备水平的要求都比较高，而这些对于经济技术水平落后、劳动力素质低下的民族地区来说，显然是无法提供的。尤其是"一五"和"三线"建设时期，国家在民族地区的几乎每一项重大建设项目，无不伴随着大量内地熟练劳动力的内迁。在特定背景下以这种方式建立起来的民族地区的现代工业，其生产具有典型的外向型特点，产品销往区外，与当地民族地区的农业和轻工业基本脱节。从而既不能有效带动当地经济的发展，当地的人力物力等条件也无法为这种孤岛似的现代工业提供应有的支撑。如云南的有色金属、磷、锰、橡胶等生产量，每年都有80%左右以原矿或初级产品形式调运出省，烤烟、食糖等调出量也约占总产量的50%。② 其结果就是，一边是现代工业孤岛似的存在和发展着，一边是贫困的少数民族群众长期滞留于落后的经济形态中难以脱贫。形成了典型的城乡之间、工农之间的二元结构。而在民族地区第二产业内部，同样也是现代的先进工业与传统的落后产业并存。既有以尖端设备制造、电子通信为代表的现代工业，也同时存在加工层次低、生产技术和手段较为落后的传统工业。无论是技术装备、管理方式、人才素质，前者与后者都存在极大的反差，且相互隔绝，无法形成相互促进的区域

---

① 曹海英：《西部地区工业化的历史进程和现状分析》，《北京政法职业学院学报》2008年第4期。

② 陈庆德：《中国少数民族经济开发概论》，民族出版社1994年版，第76页。

经济体系。

民族地区这种典型的双层二元结构，一方面制约了民族地区工业竞争力的提高。外力推动形成的现代工业难以打破封闭落后的区域产业结构壁垒产生的极化效应，不能很好地带动各个产业共同发展，更无法形成相互促进的发展环境，极大制约了民族地区工业竞争力的提高。另一方面，造成了民族地区城乡差距的日益扩大，城市和农村发展脱节，城市的聚集效应大于扩散效应，导致城乡差距越来越大。也造成了民族地区城镇化发展的滞后。大量的农村人口固守在贫瘠的土地上，在旧的生产方式中循环往复，严重阻滞了民族地区现代化的发展。

（五）外部投资驱动成为民族地区现代化的主要推动力

民族地区的现代化建设是在新中国成立之后正式开始启动的。以"一五"时期的工业建设为标志，到六七十年代的"三线"建设达到了第一次建设高潮。这一时期民族地区的工业建设几乎完全是国家经济力量投资与建设的结果。由于自身贫弱的基础，使得新中国成立后相当长的时期内，民族地区的工业建设几乎都是在国家一手包办下进行的。仅1965年到1980年，国家对三线地区累计投资达2052.68亿元。1966—1980年的三个五年计划期间，三线地区基本建设新增固定资产1145亿元，占全国同期新增的33.58%。① 即便是"六五"计划时期，民族地区基本建设投资的比重也仍在10%以上。在大量的资金支持下，民族地区建起了3.7万个工矿企业，工农业总产值从1949年的36.6亿元发展到1988年的1092亿元。② 进入90年代后，在实施非均衡战略的同时，中央仍明确强调："随着经济的发展和国力的增强，要逐步增加对少数民族地区的投入，以增强这些地区的自我发展能力。"③ 按照这一精神，国务院在"八五"计划期间，对民族自治地方全民所有制单位固定资产投资高

---

① 陈东林：《三线建设：备战时期的西部开发》，中共中央党校出版社2003年版，第410页。

② 吴士深：《经济发展迅速 人民生活安定幸福 少数民族地区旧貌变新颜 工农业总产值40年增长21倍》，《人民日报》1989年9月11日。

③ 国家民族事务委员会、中共中央文献研究室：《民族工作文献选编》（1990—2002），中央文献出版社2003年版，第32页。

于"六五""七五"期间的实际水平,支援不发达地区的资金也有了较大程度的增长。据不完全统计,1996—1998年国家共向257个少数民族贫困县投入中央扶贫资金169.5亿元,占扶贫资金总数的45%。同时还对少数民族地区安排了专项扶贫资金。[①] 1999年正式启动"西部大开发"战略以来,当时的朱镕基总理继续强调了这一政策导向,指出"国家的投资要进一步向西部地区倾斜,继续优先安排基础设施、生态环境、资源开发建设项目。特别是国债资金和国外优惠贷款更多地用于西部地区"[②]。从西部大开发10年来的数据看,西部地区已开工重点工程102项,投资总规模1174万亿元,西部全社会固定资产投资近年的年增长幅度都在20%以上,使民族地区的基础设施建设等取得了较大进展,发展速度也明显提高。10年间西部地区生产总值年均增长率超过11%,不仅高于大开发前(1978—1998年期间平均增长率9.45%),与东部地区发展速度的差距亦呈收敛态势。[③] 可以看出,区外资源输入的规模和数量在很大程度上决定了民族地区工业化的规模与速度。显然,民族地区现代化建设进程的推进很大程度上是靠外部投资驱动的,没有外部资源的输入,也就很难有民族地区经济社会发展的新面貌。

(六)公有制经济比重高,非公有制经济发展缓慢

在国家投资下发展起来的民族地区工业企业,国有经济的比重必然占据主导地位。在整个计划经济时期,公有制经济几乎是民族地区唯一的经济成分。尤其是"三线"时期建立起来的大量以国防、军工为主的大型国有企业,成为民族地区经济构成中的主要部分。在此后的经济转型过程中,由于体制僵化、设备老旧、社会负担重等多种原因,民族地区很多国有企业经济效益较差,陷入发展困境。

从非公有制经济的发展来看,相比东部地区这些年来生机勃勃的迅猛发展势头,民族地区非公有制经济的发展明显缓慢。究其原因,既有

---

① 张凤艳、张湛、高岗仓:《实现中国民族和谐的经济政策及其调整》,《青海民族研究》2005年第4期。

② 国家民族事务委员会、中共中央文献研究室:《民族工作文献选编》(1990—2002),中央文献出版社2003年版,第249—250页。

③ 陈栋生:《中国西部大开发10年回顾与前瞻》,《云南财经大学学报》2010年第1期。

长期以来国家宏观政策和计划体制下思维定式的影响，又有民族地区本身投资环境差等因素的影响。相对偏远闭塞的地域环境使得计划体制的影响在民族地区根深蒂固，思想僵化保守。时至今日，民族地区许多地方仍存在着旧观念的束缚，将非公有制经济视为旁门左道。这种僵化保守的观念也阻滞了所有制结构的改革，使民族地区非公有制经济的发展至今仍显缓慢。无论在税收、贷款，还是在财政支持和市场准入等方面，民族地区非公有制经济均处于不利地位。在市场准入方面，除初级服务业、流通业和一般制造业之外，其他领域往往由于准入条件苛刻，前置审批环节繁多等，使非公有制经济的进入非常困难。总之，受外部环境、观念、资金、人才以及结构性障碍等多种因素的制约，民族地区非公有制经济发展起步晚，数量少，规模小，质量低，内部积累不足。目前，民族地区是全国国有经济比重最高的地区。

民族地区的自身条件和特有的工业化发展进程导致了其所有制结构不合理，公有制经济比重较高，非公有制经济发展缓慢，比重较低。这不仅使民族地区的各种资源配置发生扭曲，而且制约了民族地区工业竞争力和现代化水平的提高。

二 传统发展路径下民族地区现代化建设存在的突出问题

基于上述分析可以看出，长期以来，在传统发展理论指导下，以发达地区为样板、以相对具有要素禀赋优势的自然资源开发为依托、加速推进工业化，成为民族地区在建设实践中谋求实现现代化发展、改变贫困落后面貌的唯一选择和出路。在这一传统发展路径下，民族地区的自然生态遭到了前所未有的污染和破坏，生态环境愈发脆弱，民族人文生态也受到极大的冲击和影响，民族文化多样性日益退化丧失。在经过几十年的建设后，民族地区与内地汉族地区的整体发展差距不仅没有缩小，反而不断地被边缘化了。对此，我们必须要深刻反思区域经济发展中长期沿袭的这一传统发展模式，重新探寻适合民族地区特点的新的现代化发展道路。从目前来看，传统发展路径下的民族地区现代化建设实践，存在的突出问题主要表现在如下几方面。

（一）"嵌入式"的工业开发并未改变少数民族和民族地区的贫困落后面貌

毋庸置疑，从新中国成立初期的50年代开始，到六七十年代的"三线"建设达到第一次建设高潮，这一时期民族地区工业基础的建设，改变了民族地区没有现代工业、以单一落后的农业生产为主的经济格局，促进了落后农村经济向现代城市经济的转变，提高了民族地区社会发育程度。然而，不能忽视的是，民族地区的工业化建设是在非常落后的自然经济基础上起步的，落后的自然经济结构以及相应低下的经济效益，使得工业建设起步时，民族地区自身并没有准备好工业化大规模推动的条件以及物质基础，更缺乏足够的工业化进程要素的积累。在相当长的时间内，民族地区的工业建设几乎都是在国家一手包办下进行的。这样的前提条件使民族地区的工业化一方面受到当地落后经济结构的拖曳和制约；另一方面也使工业发展对外部经济依赖性极强。在国家自身积累和投资有限的情况下，对民族地区的工业开发和建设只能选择性地在少数地区和地点展开；而这些数量有限的现代工业，也难以从根本上摧毁和打破民族地区长期落后封闭的经济结构对现代经济发展的种种钳制[①]。外部植入的现代工业与当地少数民族的原有产业关联度极低，不能与当地的少数民族经济建立有机的联系，从而成为一种"嵌入式"的"飞地"。不仅没能很好地带动当地经济发展，给当地少数民族群众带来实惠，反而增加了当地政府和少数民族群众的负担，甚至侵犯了当地少数民族群众的利益，给民族地区的经济发展以及民族团结都造成了不利的影响。这表现在：

第一，在民族地区孤立发展的现代工业，某种程度上造成了企业工人与贫困的少数民族群众两个群体的对立。重工业本身具有深层技术与资金密集的特征，对劳动力在素质能力和技术水平有较高的要求。但在经济发展水平较低的少数民族地区，教育的长期滞后造成了当地劳动力科学文化素质和技术水平普遍较低，难以适应现代工业企业对劳动力的

[①] 张炜、丁静伟：《论民族地区工业化道路选择——关于中国西部民族地区结构转化与经济开发的思考》，《西北民族学院学报》（哲学社会科学版）1992年第3期。

技术要求。从而，国家在民族地区的几乎每一项重大建设项目，总是伴随着大量的东部熟练劳动力向民族地区的移入。尤其是三线建设时期，从东部地区迁建而来的很多企业几乎都是连设备带人员整体迁入到民族地区的。加上民族地区基础条件差，很多配套设施和条件都难以跟上。故而这些迁入的企业不得不自己办学校、自己建医院、建邮局等等，成了自成体系、自我循环的"小而全"的社会，与外界的联系极为有限。从而使这些形式上分布在民族地区的现代工业，其发展并不能充分带动各少数民族经济体内人口从传统农业向现代经济体系流动。结果，一边是现代工业的新建与发展，一边是少数民族成员滞留于传统经济结构的基本状况依然如故。既难以吸纳当地人口进入现代经济体系，更没能实现工业发展对当地人口传统生产生活方式及思想观念的冲击和提升。某种程度上形成了两个系统、两个社会群体的对立。

第二，在此特殊的投入形式下形成的工业企业，其产品与当地民族地区的农业和轻工业基本脱节，而更多具有向区外辐射的特点。如云南的有色金属、磷、锰、橡胶等生产量，每年都有80%左右以原矿或初级产品形式调运出省，烤烟、食糖等调出量也约占总产量的50%。① 为外部经济发展提供了原料和动力，却没给本地创造应有的经济效益，带来相应的发展。而条块分割的旧体制，更削弱了这些移入的现代经济体系与当地民族经济发展的关联性，不仅没能给当地少数民族群众带来利益，也使移入的大中型企业处于孤立发展状态，经济效益不高。据统计，从1953—1989年，全国基本建设固定资产的交付使用率为73.2%，但在各少数民族地区大多低于此，如新疆为70.3%，贵州为69.1%，青海为68.4%，宁夏为60.8%。②

实际上，在计划经济体制下，国家在民族地区进行重大资源开发兴办企业，一开始就具有二元经济结构的特点，在"三线建设"时期，这些特点更强化了。在这样一种城乡分割、工农分割的体制下，民族地区的工业企业完全在工业内部自我封闭地发展，工业开发、城市建设与民

---

① 陈庆德：《中国少数民族经济开发概论》，民族出版社1994年版，第76页。
② 同上书，第75页。

族地区农村互不关联，农村发展不能得到工业技术力量推动；当地大量的农业劳动力也无法实现向现代经济体系的转移。其结果一方面广大民族地区农村经济文化水平一直很低，人们生产和生活方式的现代化进程缓慢，另一方面，当地群众不能从资源开发中得到利益，企业不能得到当地群众支持，以至于企业和当地群众形成对立和摩擦，甚至演变成社会不安定的因素。

总之，在民族地区建设基础薄弱的条件下，所兴建的这些"飞地"式的现代化企业只能"嵌入"却不能"融入"在落后民族地区的发展中，其利益和效益与当地是脱节的。使得民族地区的资源被大量开发，而当地的发展却没有被真正带动起来，少数民族和民族地区的贫困落后面貌依然没有根本改变。广西大新锰矿的开发建设实例是一个很典型的例子。广西壮族自治区的大新锰矿是全国特大型锰矿床，该矿区位于广西大新县城以西，面积16平方公里。20世纪50年代末被发现后从1959年开始开发利用到1990年末，年生产能力达：采洗矿10万吨，放电锰选矿3万吨，锰粉加工1.5万吨。累计完成固定资产投入6001万元，总建筑面积5,253平方米，开采矿石157.17万吨，生产冶金锰99.03万吨，放电锰21.15万吨，放电锰粉17.71万吨，实现利润5350.68万元。① 而矿区所在的大新县是一个极为贫困的边防壮乡，一直到1986年，大新县人均口粮在200公斤以下、人均收入150元以下的还有1.6万多户，近4万人，分别占全县总户数和农业人口总数的32.75%和29.11%。其中，地处大新锰矿区内的下雷镇，1986年还有823户4589人的温饱问题没有解决。在这里，一方面是开发锰矿每年实现利润200多万元，扩建以后将达2000万元，另一方面是缺衣少吃、贫穷落后的当地群众。② 如此鲜明的经济反差，深刻地反映出了这种"嵌入式"开发模式的弊端。

---

① 钱大都：《中国矿床发现史（广西卷）》，地质出版社1996年版，第257页。
② 来仪：《开发西部少数民族地区的历史经验与教训评述》，《西南民族学院学报》2002年第1期。

（二）以资源开发为主的工业化道路造成了民族地区严重的生态失衡和发展困境

由于长期以来形成的以资源开发为主的工业发展道路，使得民族地区的工业主要是以煤炭、电力、石油化工、天然气、有色金属、盐化工和磷肥工业等能源和原材料工业为主，这些工业大都是耗水耗能多的污染密集型产业，极易造成严重的大气污染、水体污染和固体废弃物污染。在过去粗放式增长方式下，民族地区的大多数城市作为资源型重化工业城市，长期以来形成了典型的"三高一低"即高投入、高消耗、高污染、低效益的传统模式，加之生产技术和工艺水平落后，污染治理水平低下，因而污染强度很高。当前基本都面临着严重的工业污染，单位工业附加值产出的各类污染强度都大大高于全国平均水平，因环境污染造成的经济损失巨大。

生态失衡带来的后果是严重的：一是直接威胁到民族地区群众的生存和发展。如云南省因地质条件复杂，生态环境脆弱，近些年来山体滑坡、泥石流灾害频发。给当地群众生命财产安全造成巨大损失。2010年，云南保山的特大山体滑坡灾害造成29人遇难，19人失踪；2013年，云南镇雄又发生山体滑坡，造成了46人死亡2人受伤的惨重损失。二是导致了农作物的低产、低效益。过度开发西部民族地区使本身脆弱的生态极易发生灾害，而落后的农业生产方式主要是靠天吃饭，这使农业生产始终处于低投入—低产出—低效益—低收入的恶性循环之中。如内蒙古，由于水土流失严重，土地沙化面积日益扩大，以至于粮食总产量多年来一直在100亿公斤的水平上徘徊，单产仅相当于全国平均亩产的66.2%。[①] 其他民族地区也都程度不同地存在类似的情况。三是造成了畜牧业的严重萎缩。由于过度放牧、过度开垦造成草山草场退化，畜牧业的发展已失去基础，加剧了贫困化程度。四是使产业优化受阻。调整和优化产业结构，实现产业升级，必须以雄厚的农业发展为基础，但农业又恰恰是民族地区经济的薄弱环节之一。五是导致人口素质难以提高。民族地区日益加剧的环境污染、生态失衡造成了当地人民群众生存环境

[①] 乌力吉：《实现经济增长方式转变加快民族地区发展》，《管理世界》1996年第2期。

质量的大大下降，很多地方因污染导致空气、水质、食品等不符合卫生标准，元素不达标。有些地区元素缺乏、过剩或比例失调，导致了多种地方病的发生。以西藏为例，目前碘缺乏病有50个县，地方性氟中毒6个县，大骨节病15个县，克山病7个县，布鲁氏菌病46个县，受地方病威胁人口达100多万。① 长期下来不仅影响人们的健康，而且还会造成人的智力下降，直接影响民族地区人力资源素质的提高。

同时，长期不计代价的开发，也使民族地区很多城市资源枯竭，陷入了发展困境中。如宁夏石嘴山市，过去一直是西北重要的老工业基地，在长期粗放式的资源开发下，形成了工业结构的"三过半"格局，即工业占地区生产总值、重工业增加值占工业增加值、煤电行业增加值占工业增加值的占比均超过50%，特别是重工业增加值占工业增加值的90%。② 日益成为典型的资源枯竭型城市，给当地发展、人民生活带来了极大的困扰，面临着巨大的转型压力。

（三）民族文化多样性日益退化丧失

民族文化是各民族人们在日常生活和生产劳动过程中创造出来的物质和精神文化财富的总和，包括各种生产知识、技能经验、风俗习惯等等。民族文化的产生与发展，和一个民族生活繁衍的地域环境、自然条件有关，更与一个民族的经济生活、宗教信仰、历史文化传承密切相关。有怎样的自然生存环境和经济生产方式，就会产生怎样的社会文化类型。我国幅员辽阔，各民族的自然地理条件多样、经济发展水平不同、民族历史渊源多元复杂，由此也使民族地区千百年来孕育、形成了"百里异风、千里异俗"的多姿多彩的民族文化。在相对较长的一个历史时期中，由于客观上民族地区地域环境闭塞，交通和通信条件不发达，再加上民族宗教文化本身强大的规范控制功能，使民族地区现代文化的传播在多重因素的缓冲作用下，推进步伐相对较慢，民族原生态文化受到的冲击也相对较小。但随着大规模工业建设的推进，单纯追求GDP增长为先的

---

① 中国科学院国情研究与分析小组，《民族与发展——加快我国中西部民族地区社会经济发展研究》，辽宁人民出版社2000年版，第147页。

② 李文龙、石润梅、陈伟忠：《宁夏石嘴山：探寻资源枯竭型城市转型之路》，《金融时报》，2016年11月12日第5版。

目标考量，使得人们往往把现代化具体量化为国民生产总值、人均收入等一系列用数字表示的经济指标及先进科技产品的运用程度等。为此，不少地区出于经济效益的追求，对少数民族文化进行商业化包装和炒作，甚至为迎合部分人猎奇的心理，不惜以扭曲的方式展现民族文化的独特性，歪曲了其本质，使少数民族文化呈现出畸形的发展态势。同时，全球化和现代化的迅猛推进，也使现代文化对民族传统文化的渗透和冲击愈发强烈，民族传统文化产生所依存的环境、氛围悄然改变与消失。随着大量现代文化信息传入，加深了部分人特别是青年人的民族自卑心理，认为民族传统文化是落后的过时的，甚至自己看不起自己的文化，在行动上更主动脱离本民族的文化，不说民族语言、不穿民族服装等。此外，现代工业社会中盲目趋同之风使得少数民族的文化传统和生产生活方式等面临着被同化或取代的危险，一些民族传统产业逐渐退出人们的经济生活。在大规模的开发与建设中，一些珍贵的民族文化遗产和优秀的民族文化资源也遭到严重破坏。多姿多彩的民族文化不仅没能得到很好的保护和开发，甚至连自身生存也面临着危机。

必须认识到，民族地区进行现代化建设的目的绝不是为了消灭各少数民族文化的差异，走上与汉族地区完全相同的道路，而是在现代化的过程中更好地继承和弘扬本民族优秀传统文化，使民族地区的现代化更具民族特色和本土特色。然而当前一味追求工业发展和GDP增长，所导致的民族文化多样性的日益退化和丧失不能不令人警醒和反思。尽管从现代化浪潮的发展势头看，现代工业生产方式和生活方式的扩展，使各个国家、地区和民族或早或晚步入现代化行列成为必然。但是，对后发经济体而言，盲目地跟在发达经济体后面，沿着他们既有的路径去推进自己的现代化道路，并非明智的选择。历史地来看，各国现代化的启动与发展，基于变革方式的不同而表现为两种类型：一种是内生型现代化，即变革和创新的源泉来自于社会内部力量，即现代生产力是内部孕育成长起来的，是一个自发的社会变革过程；另一种是外生型现代化，即发展动力并非来自于自身内部，而是受外部影响，在外力推动下，相对被动的走上发展变革的道路。后发经济体基本都是以外源式现代化为主要特征的。相比先发经济体内源式现代化的自发社会变革过程，作为后发经济体，民族地区有着不同于其他民族的历史发展轨迹和自身独特的社会经济结构，也有着丰富多彩的多样性民族文化，因而在融入现代化的洪流中时，完全可以通过不同的实现方式，走出一条不同于现代化先发国家或地区的独有的发展路径。民族地区应当认真审视自身的现实基础和发展条件，充分认识自身发展的特殊性与可能性，探索符合实际、具有自身特点的发展道路，才能真正走上现代化之路。

第五章

审视与定位：民族地区现代化建设的现实基础与条件

习近平总书记在2014年召开的中央民族工作会议上指出：民族地区是我国的资源富集区、水系源头区、生态屏障区、文化特色区、边疆地区、贫困地区。集如此多"区"于一身，既表明了民族地区的独特优势和特色，也充分说明了加快民族地区发展的复杂性和艰巨性。[①] 在这样的区情条件下去推进民族地区的现代化建设，首先必须要对自己的家底和实际发展状况有一个清晰全面的把握。本章将着重对民族地区现代化建设的现实基础和条件进行一个较为全面客观的审视分析。

第一节 民族地区的自然资源禀赋分析

一个国家或地区的自然资源禀赋，主要包括地理区位条件、自然环境状况和自然资源分布。它们都对一个国家或地区的经济社会发展有着现实而重要的影响。地理区位的优劣一定程度上决定了一个区域可能的开放度；地质、水文、气候等自然环境状况，则影响着一个区域人们的生存和生产方式；而自然资源的丰裕与否，也会影响一个区域的发展模式。一般而言，自然禀赋条件作为一种先天客观的存在，是人类发展中难以完全逾越的一个制约性因素，对一个国家或地区现代化的推进也会产生重要的影响。尤其在现代化起步的初始阶段，对资源等自然条件依

[①] 本报评论员：《加快民族地区奔向全面小康的步伐》，《人民日报》，2014年10月11日。

赖相对较大的时期,这些因素的制约作用就会较强,但随着现代化的深入推进,科技创新等因素的作用越来越大,则资源禀赋的限制作用也就会逐渐减弱。就目前民族地区的发展水平而言,还很难克服自然禀赋条件对其现代化建设进程的深刻影响。因而,进行民族地区现代化建设,必须首先对这些禀赋条件进行认真的审视和定位。

一 民族地区地理区位条件偏远封闭

地理区位条件的优劣是影响一个地区经济社会发展的初始条件,包括地理位置的优越与否、交通的便利程度、信息通信的发达状况等多个因素。地理位置优越的地区往往意味着交通便利、信息传输发达迅速,相反,则意味着交通不便、信息闭塞。在现代经济发展过程中,位置、交通、信息条件等发挥的作用越来越重要。从地理空间上看,我国民族地区大多属于内陆省份,地理位置偏远,深居内陆腹地,远离国家的政治核心区和经济核心区,道路交通不便,信息通信不发达,环境较为闭塞,距离主要经济中心相对遥远,尤其是对外贸易枢纽——出海口严重缺乏(见表5-1)。

表5-1　　　　　　　　　　民族地区的偏远程度

民族地区	省会距离最近港口的距离（公里）	民族地区省会与主要经济中心的距离（公里）			
		北京	天津	上海	广州
内蒙古	804（天津）	667	804	2130	2962
广西	173（防城港）	2567	2703	2075	1314
贵州	1038（防城港）	2539	2681	2053	1560
云南	1677（防城港）	3178	3320	2699	2199
西藏	3931（连云港）	4064	4207	4373	4975
青海	1975（连云港）	2092	2235	2401	3003
宁夏	1480（天津）	1343	1480	2355	2957
新疆	3651（连云港）	3768	3911	4077	4679

资料来源：地质出版社地图编辑一室编:《中国司机地图册》,地质出版社2007年版。

从表中数据可见，民族地区省会城市无论是距最近港口的距离，还是与主要经济中心的距离，都相对较远，地理区位上的优势先天不足。因其区位偏远，加之道路交通等基础条件不佳，极大影响了民族地区外向型经济的发展，也限制了与外部世界的经济文化交流，不利于民族地区的发展。这表现在如下几方面。

（一）区位偏远影响生产要素空间位移，增加了生产部门的转移成本

根据资源最佳配置原则，在生产要素自由流动的情况下，区位条件优越的地区往往具有显而易见的吸引力，是要素流动的首选，也有利于实现要素的最佳配置。而民族地区的区位条件显然不具有优势，地处偏远、交通设施落后、信息不畅，使生产部门的要素转移成本大大增加，一定程度上制约了生产要素和产品的空间位移，限制了生产部门和市场之间经济联系的扩大。

（二）区位偏远又进一步强化了民族地区的封闭性和落后性

由于区位偏远、边缘，民族地区大多远离国家的政治、经济、文化中心。而这种区位的边缘性又进一步与民族地区内部活动空间的分散性交相叠加，使这种边缘性被进一步放大，不利于地区经济成长。表现在：其一，由于偏远，使得通往经济中心区所需的交通设施建设经费花费巨大，本就财力紧张的当地政府往往难以承受；其二，偏远性与分散性的叠加，使区域内部的教育、卫生等设施建设无法产生规模经济，难以形成生产企业的规模报酬递增效应；其三，社会经济活动的交易费用高、成本大，不利于产品竞争力的提升；其四，就是由于地处偏远、环境闭塞、布局分散，缺乏吸引人才的区位魅力，在当前激烈的人才争夺中往往处于劣势。[①]

（三）地域的偏远使民族地区开展国际贸易、参与国际分工缺乏便利条件

从传统的经济国际化的角度看，与海洋的相对位置、与经济核心区的相对位置和地缘政治因素，是影响国际分工参与深度与广度的重要因

[①] 陈达云、郑长德：《中国少数民族地区的经济发展：实证分析与对策研究》，民族出版社2006年版，第28页。

素。国际贸易理论认为，在商品价格和契约费用既定的情况下，流通费用高低是决定交易成败的关键因素。如改革开放以来，我国东南沿海地区之所以能够首先开展国际贸易，走向国际市场，一个重要条件就是这一地区濒临海洋，与发达国家和地区的货物运输只有海上距离，符合"流通费用最低原则"，因而是国际经济贸易的理想区位。而对民族地区来说，深处内陆，到最近海港的平均运输距离都在 1000 公里以上。要开展与发达国家和地区的货物运输，除海上距离外，还有漫长的陆上距离，因而是国际贸易的非理想区位。① 虽然民族地区拥有漫长的陆上边境线，但陆上边境贸易往往受制于交通条件等因素，发展规模也极为有限。正是由于受上述条件的制约，民族地区生产的市场化、商业化和经济的开放度普遍较低，进入国内主要经济中心和国际市场的成本较高，这是其长期落后、区域关系不平衡的原因之一。

当然，面对发展的新时期新环境，我国也审时度势，提出了向西开放、"一带一路"的重大战略，这也为我国民族地区的开发开放拓展了更广阔的空间。作为面向中亚、西亚、南亚的重要通道和商贸物流枢纽，包括宁夏、青海、内蒙古等在内的地处西北的民族地区获得了新的发展生机，未来将会在与丝绸之路沿线国家的商贸合作与交流中，开创对外开放、国际合作的新天地。当然，这还需要在交通设施建设、复合型人才培养等方面进一步夯实基础。

二 自然生态环境复杂脆弱

自然环境包括地质、地貌、水文、气候、生物、土壤等各种自然要素，它们都会对人类经济活动产生一定的影响。民族地区由于受经济发展水平低下与科技进步缓慢的约束，对自然环境和自然资源的直接依赖程度较发达地区大得多，自然环境的地域差异对地区经济成长的基础性作用仍具有不可替代性。对于我国少数民族地区而言，其自然环境复杂多样，生态环境比较脆弱，具体表现如下。

---

① 陈达云、郑长德：《中国少数民族地区的经济发展：实证分析与对策研究》，民族出版社 2006 年版，第 29 页。

（一）地形复杂，山地和丘陵比重大，能有效利用的空间有限

我国地形的总体骨架排列与组合是在欧亚、印度、太平洋三大全球性地壳板块相互作用下形成的。在地貌地形特征上，民族地区以山地、高原和盆地为主体。青藏高原、云贵高原、黄土高原和内蒙古高原等四大高原，几乎全部分布在民族地区，其中处于第一阶梯的青藏高原面积约 225 万平方公里，占我国国土面积的近 1/4，平均海拔超过 4000 米，不但是我国，也是世界上面积最大、平均海拔最高的高原；我国的塔里木盆地、准格尔盆地、柴达木盆地、四川盆地等四大盆地绝大部分分布在民族地区。此外，还因不同自然力和地表物质的影响作用，发育出流水地貌（如"三江"峡谷、长江三峡、西藏大峡谷等"V"形或"U"形河谷）、冰川冻土地貌（如阿尔泰高原、天山、帕米尔高原、祁连山、唐古拉山、喜马拉雅山等高原高山上的现代冰川，总面积达 5.65 万平方公里）、风沙地貌（如塔克拉玛干沙漠、腾格里沙漠和戈壁滩的风蚀柱、风蚀蘑菇、风蚀垄槽、风蚀洼地、风蚀城堡等）、黄土地貌（如黄土高原）、喀斯特地貌（如贵州、云南等省区的石芽、石林、漏斗、落水洞、溶蚀洼地及地下溶洞等）等特殊的地形地貌类型。民族地区也是我国主要山脉的分布地，平均高差 3000—5000 米，自北向南有天山—阴山、昆仑山—巴颜喀拉山—秦岭两大山系；西北—东南走向的有喜马拉雅山、祁连山、阿尔泰山；南北走向的有贺兰山、六盘山、横断山等，尤其是位于青藏高原周围的山脉，有许多是海拔超过 6000 米的山峰，仅喜马拉雅山的亚东至马丁山口 580 千米段之间就有 7000 米以上的山峰 88 座，中尼边境线上集中了 11 座海拔超过 8000 米的山峰，世界最高峰珠穆朗玛峰海拔达 8848.13 米，但也有最低低于海平面 155 米的吐鲁番盆地。① 总之，民族地区种种特殊的地形地貌类型使其景观特征极为独特，但这样的地形地貌也使民族地区能够有效利用的空间极为有限。

（二）气候类型多样，但光热水土资源匹配较差

民族地区地域广袤，地形地貌类型多样，再加上青藏高原的阻隔作

---

① 成升魁、谷树忠、王礼茂等：《2002 中国资源报告》，商务印书馆 2003 年版，第 168—170 页。

用，导致气候的时空差异极大，南北跨越六个气候带，并包含一个高原气候区。但总体上，因远离海洋被高山阻挡，西南气流影响范围较小，仍表现为以大陆性季风气候为主。其中，西北民族地区总体上表现为夏季炎热，冬季寒冷，降水少且时空变化大的特点。西北内陆降水年际变化在50%以上，半干旱区年均降水多在400毫米以下，干旱区在200毫米甚至100毫米以下，沙漠戈壁地区多在50毫米以下，且蒸发强烈，气候十分干燥。西南的渝、川、黔、滇、桂5省（市），因距离海洋相对较近，平均海拔相对较低，受西南暖湿气流的影响较大，四季较分明，平均气温较高，年降水一般在800毫米以上，四川盆地一般在1000毫米以上，云南和青藏高原东南部分地区超过2000毫米。年际、年内变化相对较小，年际变化一般低于10%。青藏高原因海拔高，在阻碍西南季风进入西北内陆的同时，呈现出特殊的高原气候：光辐射强，热量不足，降水较少。冰川冻土广泛分布。这些丰富的气候资源，为民族地区农业生产提供了多样化的基础条件，但同时也为农业发展带来了一定限制和约束。比如西北干旱半干旱民族地区水资源匮乏，已经成为该地农业发展甚至社会经济发展的瓶颈；青藏高原河谷农业热量资源有限，但光辐射强。[①] 总体上看，民族地区光热水土资源很丰富，但是搭配欠佳，利用率低。表现如下几方面。

1. 西北有土缺水。西北地区光照充足，≥10℃积温大都在2000—4500℃，年无霜期120—240天。区内降水稀少，一般不足250毫米，南疆、东疆和河西走廊地区，多在100毫米以下，且季节分配不均，年降水量变率普遍在70%—80%之间。4—6月，作物生长期80%降水保证率仅53毫米。虽然西北地区有宜农荒地资源达0.21公顷，占全国宜垦荒地资源总量的57%以上，但由于干旱缺水，荒地资源的开发只能以水定地，极大制约了土地资源开发和农业发展。

2. 西南有水缺土。西南三省区以中亚热带为主体，部分地区为南亚热带与热带，热量资源较丰富，≥10℃积温4500—5500℃以上，年降水

[①] 成升魁、谷树忠、王礼茂等：《2002中国资源报告》，商务印书馆2003年版，第168—170页。

量在800—1300毫米，属丰水地区，但由于地形分割起伏大，岩溶地貌发育，部分地区地表水紧张，耕地缺乏，人均仅0.06公顷，贵州不足0.06公顷，并且70%以上是坡耕地，质量差，粮食作物平均亩产仅150公斤。

3. 青藏高原有光缺热，青藏高原日照时间长，光照资源极为丰富，大部分地区年均日照超过3000小时，年太阳辐射总量平均每平方厘米在800—840千焦耳以上。但由于海拔高，热量不足，年均气温低于6℃的面积约占全区面积的60%—70%，其中青藏高原西北部，≥0℃积温不足500℃，属于高寒"无人区"。①

（三）生态环境脆弱，自然灾害频繁

民族地区是我国黄河、长江等主要大江大河的发源地，也是我国重要的生态屏障和水源保护地。地处高寒地带，多风干旱，外力侵蚀强烈，风沙、盐碱与水土流失等自然灾害发生频繁，是我国生态环境条件最严酷恶劣的生态脆弱区，自身环境承载能力极为有限。我国的五大生态脆弱带有四个都集中在民族地区。

（1）西北荒漠生态脆弱带：主要集中在内蒙古东部的农牧交错地带，是西北最大的生态脆弱带。土地潜在荒漠化的危险严重。几十年来，由于自然原因，更多是由于过度放牧、过度采伐、水资源利用不当等人为原因，加速了这些地区的荒漠化。根据《第四次中国荒漠化和沙化状况公报》，截至2009年底，全国荒漠化土地面积为262.37万平方公里，占国土面积的27.33%。且主要分布在新疆、内蒙古、西藏、甘肃、青海五省（区），荒漠化土地面积占全国荒漠土地总面积的95.48%。② 从自然因素来看，民族地区的荒漠区域地处干旱地带，由于典型的大陆性气候的作用，干旱少雨蒸发量大，干燥度高，土质疏松，同时又由于昼夜温差大，容易形成较大的风，风、雨对土壤的侵蚀，造成了水土流失，土地裸露等，出现了沙漠化。从人为因素来看，由于人口数量的增加，而社会经济发展水平较低，生产方式落后，这必然加剧对自然资源的利用

---

① 中国科学院国情分析研究小组：《民族与发展——加快我国中西部民族地区社会经济发展研究》，辽宁人民出版社2000年版，第49—50页。
② 《第四次中国荒漠化和沙化状况公报》，中国网，2017年9月3日。

强度。过度放牧、乱砍滥伐等，导致了西部地区草原的严重退化。据中科院兰州沙漠研究所的研究，在造成沙漠化面积不断扩大的原因中，草原过度垦殖占25.4%，过度放牧占25.35%，过度采樵占31.8%，水资源利用不当占9%，其他占8.5%。据2011年全国草原监测报告显示，全国重点天然草原的牲畜超载率为28%，较上年下降两个百分点，全国268个牧区半牧区，天然草原的牲畜超载率为42%。其中西藏、内蒙古、新疆、青海、四川、甘肃的牲畜超载率，分别为32%、18%、30%、25%、37%、34%。[①]

(2) 黄土高原丘陵沟壑生态脆弱带：主要分布在甘肃省陇东地区和宁夏的西海固地区，面积大约占黄土高原面积的1/4。这一地区常年干旱少雨，加上黄土土壤质地疏松多孔，毛细孔隙发达，具有极强的蒸发性能，水分易散失，保水能力差。雨季集中在7—8月份，且降水强度较大，在地表流水冲刷下，形成了地形破碎、千沟万壑的地貌特点。而且这些地区的土壤较薄，质地粗，加上植被覆盖少，遇到雨水容易产生水土流失。从人为原因看，西部地区的农业生产一直采用传统的生产技术，农业技术创新不足。这种广种薄收的生产模式导致了为维持增加人口的基本生活，只能是通过大规模的开荒种田，甚至是毁林毁草种田、陡坡开荒来实现，加剧了水土流失。形成"越穷越垦、越垦越穷"的恶性循环。水土流失不仅造成民族地区生态环境的日趋恶化，也导致农业生产的各种肥料流失严重，土壤有机质下降，养分物质减少。在甘肃和宁夏境内的黄土高原区，每年因水土流失而造成的有机质流失分别为404万吨和126万吨。流失的氮25.23万吨，磷65.52万吨，钾1058.73万吨，经折算，相当于损失2222万吨化肥。[②]

(3) 西南喀斯特山区生态脆弱带：主要分布在云贵高原及其边缘山区，这一生态脆弱带水热条件相对较好，但由于山地面积比重大，坡耕地多以及暴雨相对集中等非地带性因素影响，植被破坏、水土流失及石

[①] 李长亮：《西部地区生态补偿机制构建研究》，中国社会科学出版社2013年版，第72页。

[②] 同上书，第75页。

漠化现象仍很严重。

　　石漠化是在湿润的喀斯特（岩溶）地区发生的一种土地退化现象和过程。主要是在湿润的亚热带气候条件下，受岩溶作用和人类不合理活动（如陡坡垦荒等）影响，部分地段地表土层流失殆尽，基岩裸露，地表缺水缺土少林草，出现类似荒漠化的景观现象与过程。[①] 我国的石漠化区域主要分布在西南民族地区，包括云南、贵州和广西三省（自治区），石漠化面积占三省土地总面积的40%左右。从自然因素来看，西南民族地区土质疏松，土壤主要是砂页岩、石灰岩、花岗岩等岩石风化形成。这种疏松的土壤保水能力差，结构松散。而西南地区雨水充沛，雨水对土壤冲击极容易产生流失，导致石漠化的产生。从人为因素看，西南喀斯特地区人口承载力较低。但近几十年来这些地区人口迅速增长，远远超过了环境的承载能力。为了生存就大规模开荒，陡坡耕种，其中云贵两省15度以上坡地占耕地总面积的40%以上。这种在不具备垦殖条件，又无任何保护措施的条件下进行的陡坡耕种加剧了土壤流失，导致了石漠化的产生。此外，西南民族地区的乱砍滥伐、矿产资源开采等都是加剧石漠化的重要原因，石漠化导致土壤蓄水能力降低，干旱灾害频繁发生，严重影响了当地的生产生活。[②]

　　（4）横断山脉干热河谷生态脆弱带：主要分布于我国西南岷江、金沙江、怒江、澜沧江等江河的河谷坡面。该地带降水量比较丰富，并相对集中于4—7月，降水量占全年50%以上，由于山高谷深，地面切割强烈，泥石流、滑坡等地质灾害严重。低纬度高原大江两岸的横断山脉深度切割的特殊地貌造就了它的荒芜。而当地的干热河谷气候使得在地形封闭的局部河谷地段，水分受干热影响而过度损耗，河谷坡面的表土大面积丧失。森林植被难以恢复，大面积的土地因缺水而荒芜，生态条件也是极为恶劣。

---

　　① 李阳兵、谭秋、王世杰：《喀斯特石漠化研究现状、问题分析与基本架构》，《中国水土保持科学》2005年第9期。

　　② 李长亮：《西部地区生态补偿机制构建研究》，中国社会科学出版社2013年版，第77页。

三 自然资源丰富多样,但赋存条件差,开发难度大

民族地区自然资源富集,但受地质结构、地形地貌等方面的影响,各类自然资源的赋存条件并不好,开发利用的难度较大。

（一）土地资源绝对量大,但能有效利用的土地面积有限

根据《中国民族统计年鉴》（2011）统计资料数据,我国民族自治地方面积广大,截至2010年,土地总面积613万平方公里,占全国比重的63.9%,其中耕地面积2307万公顷;草原面积30027万公顷,占全国比重为75.1%。① 然而,民族地区虽然土地面积广大,但能够满足人类直接生存发展要求的有效土地资源并不丰富。如耕地面积,民族地区耕地总量虽占到全国的34%以上,但耕地多属于旱地,耕地等级和质量多数偏低。特别在西北各省（区）,除新疆绿洲外,其余大部分地区有效灌溉面积比重均不到旱地总量的30%；牧草地面积虽占全国总量96%以上,但质量等级相对偏低,大部分属于二、三等级,甚至为不适宜放牧的草地,此外,民族八省区中多数地区有沙漠、戈壁的分布,这些土地基本属于难以利用的土地。总体来说,民族地区比较适合人类居住和生存的区域面积大体仅占其总面积的1/3,有效生存空间的绝对面积数量不超过250万平方千米。人的生存与发展空间极其有限。②

（二）森林资源较为丰富,但分布不均,且植被破坏严重

森林植被对地方生态环境的发展有着重要作用。它可以蓄积水分,防风固沙,减少水土流失和洪涝灾害等。郁闭度在0.7以上的森林,一般树冠可以截留10%—30%的降水,地表的枯叶可吸收60%—70%的降水,一般情况下,林地土壤含水量为无林地土壤含水量的5—10倍。③ 民族地区森林资源较为丰富,2010年民族地区森林面积总计5648万公顷,森林

---

① 《中国民族统计年鉴（2011）》,中国统计出版社2012年版,第261页。
② 张庆安：《中国民族地区经济发展与差距问题研究》,中国经济出版社2013年版,第52—53页。
③ 金宏伟、李建民、宁晓光等：《简论森林生态环境的经济效益》,《林业科技》2000年第3期。

蓄积量52亿立方米，占全国比重为46.6%。① 尽管总量丰富，但分布不均。主要分布在西南四省区的国有林区（川、滇、藏、桂）和西北四省区的国有林区（陕、甘、新、蒙），两片区森林面积分布为6001.46万公顷和3131.93万公顷，森林蓄积量分别为57亿立方米和15亿立方米（见表5-2）。

表5-2　　　　　　　民族地区的森林资源（2004年）

地区	森林面积（万公顷）	森林覆盖率（%）	森林蓄积量（万立方米）
全国	17490.92	18.21	1245585
内蒙古	2050.67	17.7	110153.2
青海	317.2	4.4	3592.62
宁夏	40.36	6.08	392.85
新疆	484.07	2.94	28039.68
广西	983.83	41.41	36477.26
贵州	420.47	23.83	17795.72
云南	1560.03	40.77	139929.2
西藏	1389.61	11.31	226606.4

资料来源：国家统计局国民经济综合统计司：《2005中国区域经济统计年鉴》，中国统计出版社2006年版。

民族地区虽然森林资源相对丰富，但随着人口增加，经过近百年的开发，毁林开荒，陡坡耕种，民族地区的森林资源也遭到很大破坏。从上表可以看出，除广西、贵州、云南等西南几个少数民族地区外，其他几个民族地区的森林覆盖率均大大低于全国平均水平。而在西南民族地区，也正是由于其环境闭塞的格局特点，才使得许多森林资源得以保存下来，森林覆盖率较高。所以现有的森林资源也多分布在位置偏远、交通不便、人口密度较低的区域，开发利用的难度较大。

（三）水资源总量丰富，但时空分布极为不均

民族地区是我国主要大江大河的发源地和中上游，水资源赋存占有

---

① 《中国民族统计年鉴（2011）》，中国统计出版社2012年版，第261页。

一定优势。据统计，2014年民族八省区水资源总量为1.1万亿立方米，占全国水资源总量的41.87%，其中西南民族地区水资源总量占全国的34.28%，占民族八省区总量的81.88%，西北民族地区水资源拥有量仅占全国的7.59%和民族八省区的18.12%。从人均水资源拥有量看，民族地区高于全国平均水平，其中西南民族地区为7030.9立方米，西北民族地区为3420.5立方米，均高于全国1998.6立方米的平均水平①（见表5-3）。

表5-3　　　　　　2014年中国民族地区的水资源状况

	水资源总量（亿立方米）	人均水资源（立方米）
全国	27266.9	1998.6
内蒙古	537.8	2149.9
青海	793.9	13675.5
宁夏	10.1	153.0
新疆	726.9	3186.9
西北民族地区	2068.7	3420.5
广西	1990.9	4203.3
贵州	1213.1	3461.1
云南	1726.6	3673.3
西藏	4416.3	140200.0
西南民族地区	9346.9	7030.9

资料来源：根据《中国统计年鉴》（2015）相关数据计算。

然而，尽管民族地区水资源总量丰富，但却时空不均且存在着结构性短缺。从时空上看，西北民族地区多处于干旱区，水资源极其短缺。年降水量一般低于200毫米，而年蒸发量却大多在1500—2000毫米。部分地区由于降水时段相对集中，除了带来严重的水土流失外，冬春干旱也严重影响着当地人们的农业生产。在西南民族地区，除青藏高原平均

---

① 陈达云、郑长德：《中国少数民族地区的经济发展：实证分析与对策研究》，民族出版社2006年版，第45—50页。

为 300—600 毫米外，其他大部分地区受太平洋及印度洋暖湿气流影响和作用，年降水量一般都在 1000 毫米以上。且降水时段相对集中，成为我国比较典型的干旱与洪涝灾害并发地区。同时，西南地区地处大江大河上游，高山峡谷多，山地面积大，水资源利用存在很大难度，使得西南地区的水资源利用开发存在着结构性短缺的明显特征。[①]

（四）能矿资源存量丰富，但开采利用条件差，环境破坏的压力亦不容小视

能矿资源是人类社会发展所必需的无可替代的自然资源和战略性资源，是国家、地区社会经济发展的基础。西部民族地区是我国重要的能源基地，拥有丰富的能矿资源。按照《中国统计年鉴·2015》的数据统计，2014 年西部民族地区八省区的石油储量、天然气储量、煤炭储量分别占全国的 22.45%、39.60% 和 35.57%，矿产资源中的锰矿、铬矿、铅矿、锌矿等储量都超过全国储量的一半，分别为 70.9%、65.25%、63.0%、65.64%。[②] 另外，西部民族地区的水能、风能和生物资源的储量丰富，人均资源占有量高。在空间分布格局上也是各有特色，西南民族地区以水能和天然气见长，西北民族地区则主要以煤炭、石油、天然气为主；此外，西藏、新疆、青海、甘肃等省区的太阳能、风能、地热能等新能源也十分丰富，西南的生物能源（沼气等）也有较大开发潜力（见表 5-4）。

表 5-4　　　　　　　　民族地区主要能源基础储量

省份	石油 （万吨）	天然气 （亿立方米）	煤炭 （亿吨）	锰矿 （矿石·万吨）	铬矿 （矿石·万吨）
全国	343335	49451.78	2399.93	21415.44	419.75
内蒙古	8354.4	8098.14	490.02	567.55	56.29
青海	7524.50	1457.94	11.82	0.0	3.68

---

① 陈达云、郑长德：《中国少数民族地区的经济发展：实证分析与对策研究》，民族出版社 2006 年版，第 45—50 页。

② 根据《中国统计年鉴·2015》数据计算得出。国家统计局官方网站，http://www.stats.gov.cn/tjsj/ndsj/2015/indexch.htm。

续表

省份	石油 （万吨）	天然气 （亿立方米）	煤炭 （亿吨）	锰矿 （矿石·万吨）	铬矿 （矿石·万吨）
宁夏	2180.60	272.76	38.04	0.0	0.0
新疆	58878.60	9746.20	158.01	560.17	44.68
广西	131.60	1.32	2.27	8486.6	0.0
贵州	0.0	6.31	93.98	4417.1	0.0
云南	12.20	0.80	59.47	1152.27	0.0
西藏	0.0	0.0	0.12	0.0	169.22

资料来源：根据国家统计局编《中国统计年鉴·2015》数据整理。

民族地区的矿产资源类型多样，储量丰富（见表5-5）。相当一部分资源在国内属优势矿产，如黑色金属的铬铁矿和原生钛铁矿，有色金属的铅、锌、镍、汞、铂族金属，非金属的氯化锂、氯化镁、钾盐、钠盐、石棉、碳酸钠、芒硝等，其中原生钛铁矿、铅、锌、铂族金属、氯化锂、氯化镁等矿种具有世界级资源优势。

表5-5　　　　　　　　民族地区主要能矿资源富集区

资源类型区	基本范围	优势资源	发展重点
蒙晋陕三角地区	包括三省区的神府、东胜、包头、太原、大同、朔州、呼和浩特、榆林	煤炭、铝、稀土、天然气	煤炭开发、火力发电、煤化工、钢铁和有色冶金、天然气开发、机械制造
攀西—六盘水地区	川滇黔三省的攀枝花、凉山、尼宾、泸州、乐山、昭通、曲靖、东川、楚雄、六盘水、毕节、黔西南州	水能、煤炭、铁矿、硫、磷、铜、铅、锌、锑、钒、钛、石棉、铝土、天然气	水电和煤炭开发、钢铁和有色金属工业、磷化工及化肥工业
黄河上游地区	兰州、西宁、金昌、银川、石嘴山、白银、临夏、同仁	水能、镍、铜、铝、稀土、煤炭	水电、有色金属、煤炭和石油化工
乌江干流地区	贵阳、织金等24个市县和重庆的涪陵等6个市县	水能、煤炭、林、铝、锰、汞、硫铁矿	水电、煤炭开采、有色金属工业

续表

资源类型区	基本范围	优势资源	发展重点
红水河流域	南盘江天生桥到大藤峡的沿河两岸地区,涉及贵州、广西两省区,包括柳州、河驰、平果、大化等地	水能、铝、锡、锑、铅、锌、钨	水电、铝工业、机械制造
澜沧江—怒江—金沙江三江地区	大理、怒江、保山、六库镇、中甸、兰坪等	水能、铅、锌、铜、锡	水电和有色金属工业
格尔木地区	柴达木盆地和南源,西与新疆交界,南有青藏公路通往西藏,北通甘肃敦煌,东抵西宁	钾盐、镁盐、锂矿、天然气、太阳能、风能	湖盐、煤炭、天然气等为原料的化学工业和铅锌为主的有色金属工业
新疆三大盆地地区	塔里木、准噶尔、吐哈盆地	石油、天然气	油气开采、石油化工
西藏—江两河地区	拉萨、日喀则、江孜、羊儿井	水能、地热	水电、矿产和地热开发

资料来源：郑长德：《西部民族地区大开发与经济发展》,四川民族出版社2002年版,第114页；转引自陈达云、郑长德《中国少数民族地区的经济发展：实证分析与对策研究》,民族出版社2006年版,第56页。

总体上看,民族地区蕴藏着丰富的能矿资源,但这些资源的开采和利用条件并不好。许多资源埋深较大,地表条件和地下地质条件复杂,多位于崇山峻岭之中,或干旱缺水的沙漠之中,如塔里木盆地的油气资源埋深5000—6000米。加上气候条件恶劣,人烟稀少,交通不便,使得油气勘探、开发的施工难度和费用都要比东部陆上油田大得多。同时,很多资源的综合利用水平并不高,损失浪费很大。铅锌矿储量占全国的31%,而目前铅锌资源保有储量的利用率只有25%,铅锌产量只占全国的10%。铅锌的总回收率各为54%和14%,大量锌被白白扔掉。在锡、铝、磷矿产的开发利用上,由于"采富弃贫"、乱采滥挖等不合理现象,造成资源的严重浪费。①

此外，也正因为民族地区能矿资源丰富，所以立足资源搞开发也就是成为几十年来民族地区推动经济发展的重要途径。长期以来形成了民族地区以资源型重化工业生产为主的国内分工格局，主要以石油化工、有色金属、煤炭、电力、天然气和磷肥工业等能源和原材料工业为主。而这些工业大都属于污染密集型产业，耗水耗能多，在"资源高消耗、污染高排放"的传统经济结构下，极易造成严重的环境污染。加之生产技术和工艺水平落后，污染治理水平低下，因而污染强度很高。给当地乃至全国的生态环境都造成了巨大压力。

第二节 民族地区的经济结构分析

民族地区经济结构的形成和演变经历了长期的历史过程，在本书第四章所进行的回顾和分析中已进行了较为详尽的论述，此处不再赘述。必须看到的是，在21世纪的今天，随着我国全面深化改革步伐的加快，民族地区经济结构转换过程明显加速，目前已进入了产业结构的调整优化阶段。但就总体而言，民族地区的经济结构仍然具有落后、低效、层次不高的特征。本节主要从产业结构、就业结构、城乡结构等几个方面对民族地区的经济结构做一简要阐述。

一 民族地区的产业结构

产业结构是指生产某种使用价值或提供某种劳务的各个行业或部门的关联方式和数量对比关系。它是一个国家或地区经济素质的根本体现。产业结构状况往往会从以下方面影响到一个国家或地区的经济发展水平：首先，产业结构状况会影响到产业链的顺畅运行。由于各产业之间具有一定的相互依存、相互制约关系，如果一个国家或地区的产业发展出现严重不平衡，特别是某些"瓶颈"产业的短缺会制约整个经济的正常运转。其次，产业结构状况会影响到经济现代化水平。如果

---

① 陆大道等：《2000中国区域发展报告》，商务印书馆2001年版，第56页。

一个国家或地区，传统产业所占比重较大，其经济现代化水平必然较低。再次，产业结构直接决定了城乡居民的就业结构，以及人均收入水平。

(一) 产业结构演变的一般规律

亚当·斯密和威廉·配第等最早揭示了产业结构变化的规律，即资本和劳动力受报酬水平的吸引，将随着经济发展，逐渐由农业转向制造业以及国际贸易等产业。后来，英国经济学家克拉克（K. Clark）从统计的角度证明，资源的结构变化规律是从农业到第二产业再到第三产业的顺序转移。之后，美国经济学家西蒙·库兹涅茨全面深入地研究了随着经济发展，产业结构变化的规律和变化的动力。他们所揭示的产业结构变化的规律就称之为配第—克拉克—库兹涅茨定理。

该定理主要揭示了三次产业的劳动力分布结构和 GDP 构成结构随经济发展而变化的趋势和规律。其基本规律就是：随着经济发展和人均收入水平的提高，劳动力将首先从第一产业向第二产业转移，当收入水平继续提高时，劳动力会进一步由第二产业向第三产业转移。以西方国家劳动力在三次产业中分布结构的变化状况为例，美国在 19 世纪 70 年代，劳动力分布结构依次是 50∶25∶25，到 20 世纪 70 年代时，这一分布结构已演变为 4∶31∶65。到 2001 年，美国三次产业的劳动力分布结构进一步演变为 2.43∶22.6∶74.8。显然，随着美国经济的持续发展，劳动力在第一产业中的分布日益下降，而在第三产业中的分布则逐步上升。这是纵向对比的结果。而从不同国家的横向对比情况看，2001 年，日本的劳动力分布构成为 4.88∶30.49∶64.63，德国为 2.56∶32.42∶65.03。而同年，发展中国家的泰国为 48.77∶19.02∶32.21，中国则为 50∶22.3∶27.7。这说明，经济发展水平越高的国家，劳动力在第三产业的分布比重越大，在第一产业的分布比重越小。而经济发展水平相对落后的国家则明显不同，劳动力在第一产业中的分布比重最大。从 GDP 的构成结构来对比，2000 年，美国为 1.6∶24.9∶73.5，日本为 1.4∶31.8∶66.8，英国为 1.1∶28.7∶70.3。显然，发达国家的 GDP 构成中，第三产业所占比重最高，几乎都达到或接近 70%，而第一产业则不超过 2%。发展中国家的印度为 24.9∶26.9∶48.2，越南为 24.5∶24.9∶38.6，中国则为 16.4∶50.2∶33.4。显然，发展中国家第三产业的发展水平普遍还不高，比重均在34%—40%左右徘徊。① 以上数据清楚地反映出发达国家和发展中国家产业结构上的巨大差距，也反映了各国经济发展水平的巨大差距。

世界发达国家在实现工业化的过程中，产业结构及工业内部结构表现出一种规律性的变化，即：

在工业化前期发展阶段，农业和轻纺工业在经济发展中起主导作用，产业结构呈轻型化。主要以劳动密集型和资源密集型产业为主，第一产业产值比重最高，第三产业微乎其微。

进入工业化中期即"重工业化"阶段后，工业由以轻工业为中心转向以重工业为中心，第一产业产值比重逐步降低，第二产业有了较大发展，其产值比重在三次产业中占主要地位，其中轻纺工业的发展速度有所减缓。这又可分为三个阶段：初期阶段是以原料、燃料等基础工业为中心的重化工业得到较快发展，并逐渐取代轻纺工业成为主导产业；随后进入到低度加工型主导阶段，传统型、技术含量较低的机械制品、钢铁、造船等低加工度的产业发展速度加快，产值比重逐渐增大，成为主导产业；接着就进入到以加工、组装工业为中心的"高加工度化"阶段。以技术密集型为代表的高新技术广泛应用并对传统产业进行技术改造，技术密集型产业得到快速发展，精密机械与化工、智能机器、飞机与汽车制造等成为第二产业中的主导产业，其产值比重大大增加，成为经济增长的主要推动力量。

进入工业化后期发展阶段，产业结构的突出特征表现为以信息产业为主导的技术集约化。这一时期，信息产业高速发展，成为国民经济的支柱产业和主导产业。以电脑为核心的"智能机器"大量进入生产过程，实现了生产过程的自动化和信息化。在此阶段，第一产业产值在三次产业中只占很低份额，第三产业如金融、保险业、交通运输业、房地产业、社会服务业等迅速发展，且与第一、第二产业的关联效应日益加强，其产值在三次产业中占据支配地位，一般都高达65%以上。第二产业的发

---

① 陈达云、郑长德：《中国少数民族地区的经济发展：实证分析与对策研究》，民族出版社2006年版，第149页。

展速度有所减缓，产值比重有所降低，但其内部结构变化较大，包括电子信息产业、宇航工业、激光技术、生物工程技术、新材料技术、新能源技术等在内的高新技术产业得到超常发展，在发达国家、高技术产业的净产值已超过了传统产业，成为工业乃至整个产业结构的支柱。

总之，在工业化进程中，工业发展的重心会经历由轻工业向重工业的转移，在重工业化阶段中又会经历由原材料工业向加工装配工业再向高加工度化的演变，最后进入技术集约化阶段。这也反映了工业开发由浅层次向深层次推进、产业结构由低级化向高级化演变的过程。而这种产业结构的优化程度与国民收入水平的高低呈现正相关关系。产业结构越优化即第一产业比重越低的国家或地区，国民收入越高，反之，国民收入越低。当今世界，各国经济的发展可以充分验证这一规律。如产业结构优化的美国、日本、德国，其2012年的人均可支配收入分别达到了50120美元、47870美元、44010美元；而中国经过近些年来的调整，产业结构有了一定程度的优化，尤其东部沿海的广东、上海等较发达省市，产业结构优化明显。如2014年的广东省产业结构为4.8∶46.4∶48.8，上海为5∶34.7∶64.8。伴随着产业机构的优化，我国的人均可支配收入也明显提升，2014年我国居民人均可支配收入中位数17570元（约3222美元)①。显然，我国的产业结构在逐步趋于合理，第一产业有了明显下降。但优化度还不够，第三产业的比重还没有达到更高的水平，与发达国家还有一定的差距。

（二）民族地区产业结构的演进

新中国成立之初，我国各少数民族经济发展总体非常落后，内部发展水平差异巨大，可以说是在不同的历史起点上进入社会主义发展阶段的。从经济结构上看，产业结构单一，农牧业是经济发展的主体，现代工业的发展极端弱小，在工农业总产值中工业所占比重不足10%。解放后开始的"一五"和"三线"建设，拉开民族地区现代工业发展的序幕。改革开放以后，民族地区产业结构进一步有了巨大变化。从近30多年的数据来看，第一产业的产值构成比重大幅度下降，而第三产业产值比重

---

① 冯蕾、鲁元珍：《人均GDP超1万美元有多重要》，《光明日报》2015年2月5日。

出现明显上升,第二产业所占比重总体变化不大(见表5-6)。

表5-6　　　　民族八省区国内生产总值的产业构成变化

	1978年三次产业构成	1992年三次产业构成	2012年三次产业构成
内蒙古	32.7:45.4:21.9	33.5:40.3:25.6	9.1:55.4:35.5
宁夏	23.5:50.8:25.7	23.3:43.3:33.4	8.5:49.5:42.0
新疆	35.8:47.0:17.2	30.0:38.6:31.4	17.6:46.4:36.0
青海	23.6:49.6:26.8	23.0:43.1:33.9	9.3:57.7:33.0
广西	40.9:34.0:25.1	40.0:32.8:27.2	16.7:47.9:35.4
贵州	41.7:40.2:18.1	36.5:36.8:26.7	13.0:39.1:47.9
云南	42.7:39.9:17.4	36.6:43.0:20.4	16.0:42.9:41.1
西藏	50.7:27.7:21.6	49.8:13.4:36.8	11.5:34.6:53.9
民族地区	38.0:41.1:21.0	35.1:38.1:26.8	13.6:48.0:38.4
全国	28.2:47.9:23.9	21.4:43.0:35.6	10.1:45.3:44.6

资料来源:根据《中国统计年鉴·1979》《中国统计年鉴·1993》《中国统计年鉴·2013》等相关数据计算整理得出。

(三)民族地区产业结构的特点

(1)较为完整的产业结构体系初步建立起来。民族八省区工业总产值在工农业总产值中所占比重,从新中国成立初期不到10%,发展到1978年的41.68%,1994年达到63.14%[①],2012年逐步回落到48.0%。第三产业产值从1978年的21%,发展到了2012年的38.4%。2012年民族地区产业结构为13.6:48.0:38.4(见上表),很多行业从无到有逐步发展起来,这说明在民族地区较为完整的产业结构体系已初步建立,为民族地区经济社会的进一步发展建立了良好的基础。

(2)整个产业结构中,第一产业比重仍相对高于全国平均水平。从表中所呈现的整个产业结构的变化看,民族地区的产业结构总体处于动

---

① 曹征海、马飚:《起飞前的战略构想》,民族出版社1990年版,第119页。

态优化的过程中,第一产业的比重持续下降,第三产业的比重不断上升。但与全国整体水平尤其是与东部沿海地区相比,目前民族地区第一产业在 GDP 中所占比重,除宁夏、内蒙古和青海与全国平均水平比较接近外,大多数民族地区仍高于全国平均值。而同期,经济较发达的省市如北京、上海,第一产业所占比重不到 1%,江苏、浙江、广东、福建、山东、重庆等省区也都低于全国平均水平。并且,在第一产业内,民族地区传统农牧业比重过高,农产品结构单一,主要以粮食作物种植为主,而收益相对较高的经济作物的发展明显不足。这说明民族地区产业结构的发展与现代经济结构的要求还有一定的差距。

(3) 在第二产业内,以采掘、能源、原材料工业为主的重工业占较大比重,产业结构重工业化特点明显。其原因一方面是因为民族地区自身是能源、矿产资源的重要产地和富集地,另一方面与我国在新中国成立后确立的重工业优先发展、且工业布局偏重内地的发展战略有直接关系。因此,新中国成立后民族地区的工业发展主要集中在能源、原材料、钢铁、机械、化工、军工等行业,并修建了一批骨干铁路和公路。改革开放后,虽然对民族地区的工业布局进行了调整,轻工业及一般加工业有所发展,但总体上重工业仍占较大份额。进入 21 世纪以来,国家经济发展面临的资源约束问题日益突出,从而使民族地区资源性工业的重要性被进一步强化,在地方总产值中的比重也居高不下。如 2010 年,八个多民族省区中,资源型工业产值占当地总产值的比重:内蒙古为 71.36%,广西为 48.91%,贵州为 70.72%,云南为 66.39%,西藏为 63.91%,青海为 89.65%,宁夏为 76.04%,新疆为 79.84%。[①] 这反映出,西部大开发以来的十多年中,民族地区经济的高速增长,主要的推动力还是来自于资源型重化工业的快速扩张所致。

(4) 民族地区第三产业的发展仍滞后于第二产业发展。如前所述,在现代化发展的前期,工业是带动经济发展当仁不让的领跑者。而当工业化发展到较高水平后,第三产业会逐渐代替工业的领跑地位,成为引

---

① 郑长德:《基于新结构经济学视角的民族地区产业结构调整与升级研究》,《西南民族大学学报》(人文社会科学版) 2013 年第 12 期。

领经济发展新的火车头。这意味着,经济发展的层次越高,第三产业的比重会越大;相反,如果第三产业的比重偏小,意味着经济发展还处于较低阶段。从民族地区的情况看,2012年民族地区第三产业产值比重为38.4%,比全国44.6%的平均水平低了6.2个百分点。在表5-6中,除西藏、贵州的第三产业高于全国平均水平,其他地区都低于全国平均水平,而且从西藏、贵州第三产业的内在发展质量来看,虽然比重高,但内部结构层次低,大多集中于商业贸易、住宿餐饮等传统行业,金融保险、社会服务、房地产等新兴行业相对较少,内在品质不高。这种状况在其他民族地区也是普遍存在,如2009年,全国金融业增加值占第三产业增加值的比重为12.0%,而在民族八省区中除宁夏和新疆外,其余地区均低于这一水平。① 说明民族地区总体第三产业发展还较为滞后,其产业结构还处于相对不发达状态。

总之,按照配第—克拉克定理对产业结构发展规律的揭示,从传统经济向现代经济转变的基本规律就是:伴随着工业化进程的加快,第一产业在经济中的增加值比重不断下降,第二、第三产业比重不断上升。近年来,在国家各种优惠政策的推动下,民族地区产业结构在逐步优化中,产业结构合理性明显加强,但与现代经济结构的发展要求相比还有显著差距。这是民族地区现代化建设不容忽视的一个现实。

二 民族地区的就业结构

(一) 民族地区就业结构的演进

就业结构也就是社会劳动力分配结构,是反映国民经济各部门占用劳动力数量、比例及相互关系的一个指标。通常产业结构的变化,必然会引起劳动力部门配置的转换和就业结构的变化。研究表明,改革开放以来的30多年中,随着民族地区产业结构的不断调整优化,其就业结构也随之出现了相应的变化,劳动力流动逐渐由农业部门向非农业部门转移(见表5-7)。

---

① 罗洪群、田乐蒙等:《西部民族地区产业发展的结构障碍及调整策略》,《软科学》2012年第8期。

表 5-7　　　　　　　民族八省区就业结构变化情况

	1980 年就业结构	1995 年就业结构	2012 年就业结构
内蒙古	65.9:18.6:15.5	52.2:21.8:26.0	44.7:18.0:37.2
宁夏	70.0:17.7:12.3	59.7:19.4:20.9	48.5:16.5:35.0
新疆	70.0:14.8:15.2	57.4:18.4:24.2	48.7:15.6:35.7
青海	68.9:17.9:13.4	56.1:16.9:27.0	37.0:24.0:39.0
广西	83.1:9.5:7.4	66.4:11.8:21.8	53.5:18.8:27.7
贵州	82.9:9.2:7.9	72.5:14.8:12.7	65.2:13.0:21.8
云南	85.0:8.1:6.9	77.1:10.1:12.9	56.8:13.5:29.7
西藏	82.0:5.8:12.2	77.8:4.9:17.3	46.3:13.4:40.3
民族地区	79.5:11.0:9.5	67.6:14.0:18.4	54.0:16.0:30.0
全国	68.7:18.2:13.1	52.2:23.0:24.8	33.6:30.3:36.1

资料来源：根据少数民族各省区统计年鉴相关年份数据计算整理得出。

从表 5-7 中可见，1980 年民族地区三次产业中就业结构为 79.5:11.0:9.5，到 1995 年，民族地区就业结构调整为 67.6:14.0:18.4，2012 年，进一步调整为 54.0:16.0:30.0。第一产业中的就业比重从 1978 年的 79.5% 持续下降到 2012 年的 54%，累计下降 25.5 个百分点；第二产业就业比重略有上升，从 1978 年的 11% 上升到 2012 年的 16%；第三产业就业比重上升迅速，特别是自 1991 年第三产业就业比重首次超过第二产业后，就业向第三产业转移流动的速度大大加快。从 1978 年到 2012 年，增长了 20.5 个百分点。但总体看，民族地区的就业结构中，第一产业仍占绝对优势，到 2012 年仍有半数以上的劳动力集中于农业部门，比全国平均值高出了 20.4 个百分点。[①]

（二）民族地区就业结构中反映的问题

民族地区的就业结构和产业结构比例明显不相符，就业结构中第一产业就业人员比重偏大，这至少反映出以下几个问题：

---

① 以上数据均根据少数民族各省区统计年鉴相关年份数据计算整理得出。

第一，民族地区当前的产业结构劳动力吸纳能力较低。2012年民族地区第一产业的就业人口占比最大，为54%，但产值最低，仅占13.6%。这说明农业吸纳的劳动力人口居多，但是农业创造的产值普遍偏低。从第二产业的就业结构来看，2012年民族地区第二产业创造了总产值48%的份额，但所实现的就业比重仅为16%，显然在吸纳劳动力就业上还有一定的空间。这充分表明民族地区当前的产业结构，尤其是第二产业内部的产业结构需要进行优化调整，应当积极支持设备制造业等吸纳就业较强的产业进一步发展，否则无法实现经济增长的就业提升。

第二，民族地区劳动力资源的科学文化素质和知识技能偏低，无法适应非农产业部门的技能要求。随着经济的发展，二、三产业中一些新兴产业的兴起对劳动力的技能、素质提出了更高的要求。但相比而言，由于教育水平的落后、技能培训跟进不足，民族地区劳动力的整体素质还很难适应经济发展新阶段的需求。以2014年的6岁及以上人口中大专及以上学历人口比重为例，内蒙古（10.9%）、广西（8%）、贵州（10.4%）、云南（6.8%）、西藏（2.6%）、宁夏（10.7%），均低于全国平均水平（11.5%），远低于北京（38.2%）。[①] 这些都极大阻碍了民族地区劳动力向二、三产业的顺利转移。

第三，民族地区第三产业的增长还是一种较低水平和层次上的增长。比较表5-6和表5-7，可以看出，民族地区就业结构的调整变化大大滞后于产业结构的调整变化。从2012年的数据比较来看，民族地区第三产业所占比重为38.4%，但吸纳的就业人口仅占30%，相对偏低。从国际上来比较，目前发达国家第三产业就业比例基本都在60%以上。而民族地区的就业结构，仅相当于世界低收入国家和地区20世纪80年代初的水平。这说明第三产业的发展层次和水平还比较低，故吸纳就业的能力非常有限。反映出民族地区的就业结构还具有明显的非典型性和不发达性的特点。

三 民族地区的城乡结构

城乡结构是一个国家或地区经济结构的重要内容之一。长期以来，

---

① 王延中主编：《中国民族发展报告》（2017），社会科学文献出版社2017年版，第35页。

在计划经济体制下,我国城乡分割的二元结构普遍存在。民族地区由于相对偏远闭塞,相比较东部地区而言,城乡之间的二元经济结构表现得尤为突出。既有广大贫困落后的农村,也存在着少量现代发达的城市。部分省会城市如南宁、昆明、乌鲁木齐、银川等及其他一些较大城市如包头、柳州等,经济、文化、科技均较为发达,工业发展基础良好,交通便利,在区域经济综合开发体系中居于核心地位;而民族地区的一些边远乡村,工农业基础非常薄弱,交通条件落后,甚至在部分地区人民群众的温饱问题还没能完全解决。相比我国的东部和中部地区,我国少数民族比较集中的西部地区城乡居民收入差距最大,二元结构程度最深。根据对2012年统计年鉴相关数据所进行的测算,2012年,东部地区10个省份(未包括海南数据)的城乡收入比为2.44,全国平均水平为3.10,而民族地区八个省份的城乡收入比高达3.32,不仅高于全国平均水平,更远高出东部地区水平;从城镇居民人均可支配收入看,东部地区10个省份(未包括海南数据)为29833.4元,全国平均水平为24564.70元,而民族地区为19689.35元,相当于东部地区的66%;从农村居民人均纯收入看,全国平均为7916.6元,东部地区(未包括海南数据)为12248.0元,而民族地区仅为5930.77元,仅相当于东部地区的48.4%。① 显然,民族地区的城乡收入差距还相当突出,统筹城乡发展和推进城乡一体化的难度要比东、中部地区大得多。

  长期以来,严重的城乡二元格局的存在导致了民族地区城乡差距巨大,农民收入长期徘徊在较低水平,广大农村消费能力的提升严重不足,导致农村社会事业发展滞后,形成了一系列"三农"问题。要消除城乡二元对立,实现城乡统筹发展,通过加快民族地区的城镇化建设,以城带乡带动发展,无疑是一条重要途径。一般而言,经济增长与城镇化水平之间不仅是相互促进的,而且城镇化水平的提高还能够促进农村剩余劳动力向非农产业转移,进而增加农民收入。②

---

  ① 根据《中国统计年鉴·2013》相关数据整理计算得出。
  ② 吴家琴:《西部民族地区城镇化进程与经济发展的实证分析》,《统计与决策》2016年第3期。

(一) 民族地区城镇化的现状

改革开放以来，伴随着中国城镇化的快速推进与迅猛发展，民族地区的城镇化也有了较大发展，尤其是南宁、昆明、贵阳、银川、乌鲁木齐等省会城市，城市面貌日新月异，小城镇建设的步伐也大大加快。昆明、乌鲁木齐作为边疆中心城市，对外开放程度大大提高。民族地区还出现了若干个具有一定规模的城市群，城镇体系面貌发生了很大变化，极大改变了中国社会的基本经济形态。但从总体上看，民族地区的城镇化水平还不高，尤其是与城镇化水平较高、经济发展状况整体较好的东部地区相比，民族地区城镇数量少、规模小，功能结构单一，城乡差别较为突出。

从城镇数量看，据统计，2010年全国地级以上城市有287个，民族地区仅有44个，占15.33%；其中，400万以上人口城市有14个，民族地区为零；200万—400万以上人口城市有30个，民族地区有4个，占13.33%；100万—200万以上人口城市有81个，民族地区有10个，占12.35%；50万—100万以上人口城市有109个，民族地区有13个，占11.92%[①]（见表5-8）。

表5-8　　　　2010年民族八省区地级以上城市数　　　　单位：个

地区	合计	按城市市辖区总人口分组					
		400万以上	200万—400万	100万—200万	50万—100万	20万—50万	20万以下
内蒙古	9			3	3	3	
宁夏	5				1	4	
青海	1			1			
新疆	2		1			1	
广西	14		1	6	4	3	
贵州	4		1		2	1	
云南	8		1		3	3	1

① 姚慧琴、徐璋勇：《中国西部发展报告（2012）》，社会科学文献出版社2012年版，第29页。

续表

地区	合计	按城市市辖区总人口分组					
		400万以上	200万—400万	100万—200万	50万—100万	20万—50万	20万以下
西藏	1						1
民族地区	44		4	10	13	15	2
全国	287	14	30	81	109	49	4

资料来源：根据《中国西部发展报告.2012》相关数据整理得出。

从上表可见，近些年，民族地区各类城镇的数量虽然迅速增加，但从全国整体来比较，数量明显偏少，且规模普遍偏小。

从城镇化率看，2000—2010年间，民族地区城镇化发展呈不同程度的增长态势，城镇化水平快速提高（见表5-9）。

表5-9　　　　民族地区城镇化率与全国水平的对比　　　　单位：%

地区	2000年城镇化率	2012年城镇化率
内蒙古	42.68	57.75
宁夏	32.43	50.70
青海	34.76	47.44
新疆	33.82	43.98
广西	28.15	43.52
贵州	23.87	36.42
云南	23.36	39.30
西藏	18.93	22.73
全国	36.22	52.57

资料来源：来自《中国人口统计年鉴（2001）》表2—3，中国统计出版社2001年版，第41页；2012年数据来自各省2013年统计年鉴、统计公报及国家统计局官网。

从上述数据可见，民族地区近些年来城镇化水平有了很大提高，但相比全国水平而言，截至 2012 年，除内蒙古城镇化率达 57.75%，高于全国平均水平 5 个多百分点，宁夏城镇化率 50.70%，接近全国平均水平外，其他 6 个省区的城镇化率均明显低于全国 52.57% 的平均水平。显然，在总体上民族地区人口城镇化进程明显滞后于全国平均水平，更大大低于东部发达地区水平。

(二) 民族地区城镇化进程中的主要问题

1. 城镇平均规模偏小，集聚和扩算功能弱

虽然近些年民族地区城市数量有很大增长，但城市非农业人口的增长幅度却大大低于城市数量的增长幅度。且城市规模小，城镇人口数量偏少。一般建制镇平均非农人口大多在 1000—6000 人，有的常住人口不足千人，仅相当于内地一个村。城镇人口过少，导致基础设施建设缺乏动力，产业规划难以展开，城镇功能无法正常发挥，部分城镇出现萎缩萧条的景象。① 同时，城镇规模小，也就很难形成具有一定规模效益、有强大支撑力的产业群，难以承担起区域经济增长极应有的集聚和扩散功能，也就无法很好地带动整个区域经济的发展。

2. 城市建设水平低，发展质量不高，综合竞争力弱

从城市发展水平和建设质量的各个指标看，民族地区均不同程度地低于东部地区。根据中国社会科学院发布的《中国城镇化质量综合评价报告》，从城镇自身的发展质量、城镇化推进的效率和城乡协调发展程度三个方面来衡量，城镇化质量指数排序中，居前 20 位的，有 17 个是东部城市（占 85%），仅有 2 个西部城市和 1 个东北城市；而在后 20 位中，9 个都是西部城市（占 45%），有 8 个中部城市（占 40%），东部城市只有 3 个。② 由于城市发展和建设水平低，交通拥挤、居民居住条件差、环境和噪声污染严重、水资源短缺等问题在民族地区城镇化过程中普遍存在，导致城市不能有效发挥集聚人口和产业的功能，城市发展后劲不足，城

---

① 柳建文：《民族地区如何推进新型城镇化》，《中国民族报》2013 年 9 月 20 日。
② 中国社会科学院《城镇化质量评估与提升路径研究》创新项目组：《中国城镇化质量综合评价报告》，《经济研究参考》2013 年第 31 期。

市竞争力弱。

3. 城镇体系发育不完全，城镇功能不完善

在民族地区建制市中，大城市数目少，分布零散。2014年末，全国市辖区人口达100万及以上的城市有143个，而民族地区有16个，仅占11.2%左右；50万—100万人口的城镇全国有98个，民族地区有12个，仅占12.2%；50万人口以下的城镇全国有51个，民族地区是21个，占比不到一半。① 具有区域经济中心地位、有着较强辐射和聚集能力的大城市、特大城市，民族地区所占比例很少，反映出民族地区城镇体系明显发育不完全。作为区域中心城市本应具备的对上承接特大城市的经济辐射、对下带动中小城市发展的功能，因大城市数量规模的缺乏无法充分发挥，区域城市和经济的发展出现不相匹配的状况。此外，民族地区城镇的功能目前也很不完善，除少数大中城市外，大多数城镇缺乏特色产业支撑，城市特色功能不明显，城市之间经济联系不强，缺乏密切的分工和合作关系。

四　民族地区的对外开放度

在全球化趋势不断推进的今天，各地经济发展将更多依靠经济开放部门或经济开放区域。我国民族地区大多地处内陆，对外开放的区位条件并不好，虽与多国相邻，但由于地理环境、信息、观念的相对闭塞守旧，虽经改革开放多年的发展，民族地区的对外开放从无到有，在纵向上看有了较大进步，但横向比较而言，民族地区总体的经济开放程度仍然不高，是改革开放以来对外开放相对较晚、开放程度较低的地区。通常，可以用贸易的对外开放度（包括商品的对外贸易和服务的对外贸易），还有投资的对外开放度（主要是接受外来直接投资情况）来衡量一个地区的对外开放度。以下两个表格的数据可以反映出民族地区当前对外贸易和引进外商直接投资的总体情况。

---

① 李星林：《民族地区城镇化发展现状及对策研究》，《农村经济与科技》2017年第1期。

表 5-10　民族地区及部分发达省（市区）货物进出口总额对比表

地区	2011 年			2014 年		
	排名	进出口总额（亿美元）	对外贸易依存度（%）	排名	进出口总额（亿美元）	对外贸易依存度（%）
广西	17	233.3	12.9	17	405.5	15.9
云南	22	160.5	11.7	20	296.1	14.2
新疆	18	228.2	22.3	21	276.7	18.3
内蒙古	26	119	5.4	26	145.6	5.0
贵州	28	48.8	5.5	27	107.7	7.1
宁夏	29	22.9	7.0	29	54.3	12.1
西藏	30	13.6	14.5	30	22.5	15.0
青海	31	9.2	3.6	31	17.2	4.6
广东	1	9134.8	110.9	1	10765.8	97.5
江苏	2	5397.6	71.0	2	5635.5	53.2
上海	3	4374.4	147.2	3	4666.2	121.6
北京	4	3895.0	154.8	4	4155.2	119.7
浙江	5	3094.0	61.8	5	3550.4	54.3
山东	6	2359.9	33.6	6	2769.3	28.6
福建	7	1435.6	52.8	7	1774.1	45.3
天津	8	1032.7	59.0	8	1338.9	52.3
全国		43015.3	58.7		43015.3	41.5

资料来源：根据《中国统计年鉴（2014）》《中国统计年鉴（2015）》及各省区 2012 年、2015 年统计年鉴相关数据计算整理得出。

对外贸易依存度是反映一国（地区）对外开放程度的主要指标，体现了该国（地区）经济对国际市场的依赖程度。通常用一国（地区）进出口总额与该国（地区）国内生产总值的比值来表示。从表 5-11 中可以看出，尽管从 2011 年到 2014 年，大多数民族地区的外贸依存度均有所提升，但整体来讲，民族地区的对外贸易依存度仍普遍偏低。从 2014 年的数据看，民族八省区外贸依存度均低于全国 41.5% 的平均水平，更与东部较发达地区存在着非常明显的差距。民族八省区中外贸依存度最高的新疆仅仅只有 18.3%，不到全国平均水平的一半，与较发达地区中最高的上海 121.6% 的水平相比，更是相差了 6 倍还多。

从近些年民族地区引进外商直接投资情况看，同样也是不容乐观。吸引外资对于一个国家或地区解决资金不足、生产经营方式与组织方式落后的问题，有着重要的现实价值。根据国外一些专家的研究，在 20 世纪 90 年代，中国 10.1% 的平均经济增长率中，外国直接投资的贡献率高达 30%。[①] 但外国直接投资（FDI）的地域分布不均衡，东部地区一直是我国吸引外商投资的主要区域。截至 2012 年底，东部地区外商投资项目、实际使用金额占全国累计外商投资项目和实际使用金额总数的比重分别为 83.5%、85.9%；西部地区比重最小，分别为 5.9% 和 6.1%。从 2012 年的 FDI 规模来看，江苏、广东、上海、浙江、辽宁是规模最大的 5 个省市，占到全国实际使用外资金额的 77.6%；而在 FDI 规模排序中，倒数第一至第九位中，除甘肃排倒数第二之外，其他全部为民族八省区[②]（见表 5-11）。

表 5-11　　　　2012 年中国外商投资分地区情况

	外商投资项目数（个）	比重（%）	实际使用外资金额（亿美元）	比重（%）	排名
全国	24925	100	1117.2	100	
东部	21492	86.2	925.1	82.8	
民族地区	407	1.6	30.4	2.7	
江苏	4146	16.6	286.2	25.6	1
广东	6446	25.9	142.4	12.7	2
上海	4046	16.2	136.9	12.3	3
浙江	1597	6.4	83.3	7.5	4
辽宁	745	3	69.7	6.2	5

---

① 董震源：《外商对中国直接投资的情势及对中国经济发展之贡献》，《中国大陆经济分析》2003 年第 2 期。

② 商务部外国投资管理司：《2013 中国外商投资报告》，第 90—103 页，中华人民共和国商务部网站，2013 年 12 月 11 日。

续表

	外商投资项目数（个）	比重（％）	实际使用外资金额（亿美元）	比重（％）	排名
云南	120	0.48	7.9	0.71	19
内蒙古	39	0.16	7.2	0.64	20
广西	109	0.44	5.1	0.45	22
新疆	54	0.21	3.8	0.34	24
贵州	53	0.21	3.4	0.30	25
西藏	4	0.02	1.7	0.15	28
宁夏	11	0.04	1.3	0.12	29
青海	17	0.07	0	0	31

资料来源：根据商务部外国投资管理司《2013 中国外商投资报告》相关数据计算整理得出。

从表 5-11 可以看出，民族地区实际使用的外资金额在全国实际使用外资总额中所占比重极低，2012 年民族八省区全部加起来实际使用外资金额仅为 30.4 亿美元，仅占全国的 2.7%，还不到一个江苏省实际使用外资金额的 1/9，确实差距巨大。在全国 31 个省市区中，八个民族省区除云南省排名第 19 位外，其他大多位居后列，甚至垫底。显然，无论从民族地区的外贸对外开放度还是投资对外开放度，都充分说明，民族地区的经济开放度还很低，还不能很好地适应当今市场化、全球化、现代化发展的需要。必须看到，任何国家或地区，闭关自守只能导致停滞落后。没有一个开放的经济建设环境，民族地区现代化的实现就难以想象。在今后的发展中，民族地区必须进一步加大对外开放的范围和力度，这样才能在开放中获得更好更快的发展。

第三节 民族地区的人力资源状况分析

经济活动，是人类为满足自身的生存与发展需求而从事的财富创造活动，并且人类自身也在该活动中得到发展。在经济活动的诸因素中，人起着最核心的作用,是社会经济发展中最重要、最活跃、最有创造力的因素。一个地区的经济发展除了要具备自然资源、资本构成和技术等因素外,还必须要有一定数量和质量的人力资源发挥主导作用,才能促动当地的发展。而当前人力资本短缺和人才配置不当,可以说是影响我国民族地区现代化发展的最主要障碍,造成了经济发展效率不高,脱贫解困难度大。因此,准确把握民族地区人力资源状况,并有针对性地采取措施,强化民族地区人力资本投资力度,努力提高教育、卫生保健等影响人力资源素质提升的社会服务水平,使民族地区人力资源综合素质得到有效提升,这是民族地区实现发展的一个重要条件。

一 人力资源和人力资本

人力资源(human resource),即劳动力资源,是指一定范围内人口中具有劳动能力的人的总和,是能够推动社会经济发展的具有智力和体力、劳动能力的人的总称。[①] 人力资源通常具有时效性、再生性、能动性的特点。所谓时效性是指作为生物有机体的人,有其生命周期。而且,每个人从事劳动的自然时间又被限定在生命周期中的一段。不同年龄阶段的人的劳动能力也不相同;所谓再生性,是指人力资源是可再生资源,通过人口的再生产和劳动力的再生产,可以实现人力资源的再生产;所谓能动性,是指人的活动的目的性,在社会生产中表现出可以不断地自我强化、自我选择和自我激励等。[②]

正如自然资源只有经过开发加工,才能形成物质资本一样,人力资源也并不等同于人力资本,而是必须通过投资开发,才能形成人力资本。否则,它仅是一种原生劳动力,既无技术又无知识。通过教育、培训等手段和途径对人力资源进行投资开发,促进人的脑力、体力、知识、技能的形成和提高,进而提高劳动者当前和未来智力水平及劳动技能,使其创造价值的能力大大提升。这时,人力资源也就转化成为人力资本。通常把这种存在于人体中的生产知识和技能、体能等存量总和,称为人

[①] 萧鸣政:《人力资源开发的理论与方法》,高等教育出版社2004年版,第41页。
[②] 石翠红:《民族地区人力资源开发的现状及对策研究》,《前沿》2011年第1期。

力资本（human capital）。

简单地说，人力资本是相对于物化资本而言的，是一种通过投资而形成的、存在人体中的能力和知识的资本形式。对其内涵的把握，主要在于：首先，人力资本是活的资本，它凝结在劳动者身上，是人的智能（智力、知识、技能）、体能的总和，其中智能是人力资本最实质的部分。其次，人力资本总是由一定的费用投资转化而来的，如保健支出、教育支出等，是培育、形成人力资本必不可少的投资。再次，劳动者拥有的人力资本价值，可以通过生产劳动的转移、交换过程实现价值的增值。在一切资本中，人力资本是最重要、最具能动性的资本。著名的柯布-道格拉斯生产函数显示，人力的产量弹性远比物力的产量弹性大，前者约为后者的3倍。发达国家经济增长的事实也说明，人力资本比物力资本更能有效推动经济的发展。

总之，人力资源和人力资本这两个概念之间虽存在着非常紧密的联系，但也有明显的差别。对大多数发展中国家和欠发达地区来说，相对于自然资源，人力资源从量上来说是相对丰富的，我国的民族地区也是如此。但其人力资本是短缺的，这是因为人力资源仅是一种潜在的生产能力，还不是现实的劳动生产力，而现代经济发展和对不发达地区的开发，需要的不仅是一定数量的劳动力，更需要具有一定质量（即能够掌握现代技术和技能）的劳动力，正如美国经济学家舒尔茨所说，改善穷人福利的决定性生产要素不是空间、能源和耕地，而是人口质量的改善和知识的增进。因此，要推进民族地区的现代化，就要特别关注各民族人力资源质量的改进和知识水平的提高。

二 民族地区人力资源的特点

（一）人力资源数量丰富，存量增长快

2013年民族八省区总人口1.92亿人，占全国总人口的14.1%。其中就业人口10934.4万人，占全国总就业人口的14.2%。从绝对数量看，我国民族地区人力资源总量丰富，相对于所能提供的就业岗位而言，劳动力供给较为充足（见表5-12）。

表 5-12　　2013 年民族地区人力资源状况

省份	总人口数（万）	就业人口数（万）	就业人口占总人口的比重（%）
内蒙古	2498	1408.2	56.37
青海	578	314.2	54.36
宁夏	654	351.3	53.72
新疆	2264	1096.6	48.44
广西	4719	2782	58.95
贵州	3502	1864.2	53.23
云南	4687	2912.3	62.00
西藏	312	205.5	65.87
民族地区	19214	10934.4	56.91
全国	136072	76977	56.57

资料来源：根据民族八省区 2014 年统计年鉴相关数据计算整理得出。

从民族地区人力资源存量的增长速度来看，改革开放后到现在，我国先后进行了四次全国范围的人口普查。从总的变动趋势来看，与全国一样，民族地区人口增长率也是呈现出一个递减下降的趋势，从 1982 年到 1990 年间的 19.68% 下降到 1990 年到 2000 年间的 13.2%，再降低到 2000 年到 2010 年间的 7.3%。这也是民族地区实行计划生育、控制人口增长成效的显现。但如果与全国的人口增长速度比较，民族地区的人口增长速度仍显偏高，除内蒙古低于全国增长速度外，其他几个少数民族地区的人口增长率均高于全国水平（见表 5-13）。

表 5-13　　改革开放以来民族地区人口增长情况

省份	第三次人口普查数（1982）	第四次人口普查数（1990）	第五次人口普查数（2000）	第六次人口普查数（2010）	1982—1990 年均增长率	1990—2000 年均增长率	2000—2010 年均增长率
内蒙古	1927.43 万	2145.65 万	2375.54 万	2470.63 万	1.41%	1.07%	0.40%
青海	389.6 万	445.6 万	518 万	562.67 万	1.80%	1.62%	0.86%
宁夏	389.56 万	465.54 万	548.84 万	630.14 万	2.44%	1.79%	1.48%

续表

省份	第三次人口普查数（1982）	第四次人口普查数（1990）	第五次人口普查数（2000）	第六次人口普查数（2010）	1982—1990年均增长率	1990—2000年均增长率	2000—2010年均增长率
新疆	1308.15万	1515.69万	1845.95万	2181.58万	1.98%	2.18%	1.82%
广西	3642万	4224.46万	4744.20万	5159.46万	2.0%	1.23%	0.88%
贵州	2855.29万	3239.11万	3524.77万	3474.65万	1.68%	0.88%	-0.14%
云南	3255.4万	3697.3万	4235.9万	4596.6万	1.70%	1.46%	0.85%
西藏	189.2万	219.6万	262万	300.21万	2.0%	1.93%	1.46%
民族地区	13326.63万	15952.95万	18055.2万	19375.94万	2.46%	1.32%	0.73%
全国	103190万	116000万	129530万	137050万	1.55%	1.17%	0.58%

数据来源：根据历次人口普查数据计算整理得出。

从表5-13中数据可知，从第三次人口普查到第四次人口普查（1982—1990）期间，全国人口总增长率为12.4%，年均增长1.55%，而民族地区总增长率为19.68%，人均增长2.46%，远高于全国增长速度，其中仅内蒙古总增长率为11.38%，年均增长率为1.41%，低于全国平均水平；从第四次人口普查到第五次人口普查（1990—2000）期间，全国人口总增长率为11.7%，而民族地区为13.2%，其中仅内蒙古增长率为10.7%，年均增长1.07%，低于全国增长速度；从第五次人口普查到第六次人口普查（2000—2010）期间，全国人口总增长率为5.8%，民族地区为7.3%，其中除内蒙古总增长率为4.0%，年均增长0.4%，低于全国水平外，其他几个少数民族省区的人口增长速度均高于全国平均水平。

（二）人力资源文化科技素质偏低，高层次人才短缺

近些年来，中央政府和各级地方政府对民族地区的教育非常重视，通过强化教育投资，对口支援等形式，促进了民族地区教育的发展。人口平均受教育年限有了明显提高。但总体来看，民族地区的人力资源受教育程度仍相对偏低，文化科技素质不高，文盲和低素质人口相对较多，高层次的知识分子和科技人员相对较少，从而使民族地区人力资源在质量上与东部发达地区有较大的差距（见表5-14）。

表 5-14 2014 年民族地区文盲人口情况

地区	15 岁及以上人口（人）			文盲人口（人）			文盲人口占 15 岁及以上人口比重（%）		
	合计	男性	女性	合计	男性	女性	合计	男性	女性
内蒙古	17869	9069	8800	832	237	595	4.66	2.61	6.76
青海	3934	1964	1970	516	171	345	13.12	8.71	17.51
宁夏	4383	2232	2151	353	101	252	8.05	4.53	11.72
新疆	14960	7620	7340	486	182	304	3.25	2.39	4.14
广西	30643	15728	14915	1102	201	901	3.60	1.28	6.04
贵州	22553	11337	11216	2506	723	1783	11.11	6.38	15.90
云南	31528	16066	15462	2596	745	1851	8.23	4.64	11.97
西藏	1976	993	983	789	317	472	39.93	31.92	48.02
民族地区	127846	65009	62837	9180	2677	6503	7.18	4.12	10.35
全国	938993	475585	463408	46210	11914	34296	4.92	2.51	7.40

说明：文盲人口指 15 岁及以上不识字或识字很少人口。资料来源：根据《中国统计年鉴（2015）》相关数据整理计算得出。

表 5-15 2014 年民族八省区各种受教育程度人口占该地区 6 周岁及以上人口的比重   单位：%

地区	未上过学	小学	初中	高中（含中专）	大专及以上
内蒙古	5.25	25.86	41.95	16.05	10.89
青海	13.27	34.23	27.65	12.03	12.82
宁夏	8.04	29.94	37.18	14.16	10.68
新疆	3.90	28.10	39.83	14.92	13.25
广西	4.31	29.58	42.64	15.47	8.0
贵州	10.67	32.90	35.63	10.42	10.38
云南	8.26	41.46	33.56	9.90	6.8
西藏	44.39	36.02	12.97	3.97	2.65
民族地区	7.55	32.69	37.60	12.87	9.29
全国	5.37	26.25	40.15	16.70	11.53

资料来源：根据《中国统计年鉴（2015）》相关数据整理计算得出。

从上述表中可以清楚地看到，2014年民族地区文盲率为7.18%，比全国4.92%的平均水平高出了2.26个百分点，其中尤其是女性人口文盲率更高。在民族八省区中，除内蒙古、新疆、广西的文盲率略低于全国平均水平外，青海、宁夏、贵州、云南、西藏的文盲率均高于全国水平，西藏的文盲率仍高达39.93%。此外，从民族地区人口受教育程度来看，高中程度的人口占12.87%，低于全国16.70%将近4个百分点；大专及以上人口占9.29%，也低于全国11.53%的平均水平。同时，民族地区从业人员的受教育程度普遍偏低，研究生及以上学历较少，大多是初中及以下学历水平。在劳动力供给来源上，来自于中等职业学校、高等学校的劳动力比例偏低，绝大多数是不能升学的初高中毕业生。尽管他们具有较好的文化基础，但因为缺乏职业教育训练而失去了成为高素质劳动力的机会。[①] 同时，西部民族地区人力资源的科技素质也较低。如每万人拥有的科技人员和科研人员数量，全国的平均数分别为3.8个和0.11个，而民族地区分别为3.2个和0.08个，均低于全国水平。[②] 以R&D人员全时当量[③]作为指标测算各地区研发人员数量，民族八省区占全国比重近年来均只有13%左右，而东部10省市比重近年来一直超过60%。民族地区研发人员数量严重不足，这也导致民族地区科学技术的研发水平远远低于东部地区。2014年民族八省区三种专利申请授权数仅有75633件，占全国的比重仅6.3%；R&D研发项目数11528项，占全国的比重仅3.4%。[④]

根据现代增长理论和发展经济学的研究，一个地区的人均受教育年限、文盲率和人均收入水平高度相关，人均受教育年限和人均地区生产总值显著正相关，文盲率和人均地区生产总值显著负相关。显然，民族

[①] 王鉴、张海：《我国少数民族地区人力资源现状及开发研究》，《西北师大学报》2010年第11期。

[②] 周群英、陈光玖：《西部民族地区人力资源结构特点与少数民族人才培养研究》，《贵州民族研究》2014年第8期。

[③] 注：R&D人员全时当量指全时人员数加非全时人员按工作量折算为全时人员数的综合。为国际上比较科技人力投入而制定的可比指标。

[④] 薛品：《十二五时期民族地区社会发展报告》，《青海民族研究》2016年第3期。

地区当前存在的人力资源整体文化素质不高，高层次人才较为缺乏的现状，也就导致了民族地区人力资源水平低——工作能力不强、创新不足——收入低、贫困的恶性循环。① 这恰恰是造成当前民族地区发展缓慢的一个重要原因。

（三）人力资源身体素质和健康状况相对不佳

从经济学的角度来看，健康与经济发展有着密切的关系。随着经济的发展，一个经济体人口的健康会得到改善；另外，人越是健康，其生产率会越高，因为健康状况的改善能够增强个人的智力和体力，减少疾病的发生，从而减少劳动损失时间，延长有效工作时间，意味着提高了劳动参与率和劳动效率，对于促进生产率的提高和经济发展显然是直接相关的。②

从健康的角度衡量，民族地区人力资源的身体素质总体不佳。由于民族地区医疗卫生事业落后，医疗资源有限，加上预防保健工作欠缺，使得民族地区人口的死亡率高于我国东部地区。2007 年民族地区人口死亡率为 8.27‰，纵向地看，比 1978 年底 11.39‰的比例已有明显下降，但从横向看，与全国 6.93‰的水平比较，仍高出全国 1.34 个千分点；而婴儿死亡率，民族地区为 19.82‰，全国平均水平为 15.3‰。民族地区比全国高出了 4.82 个千分点。③ 与东部地区比，存在的差距更大。同时，民族地区的传染病发病率也比东部地区高出许多，尤其是青海、贵州地区的传染病发病率最高。从每千人口卫生机构床位数来看，云南等 4 省低于全国平均水平，其中广西和贵州的每千人口卫生机构床位数水平不到全国平均水平的 75%。乡村医生数量较少，一些省份如贵州，每个村的乡村医生还不到 2 人。2011 年，广西等 4 省的每千人口卫生技术人员数位列全国末位，分别为全国平均水平（8.05 人）的 82.1%、73.0%、

---

① 陈达云、郑长德：《中国少数民族地区的经济发展：实证分析与对策研究》，民族出版社 2006 年版，第 195 页。

② 郑长德：《中国少数民族地区的后发赶超与转型发展》，经济科学出版社 2014 年版，第 273 页。

③ 张新平、曹骞：《改革开放后民族地区劳动者素质实证分析》，参见刘永喆、张丽君《改革开放 30 年与中国民族经济发展》，中央民族大学出版社 2009 年版，第 209 页。

70.3%、58.9%。① 再加上其他生活条件也严重落后，饮用水安全问题存在很大隐患。在民族地区的很多农村，能够吃上自来水的比例远远低于全国平均水平；而且农村中污水处理率和粪便无害化处理率几乎为零，极易滋生细菌引发传染病，影响人民的生活质量。有的地区基本的儿童疫苗接种都做得很不到位，造成这些地区人口预期寿命比全国要低4—7年②（见表5-16）。

表5-16　　　　　　民族地区人口平均预期寿命　　　　　　单位：岁

地区	1990年预期寿命			2000年预期寿命			2010年预期寿命		
	总计	男	女	总计	男	女	总计	男	女
内蒙古	65.68	64.47	67.22	69.87	68.29	71.79	74.44	72.04	77.27
青海	60.57	59.29	61.96	66.03	64.55	67.70	69.96	68.11	72.07
宁夏	66.94	65.95	68.05	70.17	68.71	71.84	73.38	71.31	75.71
新疆	62.59	61.95	63.26	67.41	65.98	69.14	72.35	70.30	74.86
广西	68.72	67.17	70.34	71.29	69.07	73.75	75.11	71.77	79.05
贵州	64.29	63.04	65.63	65.96	64.54	67.57	71.10	68.43	74.11
云南	63.49	62.08	64.98	65.49	64.24	66.89	69.54	67.06	72.43
西藏	59.64	57.64	61.57	64.37	62.52	66.15	68.17	66.33	70.07
全国	68.55	66.84	70.47	71.40	69.63	73.33	74.83	72.38	77.37

资料来源：根据《中国人口和就业统计年鉴（2012）》整理得出。

人口平均预期寿命（Life expectancy）是指假若当前的分年龄死亡率保持不变，同一时期出生的人预期能继续生存的平均年数。它表明了新出生人口平均预期可存活的年数，是度量人口健康状况的一个重要指标，也是衡量一个社会的经济发展水平及医疗卫生服务水平的指标。根据几次人口普查资料，大多数民族地区人口的平均预期寿命2000年比1990年增加了3—4岁不等，2010年又在2000年基础上进一步提高了3—5岁，

---

① 于延中、宁亚芳：《民族地区社会发展报告》，参见郝时远、王延中、王希恩《中国民族发展报告（2015）》，社会科学文献出版社2015年版，第205页。

② 周群英、陈光玖：《西部民族地区人力资源结构特点与少数民族人才培养研究》，《贵州民族研究》2014年第8期。

这说明，民族地区医疗卫生条件得到了较大的改善，各种疾病的发病率明显下降，民族地区人民群众的健康水平有了大幅度提高。但与全国平均水平相比，除广西略高外，大部分民族地区仍总体偏低。宁夏、内蒙古与全国差异较小，西藏、贵州、云南、青海、新疆的人均预期寿命均低于全国水平。

（四）人力资源城乡分布不均衡

改革开放以来，城乡劳动力的受教育年限依然存在着很大的差距。分地区来看，东部、中部地区和西部地区城市劳动力的平均受教育年限差距并不大，而不同地区的农村劳动力平均受教育年限差距就显得相当大，东部地区好于中部地区，中部地区又好于西部地区。城乡之间的教育二元结构依然存在。这就使得在民族地区人力资源的地域分布上，城乡劳动力素质差异较大。相对而言，民族地区的中心城市往往经济较为发达，对人才有较大吸引力，因而高素质人力资源也更多集中在中心城市。如医疗技术人员数量在民族地区城乡之间的分布差距很大，西藏、青海、贵州、云南、宁夏每千人口卫生技术人员城乡比在3倍以上，高于全国平均水平。① 再如广西，仅南宁、柳州、桂林三城市人才拥有量占广西人才总数的40.5%，其中南宁占29.2%。而相对落后、贫困一些的市县如百色、河池仅占2.2%和2.4%。② 还比如新疆，全疆人口的16.61%集中于自治区首府乌鲁木齐市，其自然科学专业技术人员占全区的37.5%，社会科学专业技术人员占全区的36.6%。在青海省，省会西宁市及东部几个县的专业技术人员占全省的37%。③ 显然，高素质人力资源更多地集中于城市当中。而农村具有高中以上受教育水平的人口比重明显偏低，具有小学及以下受教育水平人口比重过高。以内蒙古自治区为例，2000年自治区的农村人力资源（15—64岁人口）人均受教育年限为7.58年，比全国7.33年高0.25年，全自治区城市人力资源人均受教

---

① 王延中、宁亚芳：《民族地区社会发展报告》，参见郝时远、王延中、王希恩《中国民族发展报告（2015）》，社会科学文献出版社2015年版，第205页。

② 赵伟伟、白永秀、吴振磊：《西部地区人力资源状况对城市化的制约分析》，《西北大学学报》2008年第2期。

③ 杨云：《西部民族地区经济跨越式发展研究》，民族出版社2007年版，第74页。

育水平为 10.16 年，与全国 10.2 年基本持平，比农村高 2.58 年①。正因为农村中人力资源素质较低，故而在经济发展中的推动作用不明显，导致农村经济发展缓慢。

三　民族地区人力资源的投资开发状况

显然，基于以上对民族地区人力资源特点的分析可以看出，民族地区人力资源的总体质量和素质还不高，与全国尤其是与汉族发达地区人力资源的质量素质相比，还是存在很大的差距。要知道，对不发达地区的开发，需要的不仅只是数量丰富的人力资源，更需要具有一定质量和素质（即能够掌握现代技术和技能）的人力资本。而只有通过投资开发，促进人的脑力、体力、知识、技能的形成和提高，进而提高劳动者当前和未来智力水平及劳动技能，才能将作为潜在生产能力的人力资源转化为现实劳动生产力的人力资本。因此，加大对人力资源的开发投资是提高人力资本存量的根本途径。为了衡量民族地区人力资源的投资开发状况，这里主要从教育投资、科研投资、健康投资三个方面来进行分析。

（一）民族地区人力资源的教育投资状况

教育投资是一个国家或地区开发智力、发展教育事业的物质基础，是经济和社会发展的重要因素，是现代化建设成败的一个关键。从长远看，教育投资是效益最大的一种投资。我国教育投资通常由财政性教育投资和非财政性教育投资两大块构成。政府财政预算内教育经费、各级政府征收用于教育的税费、校办产业、勤工俭学、社会服务收入中用于教育的经费，以及其他国家财政性教育拨款等，都属于国家财政性教育经费。非财政性教育经费包括社会团体和公民个人办学经费，社会捐集资办学经费、学杂费及其他。

我国不同区域发展基础和发展条件都存在很大差异，教育投资的地区差距也比较明显。无论是教育规模、结构和条件上，还是生均教育经费上都存在较大差距。经济较发达的东部地区，教育投资的途径和渠道往往更加多样化，而经济条件相对落后的西部民族地区，则教育投

---

① 石翠红：《民族地区人力资源开发的现状及对策研究》，《前沿》2011 年第 1 期。

资的渠道较为单一,主要依靠国家财政的投入,构成结构不合理(见表 5-17)。

表 5-17　　2013 年民族地区各省区教育经费来源　　单位:亿元

地区	教育经费合计	国家财政性教育经费	民办学校中举办者投入	社会捐赠经费	事业收入	其他教育经费
内蒙古	612.16	554.68	0.95	0.40	51.58	4.55
青海	156.94	146.87	0.38	0.11	7.03	2.55
宁夏	157.90	138.58	0.62	0.37	14.58	3.75
新疆	598.99	550.44	0.14	1.37	29.94	17.10
广西	779.42	654.05	1.76	0.90	113.68	9.03
贵州	679.98	595.41	2.54	1.06	67.86	13.11
云南	900.69	782.09	3.31	2.56	91.76	20.96
西藏	120.67	118.20	0.40	0.16	1.82	0.10
民族地区	4006.75	3540.32	10.1	6.93	378.25	71.15
全国	30364.72	24488.22	147.41	85.54	4926.21	717.34

资料来源:根据《中国统计年鉴(2015)》相关数据整理得出。

从上表数据可见,2013 年民族地区教育总经费为 4006.75 亿元,其中国家财政性拨款为 3540.32 亿元,占到了总经费的 88.36%,而来源于其他途径的经费款项仅占总经费的 11.64%。在八个民族省区中,西藏教育经费的 98% 都是来自于国家财政性拨款,新疆、内蒙古、青海的教育经费中也有 90% 以上来自于国家财政性拨款。贵州、宁夏、云南等国家财政性拨款也都在 87% 以上。这一方面体现出国家对民族地区教育投入的重视和支持,但从另一方面看,也反映出民族地区教育经费来源单一,教育投资渠道较少,社会团体、个人办学经费及社会捐助、集资办学等渠道和途径总体较为缺乏,社会力量办学薄弱。而从全国整体水平来看,国家财政性拨款占全国教育总经费的比重则为 80.64%。而一些经济发达省区如广东,国家财政性拨款占全省教育总经费的比重仅占 74.7%,浙江为 75.2%,福建为 79.2%,江苏为 79.4%。相对而言,这些省份教育经费的来源更具多样性，构成结构也相对更加合理一些。

在生均教育经费方面，这里仅选取 2014 年民族地区各级教育的生均公共财政预算教育事业费指标来加以考察（见表 5-18）。

表 5-18　　2014 年度民族地区与部分发达省区各级教育的生均教育事业费情况　　单位：元

地区	普通小学	普通初中	普通高中	中等职业学校	普通高等学校
内蒙古	10181.40	11954.80	10613.62	13393.40	17682.18
青海	9438.49	11949.57	11726.99	8653.92	13397.21
宁夏	6470.11	9689.53	8622.80	8608.73	17948.27
新疆	11292.19	14452.18	11991.78	12209.18	14289.26
广西	5945.96	7360.62	6835.22	6978.79	12794.96
贵州	6789.79	6924.70	6820.40	7135.92	13093.56
云南	6200.67	7586.92	6796.01	7286.75	11570.24
西藏	17905.94	16631.68	20187.23	25538.19	22714.97
全　国	7681.02	10359.33	9024.96	9128.83	16102.72
北京	23441.78	36507.21	40748.25	28765.51	58548.41
天津	17233.85	26956.43	30090.12	22753.14	18667.98
上海	19519.88	25456.58	30819.14	20710.22	27111.70

资料来源：根据《教育部、国家统计局、财政部关于 2014 年全国教育经费执行情况统计公告》相关数据整理。http://www.moe.edu.cn/srcsite/A05/s3040/201510/t20151013_213129.html。

从上表可见，随着近些年国家对教育事业的重视，国家财政投入在教育上的比重日益提高，包括民族地区在内，各级教育中国家财政性教育经费逐年增长。从生均教育事业费情况看，除西藏因执行特殊教育政策（1985 年以后国家对西藏农牧民子女接受义务教育实行"包吃包住包学费"的"三包"政策），教育投入一直较高，生均教育事业费通常也都远高于全国平均水平以外，内蒙古、青海、新疆三个民族地区各级教育的生均事业费大都接近甚至高于全国平均水平，而宁夏、广西、贵州、云南几个省区，各级教育的生均教育事业费则基本都低于全国平均水平。并且，如果与部分发达省区对比来看，八个民族省区则差距明显，各级教育的生均教育事业费均远远低于这些地区的水平。如，普通初中的生均教育事业费，北京是贵州的 5.3 倍，天津是贵州的 3.9 倍，上海是贵州的 3.7 倍；普通高中的生均教育事业费，北京是云南的近 6 倍，上海是云南的 4.5 倍，天津是云南的 4.4 倍；中等职业学校的生均教育事业费，北京是广西的 4.12 倍，天津是广西的 3.3 倍，上海是广西的 3 倍；普通高等学校的生均教育事业费，北京是云南的 5.06 倍，上海是云南的 2.3 倍，天津是云南的 1.6 倍。

（二）民族地区人力资源的科研投资状况

科学研究与试验发展（R&D）是指为增加知识总量并创造新的应用，而在科技领域进行的创造性的活动，包括基础研究、应用研究、试验发展三类活动。R&D 活动的规模和强度是反映一个经济体科技实力和核心竞争力的重要指标。显然，对科研开发的投资也是人力资源开发投资的重要方面。它有利于提高科研人员的创新能力，促进高新技术的发展，从而提高研发部门的人力资本水平。

近年来，随着我国对科技创新的日益重视，科技经费投入持续增长，国家财政科技支出及 R&D 经费投入数量和强度也逐步提高（见表 5-19）。

表 5-19　　　中国 2010—2014 年科学研究支出情况　　　单位：亿元

	研究与试验发展（R&D）经费总支出	基础研究经费	应用研究经费	试验发展经费
2010	7062.6	324.5	893.8	5844.3
2011	8687.0	411.8	1028.4	7246.8
2012	10298.4	498.8	1162.0	8637.6
2013	11846.6	555.0	1269.1	10022.5
2014	13015.6	613.5	1398.5	11003.6

资料来源：根据《中国统计年鉴（2015）》相关数据整理得出。

由表 5-17 可知，2010 年我国 R&D 经费支出总计为 7.62.6 亿元，到 2014 年 R&D 经费支出总计为 13015.6 亿元，短短五年时间就增长了

84.3%，增长迅猛。R&D 经费投入强度（即 R&D 经费总支出与国内生产总值之比）2014 年为 2.05%，比 2010 年提高 0.32 个百分点。其中，用于基础研究的经费支出为 613.5 亿元，比上年增长 10.6%；应用研究经费支出 1398.5 亿元，增长 10.2%；试验发展经费支出 11003.6 亿元，增长 9.8%。① 这一变化体现了我国对科学研究的高度重视。而民族地区科研经费的投入也呈现出与全国相同的增长趋势（见表 5-20）。

表 5-20 2010—2014 年民族地区 R&D 经费支出情况 单位：亿元

	2010 年	2011 年	2012 年	2013 年	2014 年
内蒙古	63.7	85.2	101.4	117.2	122.1
青海	9.9	12.6	13.1	13.8	14.3
宁夏	11.5	15.3	18.2	20.9	23.9
新疆	26.7	33.0	39.7	45.5	49.2
广西	62.9	81.0	97.2	107.7	111.9
贵州	30.0	36.3	41.7	47.2	55.5
云南	44.2	56.1	68.8	79.8	85.9
西藏	1.5	1.2	1.8	2.3	2.4
全国	7062.6	8687.0	10298.4	11846.6	13015.6

资料来源：根据国家统计局、科技部、财政部联合发布的 2010 年—2014 年的《全国科技经费投入统计公报》相关统计数据整理得出。国家统计局网站，http://www.stats.gov.cn/tjsj/tjgb/rdpcgb/qgkjjftrtjgb/。

从表 5-18 中的数据可见，从 2010 年到 2014 年的几年时间中，民族八省区研究与试验发展（R&D）经费的投入与全国一样，呈现出一个直线上升的趋势。其中，增长速度最快的宁夏，2010 年 R&D 经费支出为 11.5 亿元，2014 年达到 23.9 亿元，增长 108%，年均增长 27%；即便是增长速度最慢的青海，也由 2010 年的 9.9 亿元增长到 2014 年的 14.3 亿元，增长了 44.4%，年均增长 11%；其他几个民族地区 2010—2014 年间

---

① 国家统计局、科学技术部、财政部：《2014 年全国科技经费投入统计公报》，国家统计局网站，http://www.stats.gov.cn/tjsj/tjgb/rdpcgb/qgkjjftrtjgb/201511/t20151123_1279545.html。

也大都增长了80%甚至90%以上，R&D 经费支出年均增长几乎都在20%左右。科研投资的逐年增长对民族地区近些年的发展进步无疑起了积极的引领和带动作用。

但是，客观地看，由于民族地区经济基础薄弱，科技发展水平不高，导致民族地区总体上科研投入的基数较小，R&D 经费投入强度即 R&D 经费占地区生产总值的比重不高，总体低于全国平均水平。如果与东部发达地区比较的话，差距就更为明显（见表5-21）。

表5-21　　2014年民族地区与部分发达地区科研经费支出比较

	R&D 经费支出（亿元）	R&D 经费投入强度（%）
全国	13015.6	2.05
北京	1268.8	5.95
天津	464.7	2.96
河北	313.1	1.06
辽宁	435.2	1.52
上海	862.0	3.66
江苏	1652.8	2.54
浙江	907.9	2.26
福建	355.0	1.48
山东	1304.1	2.19
广东	1605.4	2.37
内蒙古	122.1	0.69
青海	14.3	0.62
宁夏	23.9	0.87
新疆	49.2	0.53
广西	111.9	0.71
贵州	55.5	0.60
云南	85.9	0.67
西藏	2.4	0.26

资料来源：根据国家统计局、科学技术部、财政部联合发布的《2014年全国科技经费投入统计公报》相关统计数据整理得出。

显然，表 5-21 非常清晰地呈现出了民族地区与东部发达地区在科研经费投入上的巨大差距。如，2014 年东部地区 R&D 经费支出最高的江苏省，为 1652.8 亿元，是民族地区 R&D 经费支出最高的内蒙古 122.1 亿元的 13.5 倍。在 R&D 经费投入强度上，东部地区最高的北京市，投入强度为 5.95%，而民族地区投入强度最高的宁夏仅有 0.87%。可见，与东部发达地区相比，民族地区不仅在经费投入的绝对量上差距巨大，在 R&D 经费投入强度上也差距明显。尤其值得注意的是，当今世界，企业是科研创新和开展 R&D 活动最活跃的主体。但从规模以上工业企业开展 R&D 活动与申请专利情况看，民族地区远远落在东部地区的后面（见表 5-22）。

表 5-22　　　　2014 年民族地区与部分发达地区规模以上工业企业 R&D 活动与专利情况比较

	R&D 经费（亿元）	R&D 项目数（项）	专利申请数（件）	有效发明专利数（件）
全　国	9254.26	342507	6305561	448885
北　京	233.50	9010	19916	18721
天　津	322.80	15055	16832	12263
河　北	260.67	8714	9929	4999
辽　宁	324.23	8608	12098	9055
上　海	449.22	13821	26848	27540
江　苏	1376.53	53117	115616	73252
浙　江	768.15	45679	77135	28235
福　建	315.38	10949	22078	9176
山　东	1175.55	34353	44466	26122
广　东	1375.29	42941	114447	126936
内蒙古	108.03	2265	2269	1660
青　海	9.25	156	384	246
宁　夏	18.65	1136	1160	675
新　疆	35.78	897	2458	1111
广　西	84.88	3260	4840	2670
贵　州	41.01	1682	4051	3146
云　南	51.66	2102	3137	2865
西　藏	0.29	30	18	44

资料来源：根据《中国统计年鉴（2015）》相关数据整理得出。

从表 5-22 中数据可见，在规模以上工业企业的 R&D 活动与专利申请中，无论是企业的 R&D 经费投入、R&D 项目数，还是企业的专利申请数以及有效发明专利数的比较上，民族地区都远远落后于东部发达地区。其中，东部地区中，规模以上工业企业 R&D 经费投入最高的江苏省为 1376.53 亿元，而民族地区中规模以上工业企业 R&D 经费投入最高的内蒙古仅为 108.03 亿元，相差 12.7 倍；东部地区中，规模以上工业企业 R&D 项目数最多的江苏省为 53117 项，而民族地区中规模以上工业企业 R&D 项目数最多的广西为 3260 项，仅占江苏省的 6.1%，相差 16.3 倍；东部地区中，规模以上工业企业专利申请数最多的江苏省为 115616 件，而民族地区中，规模以上工业企业专利申请数最多的广西为 4840 件，仅占江苏省的 4.2%，相差 23.8 倍；东部地区中，规模以上工业企业有效发明专利数最多的广东省为 126936 件，而民族地区中，规模以上工业企业有效发明专利数最多的贵州为 3146 件，仅占广东省的 2.5%，相差 40 倍。差距极其明显。

（三）民族地区人力资源的健康投资状况

健康投资是指对恢复和发展人民的健康有积极意义的资源消耗。发展卫生事业、提高人民生活消费水平、改变某些影响人类健康的生活方式、改造不利于人类健康生活的环境等等，都是健康投资的途径。① 相比教育投资，健康投资更为复杂，涵盖的内容更加广泛。本课题所指的健康投资主要是指用于卫生事业的医疗、保健等方面的投资，是一种狭义的健康投资。

随着我国总体经济实力的提升，国家对医疗卫生事业的投资也在逐年加大。尤其自 2009 年医改启动以来，政府卫生投入实现了持续性的增长。根据财政决算数据，2009 年到 2015 年全国各级财政医疗卫生累计支出达到 56400 多亿元，年均增幅达到 20.8%，比同期全国财政支出增幅高 4.8 个百分点。②

---

① 何鸿明、杜乐勋：《卫生经济学原理与方法》，黑龙江教育出版社 1988 年版，第 81 页。
② 中央政府门户网站，"卫生计生委介绍 2015 年深化医改工作进展和 2016 年深化医改重点工作任务"，2016-04-28，http://www.gov.cn/xinwen/2016-04/28/content_5068770.htm。

根据《中国统计年鉴（2015）》的相关数据显示，我国卫生总费用从1978年的110.21亿元，占同期GDP的比重为3.02%，人均卫生费用仅11.45元，逐步提高到1991年卫生总费用893.49亿元，占同期GDP的比重为4.08%，人均卫生费用77.14元；2014年，卫生总费用更是达到35312.40亿元，占同期GDP的比重达到5.55%，人均卫生费用2581.66元，在1991年的基础上增长了33.5倍。从民族地区卫生费用增长情况看，无论是卫生总费用还是人均卫生费均呈现出递增的态势（见表5-23）。

表5-23　　民族地区及部分发达地区卫生费用增长情况的比较

	2011年			2014年		
	卫生总费用（亿元）	卫生总费用占GDP（%）	人均卫生总费用（元）	卫生总费用（亿元）	卫生总费用占GDP（%）	人均卫生总费用（元）
全国	24345.91	5.15	1806.95	35312.40	5.55	2581.66
内蒙古	550.40	3.83	2217.84	712.00	4.01	2842.54
青海	109.27	6.54	1923.12	175.31	7.61	3004.89
宁夏	116.31	5.53	1818.94	206.76	7.51	3125.39
新疆	510.0	7.72	2309.05	750.82	8.10	3266.62
广西	665.67	5.68	1433.08	908.06	5.79	1910.10
贵州	423.53	7.43	1220.91	647.85	6.99	1846.75
云南	679.67	7.64	1467.66	927.30	7.24	1967.16
西藏				81.93	8.90	2580.03
北京	977.26	6.01	4841.29	1594.64	7.48	7411.41
天津	411.10	3.67	3034.87	650.91	4.14	4291.29
上海	930.24	4.85	3962.76	1345.50	5.71	5546.92
江苏	1543.26	3.14	1953.79	2644.65	4.06	3322.40
浙江	1419.41	4.39	2598.22	1976.99	4.92	3589.30

注：缺少西藏地区2011年相关数据。资料来源：根据《中国卫生和计划生育统计年鉴（2013）》、"2014年我国各地区卫生总费用核算结果与分析"（《中国卫生经济》2016.3）相关数据整理得出。

从表 5-23 中数据可知，2014 年，各民族地区的卫生总费用、卫生总费用占 GDP 的比重以及人均卫生费用均比 2011 年有明显增长，并且卫生总费用占 GDP 的比重除内蒙古略低外，其他 7 个民族地区均超过全国 5.15% 的比重水平。从人均卫生费用情况看，除广西、贵州、云南低于全国 2581.66 元的水平外，内蒙古 2842.54 元、青海 3004.89 元、宁夏 3125.39 元，新疆 3266.62 元，西藏 2580.03 元，均高于全国平均水平。应该说，这是中央不断重视和加大对西部民族地区支持力度的结果。但横向比较，相对于部分发达省区，民族地区的人均卫生费用还有明显差距。受地区经济发展水平影响，北京、上海、天津、江苏、浙江等发达地区人均卫生费均高于民族地区。最高的北京，人均卫生费为 7411.41 元，是最低的贵州 1846.75 元的 4 倍多。

如果从各地区卫生费用的筹资结构上来看，民族地区同发达地区也同样存在较大差距（见表 5-24）。

表 5-24　2014 年民族地区及部分发达地区卫生费用的筹资结构比较

	卫生总费用（亿元）	政府卫生支出		社会卫生支出		个人卫生支出	
		数额（亿元）	占总费用的比重（%）	数额（亿元）	占总费用的比重（%）	数额（亿元）	占总费用的比重（%）
全国	35312.40	10579.23	29.96	13437.75	38.05	11295.41	31.99
内蒙古	712.00	240.81	33.82	190.85	26.80	280.34	39.37
青海	175.31	87.25	49.77	46.67	26.62	41.38	23.61
宁夏	206.76	67.56	32.67	71.22	34.44	67.98	32.88
新疆	750.82	232.50	30.97	325.41	43.34	192.91	25.69
广西	908.06	359.27	39.56	294.79	32.46	254.00	27.97
贵州	647.85	310.36	47.91	161.37	24.91	176.12	27.19
云南	927.30	359.63	38.78	271.81	29.31	295.86	31.91
西藏	81.93	57.53	70.21	19.11	23.32	5.30	6.47
北京	1594.64	394.38	24.73	890.57	55.85	309.69	19.42
天津	650.91	171.18	26.30	266.71	40.98	213.01	32.73
上海	1345.50	275.29	20.46	791.87	58.85	278.34	20.69

续表

	卫生总费用（亿元）	政府卫生支出		社会卫生支出		个人卫生支出	
		数额（亿元）	占总费用的比重（%）	数额（亿元）	占总费用的比重（%）	数额（亿元）	占总费用的比重（%）
江苏	2644.65	581.99	22.01	1289.48	48.76	773.18	29.24
浙江	1976.99	443.89	22.45	910.59	46.06	622.51	31.49

资料来源：根据《中国统计年鉴（2015）》相关数据及"2014年我国各地区卫生总费用核算结果与分析"（《中国卫生经济》2016年第3期）整理得出。

从表5-24中数据可知，截至目前，民族地区卫生总费用主要还是依靠政府卫生投入，其中部分省份政府卫生投入所占比重超过或接近40.00%，如青海为49.77%，贵州47.91%，广西39.56%，云南38.78%，西藏自治区甚至达到70.21%。相应的，社会卫生支出所占的比重，在民族地区相对比重较低。除新疆，社会卫生支出为43.34%，高于全国社会卫生支出38.05%的平均水平外，其他民族地区全部低于这一全国平均水平。其中，宁夏、广西稍好一些，社会卫生支出分别占卫生总费用的34.44%和32.46%，内蒙古、青海的社会卫生支出都仅为26%左右，贵州占24.91%，最低的西藏更是仅占23.32%。这说明民族地区通过社会力量（包括社会医疗保障、商业健康保险等）来获得资金投入的能力还较为薄弱。而一些东部发达地区社会保险筹资能力较强，社会卫生支出所占比重较高，如上海市社会卫生支出比重达到58.85%，政府卫生支出所占比重仅为20.46%，北京市社会卫生支出比重达55.85%，而政府卫生支出仅占24.73%。这说明，民族地区卫生总费用的筹资结构还不够优化，社会筹资能力还较弱。

总之，通过以上对民族地区人力资源教育投资、科研开发投资以及健康投资几方面现状的分析可知，在民族地区的教育投资上，主要来源还是依靠国家财政拨款。国家教育财政拨款占到了民族地区教育总经费的88%以上。这一方面说明国家近些年来对民族地区人力资源的教育投入和开发日益重视，但另一方面也反映出民族地区教育投资的来源还相对单一，社会力量办学还较为薄弱，积极性还没有充分调动起来，社会团体、个人办学及社会捐助、集资办学等渠道和途径也还比较缺乏。在民族地区的科研开发投资上，民族地区研发（R&D）经费的投入也是逐年增长，对民族地区的科技进步和发展起到了明显的促进作用。但由于民族地区经济基础薄弱，科技水平和条件还是差距明显，研发投入在地区生产总值中所占比重不高。特别是作为当今科研创新和开展R&D活动最活跃的主体——企业的研发投入和研发活动，无论是企业的R&D经费投入、R&D项目数，还是企业的专利申请数以及有效发明专利数，民族地区还远远弱于东部地区，差距明显。在民族地区的健康投资上，中央也是高度重视并显著增加了对民族地区的卫生投入和支持力度，在卫生总费用、卫生总费用占GDP的比重、人均卫生费上，相比过去均有了大幅度的增加，且人均卫生费有5个民族省份都高于全国平均水平。但总体看，民族地区依靠政府卫生投入的比重还偏大，社会卫生支出偏小，其卫生总费用的筹资结构还不够优化，社会筹资能力还较弱。

第 六 章

转变与重塑：民族地区现代化的新型路径

——社会建设优先发展

著名发展经济学家张培刚教授认为："发展中国家在从农业国向工业国转化的过程中，需要具备一系列基本物质条件。其中包括：迅速形成和有效使用的资本资源；适合现代工业发展需要的劳动力资源；超前发展的科学技术以及与现代化生产方式相适应的现代管理制度；需要先行发展的基础设施建设等。"[①]

而通过前面章节的分析可以看出，民族地区在这些基本条件的具备上还存在较大的欠缺。在资本资源的形成和使用上，民族地区资本形成能力较弱，资本使用效率更差；在劳动力资源的素质技能上，民族地区因教育水平相对落后，技能培训不足，劳动力资源素质普遍不高，还不能很好地适应现代工业发展的需要；在技术水平和管理制度方面，民族地区的科学技术水平还较为落后、创新意识和能力普遍不足，与现代生产方式相适应的规范有序的现代管理制度也还未能广泛建立起来；而在基础设施建设方面，几十年来国家尽管在民族地区进行了多次的开发建设，但由于民族地区特殊的地域环境以及地形地貌、水文气候等诸多方面的原因，基础设施建设的难度大周期长，基础设施条件总体还较为落后。这也就是为什么民族地区在相当长的时期中，采取传统的以工业化来带动现代化的发展路径，却并没有让民族地区真正实现现代化的原因

---

① 张培刚：《新发展经济学》，河南人民出版社1999年版，第98页。

所在。

该路径的主要缺陷就如同温军学者在文章中所指出的：忽视少数民族特点以及异质同构的平衡发展，强制性地消除民族差异性，致使民族文化生态受到冲击，导致形成的资源密集型工业结构体系，经济发展代价巨大、自然环境遭到破坏、产业部门经济效益极低。必须看到，民族地区无论在经济生产方式上、还是社会组织模式及文化传统上，与内地汉族地区相比都具有自身的特点。其经济社会文化模式形成的背后是长期独特文化积淀的结果。这一异质性、差异性的存在，决定了民族地区的现代化发展之路无法罔顾少数民族地区经济社会文化模式的特殊性。所以，在重新回顾了民族地区传统现代化发展道路的缺陷与不足、又认真审视了民族地区现代化建设的现实状况与条件的基础上，有必要重新探寻适合民族地区特点及发展基础的新型现代化发展路径。

尤其在当前，全国及各地方主体功能区规划先后出台、主体功能区建设正着力推进的新的约束条件下，民族地区作为中国经济迟滞性和生态脆弱性高度重叠的地域，经济落后和生态退化互为因果，人与自然协调难度大，可持续发展任重道远。要实现习总书记提出的"既要绿水青山，也要金山银山；宁要绿水青山，不要金山银山，而且绿水青山就是金山银山"的发展目标，民族地区必须要走出一条不同于以往的有自身特色且适合自我发展的新型道路。

第一节 社会建设优先发展的总体设想

一 "以人为中心"的新发展观全面确立

发展是现代社会永恒的主题。随着人们对发展的认识日益深化，以1983年佩鲁的《新发展观》问世为标志，以客体为中心的社会发展观逐渐被"以人为中心"的社会发展观所替代。这一发展观认为，经济增长并非是发展所追求的最终目标，而只是实现发展的手段，人的全面发展才是发展的本质要求。发展过程中所借助的所有手段归根结底都是为实现人的生活质量提升、人的幸福增长而服务的。此后，联合国开发计划署在1990年发布的《人类发展报告》中也提出了相同的理念，即人是一个国家的真正财富,发展的基本目标就是为人创造一个能享受长寿、健康和有创造性生活的环境。① 1995 年 3 月,在哥本哈根召开的世界发展首脑会议上更是将以人为中心的观念提高到发展观的高度,在会议通过的《宣言》和《行动纲领》中明确指出"社会发展的最终目标是改善和提高全体人民的生活质量",因此社会发展必须要"以人为中心"。

从传统发展观到新发展观的提出,反映了人们对发展本质的认识有了进一步的深化,在发展理念上实现了两个重大转变:首先,在对发展概念的理解上,实现了由一维到多维、从单一到综合的转变。即发展不单纯只是一个经济范畴,同时还是一个社会范畴和人文范畴。其次,在发展的主体和目标上,实现了由"以物为中心"向"以人为中心"的转变。真正认识到人既是社会存在和发展的前提,也是社会发展的主体,更是发展的最终目标。人本身的发展既是衡量社会进步的标志,也是推动社会前进的内在动力。通过发展,不但要实现人在物质生活层面的逐步提升,还要使人在精神层面的需求不断得到满足,让人在体力、智力等各个方面的潜能得到充分发挥,最终实现人自身的丰富和完善。任何发展,只有与人的发展内在地结合在一起,才具有了真实的意义。

人不仅是社会发展的中心,还是社会发展和进步得以实现的前提条件。如美国社会学家英格尔斯明确提出,人的现代化是国家现代化必不可少的因素,它并不是现代化过程结束后的副产品,而是现代化制度与经济赖以长期发展并取得成功的先决条件。② 没有较高的、适合现代社会发展要求的人力资源素质,就难以支撑现代经济的发展和产业结构的优化调整。而世界各国经济发展的历史和现实,也从实践上证明了人力资本的积累与增长,才是经济增长的源泉和动力。第二次世界大战后的日本和西德之所以能够在战争的废墟上迅速地恢复和发展起来,与其国内人力资本存量充足、且始终重视对人力资源的开发利用有着直接的关系。据统计,目前发达国家中经济增长的 80% 是靠人力资本投资和科技进步

---

① 胡鞍钢:《社会与发展:中国社会发展地区差距报告》,《开发研究》2003 年第 4 期。
② [美]阿历克斯·英格尔斯:《人的现代化》,殷陆君译,四川人民出版社 1985 年版,第 5 页。

取得的。其中美国、日本人力资本投资对其经济增长的贡献几十年来一直在不断上升，到20世纪90年代已达到90%以上。由此可见，以人为中心，加强人力资本的投资无疑是提高投资效益的重要途径，也是推动经济社会发展的关键。

二 以人为中心，社会建设优先发展是民族地区现代化的新路径

研究表明，投资于人力资本、社会资本、无形资本的收益大大高于投资于自然资源开发、物质资本和有形资本的收益。投资增长率或投资率每提高1个百分点，人均GDP增长率仅提高0.1个百分点左右；人力资本相关的教育因素，如学龄前儿童入学率每提高1个千分点，人均GDP增长率可提高0.4—0.6个百分点；社会资本相关的通讯因素，如电话普及率每提高1个百分点，人均GDP增长率可提高0.5个百分点。这表明对"软件"投资的收益要高于对"硬件"投资的收益，对人民投资的收益要高于对物质投资的收益。①

根据学者温军围绕民族地区社会效应对经济发展的作用影响程度所做的研究分析可以看出，与人的能力素质提升密切相关的一些因素，如获取信息能力、受教育机会、交通运输能力、医疗卫生条件等对民族地区的发展有着较大影响（见表6-1）。

表6-1　　民族地区社会效应对经济发展的作用影响程度　　　　单位：%

	主要社会发展能力指标	贡献率	政策含义
1	获取信息能力	35.55	获取信息能力水平的提高，对经济发展贡献极为显著
2	受教育机会	27.12	人口受教育机会的普遍提高，对经济发展具有十分明显的贡献作用，重视发展教育特别是农村基础教育是今后的一项重要任务

---

① 胡鞍钢：《西藏现代化发展道路的选择问题（上）》，《中国藏学》2001年第1期。

续表

	主要社会发展能力指标	贡献率	政策含义
3	交通运输能力	26.05	重视提高交通运输能力,优先发展公路与航空运输,适度发展铁路运输
4	医疗卫生条件	5.91	医疗卫生条件对经济发展贡献较低,表明社会公平程度的相对较低、人均收入水平相对较少、生活质量相对较差
5	民族文化多样性	4.95	对发挥民族文化多样性重视、利用不够,未能形成民族特色经济
6	科技创新能力	0.32	科技创新能力水平较低,注重发挥后发优势,尤其是在经济发展能力水平低的条件下,科技创新已没有必要完全走"自力更生"的发展道路,而应充分发挥"学习效应",注重借鉴与引进
7	人口迁移能力	0.10	人口迁移能力低的主要原因,是受教育水平、语言障碍、生活习俗等影响,发展教育、加强双语教学,加强农牧民技能培训

说明:(1)受教育机会、民族文化多样性、科技创新能力、人口迁移能力贡献率,分别以人口平均受教育年限、少数民族人口占总人口比重、每万名科技人员专利批准数和人口跨省流出率等贡献率表示。(2)获取信息能力贡献率＝人均报刊期发数贡献率＋广播覆盖率贡献率＋人均长途电话次数贡献率＋人均邮寄函件数贡献率＋每百万人口因特网用户数贡献率,交通运输能力贡献率＝每百平方公里公路长度贡献率＋每万平方公里机场数贡献率＋每百平方公里铁路长度贡献率,医疗卫生条件贡献率＝人口出生率贡献率＋人口平均预期寿命贡献率＋每千人医生数贡献率。

资料来源:温军:《民族与发展:新的现代化追赶战略》,博士后研究报告,清华大学,2001年,第140页。

从表6-1中可以看出,民族地区影响经济发展最为重要的三个社会发展能力要素,主要是获取信息能力、受教育机会和交通运输能力,其对人均GDP的贡献率分别为35.55%、27.12%和26.05%。其中,人口平均受教育年限、人均报刊期发数、每百平方公里公路长度对人均GDP的作用影响最大,其贡献率分别为27.12%、25.01%和11.97%,而人口跨省流出率、每万名科技人员专利批准数、每千人医生数的贡献率则分别仅为 0.10%、0.32% 和 0.53%。这说明教育、文化以及公路运输能力水平的提高,对于促进经济发展具有特别重要的意义。① 由表 6-1 可知,目前民族地区人口迁移流动能力、科技创新能力对经济贡献率相对较低,分别只有 0.10% 和 0.32%,而这两个因素又与民族地区人口的受教育水平、文化科技素质、自身眼界能力、生活习俗等有直接联系,这意味着民族地区今后还应积极制定能够切实消除"信息差距""教育贫困",促进城乡人口流动,提高科技创新能力的公共服务政策,加强对人口的科技文化素质的教育与培训,加快交通基础设施建设,加大民族地区对内对外开放的力度,在开放中拓宽民族地区人口的眼界,提升与外部世界交流交往的能力,这是增强民族地区现代化可持续发展能力的重要保障。

因此,我们认为,民族地区的现代化建设应当是这样的路径选择:以人为中心,把民族地区的社会建设放在优先发展的位置。首先继续完成脱贫致富奔小康的工作,大力推进精准扶贫。试想,如果温饱都不能很好地解决,吃饱穿暖还成问题,哪还会奢望现代化? 其次就是要在国家扶持下,重点提升民族地区以基础设施建设、文化教育事业建设等为核心的基本公共服务的水平,优先缩小民族地区与汉族较发达地区之间的社会发展差距。将政府投资的重点更多地转向教育、医疗、基础设施、信息服务以及人力资源开发、自然生态保护与少数民族人文生态的保护等与人的直接需求密切相关的方面。特别是要把人力资本的投资放在极其突出的地位。帮助民族地区群众改善生活,增强他们的自我发展能力,使之在现代社会的激烈竞争中更具竞争力,进而获得更多的生存与发展机会。同时,适应生态保护的长远要求,积极调整民族地区产业结构,从自身区情特点和优势出发,发展既有市场潜力和民族特色、又符合长远发展要求的优势产业和特色经济。而绝不能简单复制和模仿汉族发达地区的发展模式和道路。

总之,社会建设关系着发展本身的正当性,更直接地关系到人民群众对于发展成果的公平共享。对经济建设条件较为欠缺的民族地区而言,

---

① 温军:《民族与发展:新的现代化追赶战略》,博士后研究报告,清华大学,2001 年,第 139 页。

加快社会建设还能够推动和促进经济建设。通过切实地改善民生，提高民族地区贫困群众的生活水平和质量，能够促进和维护社会公平，有效地化解社会矛盾，消除人际和族际怨恨，培育社会信任和合作精神，从而为经济建设打造良好的社会地基。① 在人力资本和基础条件不断夯实的基础上，推动民族地区向现代化的目标迈进。

第二节 社会建设优先发展的基本思路

社会建设是党的十六届四中全会提出的一个新概念。社会建设同经济建设、政治建设、文化建设以及在党的十八大上提出的生态建设一起，构成了"五位一体"的中国特色社会主义事业总体布局。新形势下该如何推进社会建设，民族地区的社会建设又该重点围绕哪些方面展开，这是值得深入思考的。学者们认为，就社会建设本身而言，其目标指向虽然是"社会"，但其根本内容和着眼点只能是人，或者说是广大的人民群众。离开了人民群众，社会建设也就成了一句空话。因此，民族地区人民群众的民生问题，应该成为我国民族地区社会建设的根本。② 本研究也极为赞同此观点。从事关民族地区群众民生的角度出发，本研究认为，当前要优先加快民族地区的社会建设，应当首先从提升民族地区基本公共服务水平、健全和落实民族地区的生态补偿、保护和发展少数民族优秀传统文化三个方面着手。

一 大力提升民族地区基本公共服务水平

根据《国家基本公共服务体系"十二五"规划》的界定，所谓基本公共服务，指的是建立在一定社会共识基础上，由政府主导提供的，与经济社会发展水平和阶段相适应，旨在保障全体公民生存和发展基本需求的公共服务。享有基本公共服务属于公民的权利，提供基本公共服务

---

① 王小章：《从"以经济建设为中心"到"以社会建设为重心"》，《浙江学刊》2011 年第 1 期。

② 李成武、李文：《当前我国民族地区社会建设刍议》，《毛泽东邓小平理论研究》2012 年第 9 期。

是政府的职责。

这一关于基本公共服务概念的界定包含这样几方面的信息：首先，明确了基本公共服务的对象，是面向社会全体成员，即基本公共服务的提供是要满足社会全体成员的公共需要，且每个人都是平等的，因此，提供基本公共服务应考虑社会成员的需求偏好或差异性。其次，这一界定还明确了基本公共服务方面的权利义务关系，即基本公共服务的提供者是政府，向全体社会成员提供基本公共服务是其应承担的职责和义务，而平等地享有基本公共服务是每个社会成员应有的权利。最后，也是最为重要的，它明确了基本公共服务的目的是保障全体公民的生存需要和发展需要，也就是要满足人们的生存权和发展权，这是政府赋予民众的一种权利。通过政府提供的基本公共服务，不仅要保障每个社会成员的生存，还要使每个人都能健康而体面的生存，更要不断地促进社会成员提升认识世界、改造世界的基本能力。使社会成员通过认知能力的提高，更具有理性、总体意识；通过自身能力与素质的提高，可以促使社会成员的劳动范围不断拓宽，不再局限于简单的体力劳动，并在劳动过程中不断发展自己的自主可行能力，使自身满足自己生存及发展需要的能力逐步得到增强。①

通常认为，基本公共服务应包括对人基本生存、基本能力、基本健康三个方面基本需要的满足。从基本生存的角度看，需要政府及社会为每个人都提供基本就业保障、基本养老保障、基本生活保障等；从基本能力和尊严的角度看，需要政府及社会为每个人都提供起码的基本教育和文化服务；从基本健康的角度看，需要政府及社会为每个人提供基本的健康保障。这是基本公共服务的三个基本点。当然，随着经济发展和人民生活水平的提高，一个社会基本公共服务的范围会逐步扩展，水平也会逐步提高。从目前我国的整体发展水平出发，研究者们普遍认同将基础教育、公共卫生和医疗、社会保障等划为基本公共服务。这种界定肯定了满足一个社会人基本生存权所需要的公共服务，带有普遍意义。

---

① 李丽：《少数民族地区基本公共服务均等化问题研究》，中国经济出版社2015年版，第24—26页。

具体到民族地区来说，基本公共服务落后已是众所周知。尽管这些年来，中央政府通过纵向转移支付和横向对口支援等方式给予投入上的大力支持，基本公共服务方面取得了较大进展，农村和城镇居民养老保险基本达到了应保尽保；无论是农村还是城镇居民医疗保险都做到了全覆盖；低收入群体的最低保险也达到了全覆盖，基本解决了生存问题；九年义务教育普及率几近100%，而且生活补贴、课本补贴等影响上学难的一些问题基本得到解决；道路、通信、文化设施等也都有了明显的改善。但总体上民族地区基本公共服务的水平低、结构不合理，与发达省区相比还有相当的差距，是我国基本公共服务的洼地。生存和发展仍是当前民族地区广大民众的最迫切需要。而满足生存和发展需要的最基本的服务，既包括那些能改善生活生命的服务，例如基本医疗、基本生活保障等，还包括那些能提供个人和家庭物质收入、提高个人素质，改善未来状况的服务，如提供基础教育和技术培训，以及比较通达的道路交通等。民族地区的很多群众和家庭，因病致贫、因病返贫，医疗费用难以承受；也因为没有知识和技术，难以摆脱长期贫困。同时，民族地区地广人稀，居住分散，且地理位置偏远险恶，由于缺少畅通的道路设施，民族地区的产品无法进入销售市场，产业优势无法发挥，地区经济难以发展。①

因此，我们认为，对于民族地区来说，道路设施、基础教育和基本医疗是基本公共服务中最紧要最迫切的方面。只有从这几个方面加强建设，有效增加对民族地区基本公共服务的供给，使其与较发达地区的差距不再继续扩大，进而逐步达到相对的均衡，以"机会均等"为核心的基本公共服务均等化目标才能总体实现。

（一）加快民族地区基本公共教育建设

这里所指的基本公共教育，既包括国民教育系列的基础教育（它培养人们最基本的能力，如语言能力、写作能力及基本的思维能力，为人们的发展奠定基础），也包括旨在提高人们技能素质、增加实践能力的教

---

① 陈全功、程蹊：《民族地区的基本公共服务均等化：涵义、现状水平的衡量》，《中南民族大学学报》（人文社会科学版）2008年第5期。

育,如职业教育、技能培训等。对民族地区的群众而言,技能培训、职业教育等是更具有现实意义和迫切需要的教育内容,更有助于提高其劳动能力,扩大他们劳动就业的选择范围和选择机会。

从一些学者所进行的调研看,民族地区广大农村从业人员在就业过程中,就业选择的范围和机会非常有限,其中的一个重要原因是跟这些从业者接受的教育水平相对较低有很大关系(见表6-2)。

表6-2　　少数民族地区农村从业人员最高教育程度情况　　单位:%

地区	小学以下	初中	高中	职高/技校/中专/大专	本科	研究生	样本量(个)
总体	52.03	34.89	7.74	3.99	1.33	0.03	31671
内蒙古	40.02	40.46	12.51	4.46	2.52	0.03	3653
宁夏	57.50	29.38	7.60	3.86	1.63	0.02	4224
青海	69.00	21.20	5.30	3.00	1.44	0.06	4867
新疆	44.78	39.00	8.62	6.22	1.36	0.02	4118
广西	46.59	39.83	7.43	5.12	0.98	0.06	4806
贵州	55.35	35.92	5.80	1.82	1.11	0.00	5487
云南	46.72	40.01	8.50	4.21	0.55	0.00	4516

说明:缺西藏数据。资料来源:中央民族大学经济学院与中国社会科学院民族研究所合作项目《中国西部少数民族地区经济社会问卷调查》①。

从表6-2的样本数据中可以看出,小学以下文化程度的占一半以上,在所调查的七个少数民族省区中,绝大多数的农村从业人员都只接受了初中以下的教育,均占到了80%以上,其中贵州省、青海省接受初中以下教育程度的更是高达90%以上。同时农村从业人员中接受过职业高中或技校等教育的所占比重偏低,除新疆为6.22%,广西略高于5%之外,其他几个多民族省区均低于5%的水平。受教育程度的低下必然会限

---

① 李丽:《少数民族地区基本公共服务均等化问题研究》,中国经济出版社2015年版,第134页。

制劳动者职业选择的空间,他们中大多数人只能集中于劳动密集型的、以体力劳动为主的低端工作岗位上,收入水平的低下和生活状况的困苦可想而知。同时,从事简单体力劳动对其职业生涯的积累和发展也不会有很大的帮助,如果再得不到相关的技能培训,他们只能被锁定在这样低水平的岗位上,生活状况也无法得到改善。教育作为基本公共服务,不仅关系着一个个体的发展成长,同时对社会发展也有重要意义。因此,必须加快推进民族地区的基本公共教育建设。

1. 努力增加民族地区基础教育的硬件投入

基础教育是向每个人提供并为一切人所共有的最低限度的知识、观点、社会准则和经验的教育。这是1977年联合国教科文组织提出的一个观点。基础教育是一个动态的概念,因为随着所处社会条件和发展水平的不同,"最低限度"的内涵也是在逐步演进中。根据我国实际,这里所指的基础教育也就是国家规定的包括小学和初中在内的九年制义务教育。基础教育是一个特殊阶段的教育,它不仅传授给受教育者未来生存的本领,而且还培育其融入社会的基本行为规范、基本价值观和基本世界观。基础教育通常具有较强的正外部性和溢出效应,不仅有助于提升公民素质、社会稳定,而且是政府在扶贫、经济增长等各个投资中回报率最高的。[①] 一般而言,经济社会发展初期阶段应将更多的社会资源用于中小学基础教育,以及技能教育。而当经济社会生产力水平相对较高时,应更加重视高等教育建设。

然而,从目前来看,民族地区基础教育的办学条件尤其是硬件设施还非常落后,相比发达地区有很大的差距。尽管近年来针对中西部地区学校的危房改造,政府也投入了大量资金,但相比东部地区,中西部地区的学校危房比例仍明显偏高。据教育部的数据,2007年,全国普通中小学危房面积3358万平方米,占普通中小学校舍面积总数的2.48%,其中90%分布在中西部地区农村。云南省小学、初中危房比例最高,分别达到20%和11%,其中D级危房占85%以上。近年来,中央财政基础教

---

① 崔登峰、朱金鹤:《西部边疆民族地区基本公共服务均等化问题研究》,中国农业出版社2013年版,第89页。

育经费重点向中西部地区倾斜，公用经费标准明显提高。但相对于中西部地区的落后条件来说，仍然是杯水车薪。中西部地区基础教育阶段生均校舍面积小于东部地区，区域之间生均固定资产差距比校舍面积差距更大，东部地区学生的生均固定资产值为中西部的近2倍，生均计算机和生均图书数量也显著高于中西部地区水平。①

而这种硬件设施上的差距，在民族地区农村的义务教育中表现尤为明显。据某课题调查组对云南省部分州县基础教育情况的实地调查，在走访的十余个乡镇、20多所中小学中，只有23.8%的学校有图书馆，而且所谓的图书馆多是一个图书很有限的资料室。98%的学校有操场，但只有38%的操场有跑道，操场体育锻炼的设施也很不齐全，甚至可以说短缺。教学设施、实验器材很少。有的学校没有计算机，甚至还有学生从未见过计算机，以致把计算器误认为就是计算机。由于教学资源短缺，教学基础设施落后，基础教育中本应当开设的一些课程，如信息技术、音乐美术等，很多农村学校基本没有正常开展。一些边远地区的校舍极其简陋。寄宿制学校数量非常少，平均学生校舍标准面积达不到国家规定要求。许多学校由于行政经费少，收支不平衡，难以维持最低的运转。为此，学校处处注意节约开支，像教室的照明，学校也只能用度数小且数量少的灯泡，因而教室的亮度很低，光线不好。有的学校行政办公费几乎为零，就连教学起码的备课本、粉笔、墨水等都得通过收取学杂费的方式来解决。②

基础教育条件的差距，必然会产生教育效果的差距。因此，当前首先要努力增加民族地区基础教育的硬件投入，应优先安排资金投入在"危房改造""寄宿制学校建设"等项目上。而在民族地区本身经济发展水平落后，当地政府自身财力有限的条件下，基础教育所实行的"地方负责、分级管理"模式，也很难真正解决民族地区基础教育硬件条件落后的局面。这方面的经费投入，中央政府显然负有更大的责任，承担更

---

① 边旭东：《我国区域基本公共服务均等化研究》，博士学位论文，中央民族大学，2010年，第59页。

② 党秀云：《民族地区公共服务体系创新研究》，人民出版社2009年版，第279页。

多的义务。对地方政府而言，面对财政困难，也有义务利用行政资源创造条件，鼓励社会力量帮扶农村基础教育。在财政预算中应加大对贫困地区农村学校的投入力度，做到城乡统筹兼顾，甚至有必要设立专项资金，对边远贫困地区农村的薄弱学校专门进行扶持。

同时，在增加民族地区基础教育的硬件投入的同时，有必要建立基础教育经费保障机制，包括教育经费的审计监督和统计公告制度，确保民族地区尤其是农村学校的基础教育经费不被挤占或挪作他用。对中央和上级政府转移支付的教育经费应该做到专款专用。

此外，还应努力推进公办学校标准化建设，促进民族地区教育条件的改善。早在2010年发布的《国家中长期教育改革与发展规划纲要（2010—2020年）》中，就已明确提出要推进公办学校标准化建设。此次，在2016年7月，国务院正式发布的《国务院关于统筹推进县域内城乡义务教育一体化改革发展的若干意见》中更是明确提出要科学推进学校标准化建设。指出："各地要逐县（市、区）逐校建立义务教育学校标准化建设台账，全面摸清情况，完善寄宿制学校、乡村小规模学校办学标准，科学推进城乡义务教育公办学校标准化建设，全面改善贫困地区义务教育薄弱学校基本办学条件。"从率先实施这一项目建设的部分省市情况看，一体化建设对改善贫困地区义务教育薄弱学校的教学条件、充实师资配备等都起到了明显作用。如2011年，武汉市率先启动公办小学标准化项目，在规划布局、办学条件、学校管理与队伍建设、教育教学与办学特色五个方面做出明确规定，改善公办小学软硬件设施建设。如要求学校每个班级控制在45人以内，老城区小学必须配置250米到300米跑道，新建区小学必须配置400米环形跑道，图书馆藏书生均20册以上，小学教师应具有大学专科及以上学历等，从各个方面对公办小学提出要求。经过三年发展，武汉市多所小学改善了教学设施设备，配备了合格教师，许多农村学校生源明显增多，部分学校出现学生回流现象。[①]建议中央及省级政府尤其应对民族地区学校标准化建设方面给予更多的经费支持。

---

① 倪霞：《教育公平视角下我国基础教育政策研究》，《中国教育学刊》2015年第11期。

2. 大力加强民族地区基础教育师资力量的软件建设

民族地区的基础教育除了硬件设施上需要进一步增加投入外，软件方面的师资力量也亟待加强。与东部地区相比，无论是教师数量还是师资质量，西部民族地区都亟待进一步提高。"生师比"是反映教师数量的一个重要指标。它指的是学校专职教师与在校生之间的比例关系，反映的是多少学生拥有一个教师，或一个教师面对多少个学生。一般而言，一个教师面对的学生数越少越好，意味着每个学生可拥有更多的教师资源，即"生师比"越小越好（见表6-3）。

表6-3　　　　　2012年少数民族地区学校"生师比"　　　　　单位：%

地区	小学	初中	高中	中等职业学校	普通高校
内蒙古	12.09	12.01	15.42	16.31	17.49
广西	19.64	16.74	17.86	39.51	17.4
贵州	19.2	18.31	18.59	29.26	18.19
云南	17.4	16.13	15.3	26.64	18.5
西藏	15.49	14.5	13.07	28.94	16.17
青海	19.1	14.06	13.8	23.68	14.74
宁夏	17.98	15.11	16.17	29.5	17.43
新疆	13.96	10.98	13.61	16.27	16.87
全国平均	17.36	13.59	15.47	24.19	17.52

资料来源：李丽：《少数民族地区基本公共服务均等化问题研究》，中国经济出版社2015年版，第150页。

观察上表数据可以看出，在小学、初中，以及中等职业学校中，大多数民族地区的"生师比"都达不到全国"生师比"的平均水平，仅内蒙古和新疆略高。而在高中和普通高校中，大多数民族地区的"生师比"都与全国平均水平不相上下，甚至略高于全国平均水平。这一现象从一个侧面反映出，大部分民族地区更重视高中和高等教育，相反，对九年义务教育和中等职业教育的重视却相对不足。其背后的原因还是在于以"升学"为主的价值导向下，人们更重视能给其带来直接受益的教育，所以将更优质的教育资源更多地投放到高中和高等教育中。① 事实上，教育经济学的研究成果表明，在经济发展尚处于较初级阶段时，应重点发展基础教育和职业教育，因为这两个层次的教育的社会投资收益率都高于中等教育和高等教育。从社会收益的角度讲，政府应更加重视基础教育和职业教育。显然，民族地区教育层次结构与其当下的发展水平还存在一定的背离，超越了其经济社会发展阶段。

在师资质量上，民族地区也存在明显的差距。一般来讲，人们接受的教育层次与其教育水平相一致。所以人们通常用学历结构作为反映师资质量高低的显性指标。从相关数据可以看出，民族地区师资的学历结构也是低于全国平均水平，与东部较发达地区更是差距显著（见表6-4）。

表6-4　　　　2009年不同地区的教师学历结构　　　　单位:%

	研究生	本科	专科	高中	高中以下
全国平均	0.11	23.59	54.58	21.23	0.48
东部地区	0.18	30.87	50.61	18.11	0.24
民族八省区	0.05	18.32	58.90	21.67	1.05

资料来源：根据《中国教育统计年鉴》2010年数据整理得出。

从表6-4中看出，民族地区较高学历层次的教师所占比例总体较少，本科以上（含研究生学历）的仅占18.35%，大部分都是专科及高中学历，占到了80.57%。在所有教师中，民族地区研究生学历的教师占比仅为0.05%，不到全国平均水平的一半；本科学历层次的教师所占比例也仅为18.32%，是东部地区的59%。并且民族地区较高学历层次的教师大多都集中在高校或高中，城市里初中及小学专职教师的往往以专科学历居多，至于在大量的农村学校中小学中，专职教师的学历更低。民族地区农村小学教师中拥有国民教育本科学位比重不到5%（且不说所获得

---

① 李丽：《少数民族地区基本公共服务均等化问题研究》，中国经济出版社2015年版，第150页。

本科学位的学校水平)。甚至还有相当一部分的农村小学仍存在代课教师①和兼职教师。据2008年全国人大常委会执法检查组的相关调查,在全国中小学仍有大约37.9万名代课人员,其中81.8%分布在农村学校。② 抽样调查显示,民族地区农村小学中有1/3的学校还有代课教师。这也从另一个层面折射出少数民族地区师资队伍的状况。教师的知识结构也是参差不齐,入职后也缺乏必要的继续教育和专业学科培训,使得教师教学能力和水平的提升、知识结构的更新极为有限。使得西部民族地区农村基础教育质量很难从真正意义上提高。目前,要通过多种途径、采取多项措施,尽快解决民族地区基础教育中师资队伍的数量和质量问题。

首先,要建立义务教育教师工资保障机制。当前,民族地区尤其是乡村中小学师资数量和质量上的问题,很大一部分是由于设施简陋、条件艰苦难以吸引优秀教师所致。当务之急,应切实落实国务院《关于统筹推进县域内城乡义务教育一体化改革发展的若干意见》中关于"实行乡村教师收入分配倾斜政策,落实并完善集中连片特困地区和边远艰苦地区乡村教师生活补助政策,因地制宜稳步扩大实施范围,按照越往基层、越往艰苦地区补助水平越高的原则,使乡村教师实际工资收入水平不低于同职级县镇教师工资收入水平。健全长效联动机制,……确保县域内义务教育教师平均工资收入水平不低于当地公务员的平均工资收入水平"的相关规定。在此基础上,对部分财力确实紧张的贫困地区,由中央和省级财政采取适当的财政转移支付的方式给予一定的专项补助,以确保当地教师工资的及时发放;对于贫困程度极重的县,应争取由中央和省级财政负担全部的义务教育教师工资,以建立有效的工资保障机

---

① 代课教师是指在农村学校中没有正式编制的临时教师。代课教师产生的原因大致有:第一,农村条件艰苦,特别是一些偏远地区,正规的大中专毕业生不愿意去,更导致其教师短缺,而不得已招聘代课教师(这也是最主要的原因);第二,财政困难,没有更多的资金供养专业教师而聘用代课教师;第三,没有正式的教育事业编制,而聘用代课教师。2010年初,教育部出台文件,要求各省区严格禁用代课教师,要全部清退代课教师。认为,尽管历史上代课教师对中国农村教育事业做出很大贡献,且代课教师中不乏优秀教师,但大多数代课教师一是没有教师资格,二是学历层次低,教学水平不高。所以,为了保障教学质量,一律清退代课教师。

② 边旭东:《我国区域基本公共服务均等化研究》,博士学位论文,中央民族大学,2010年,第58页。

制，确保少数民族贫困地区义务教育教师的工资发放，为民族地区的教师创造一个大体相当的福利条件，以保证教师队伍的稳定。①

其次，建立相应制度安排，吸引外部优质教师资源投身民族地区基础教育事业。此次在国务院最新发布的《关于统筹推进县域内城乡义务教育一体化改革发展的若干意见》中，特别提出要"建立乡村教师荣誉制度，使广大乡村教师有更多的获得感。完善乡村教师职业发展保障机制，合理设置乡村学校中级、高级教师岗位比例。落实中小学教师职称评聘结合政策，确保乡村学校教师职称即评即聘"等。民族地区应切实落实这一文件精神，这不仅有利于在很大程度上稳定乡村教师队伍，对于吸引优秀大学生以及社会贤达等投身于西部基础教育事业都会产生积极的效果。另外，目前试行的师范生"顶岗"教育实习，即让师范院校的实习生以全职教师的身份参与到农村中小学的日常教学管理活动中，独立进行各项教育教学活动，既增强了师范生的教学实践能力，也有助于部分缓解民族地区农村师资紧缺的状况，还可以将现代的教育理念、先进的教学方法带给学校师生，促进城乡教育文化的交流，无疑是值得尝试的一种方式和途径。此外，采取激励性措施，鼓励大学生或城市中小学教师到西部农村支教，既能缓解大学生就业难问题，也可以在一定程度上起到补充农村教师队伍的作用。

再次，要保障民族地区乡村教师有定期进修培训的机会。当今世界，知识更新的速度在不断加快。而教师职业本身又是一个专业化程度高、对知识储备和更新有较高要求的职业，因此教师必须要不断地学习和充电，及时地更新自身的知识储备，调整知识结构。如果教师长期困守乡村，没有机会去感受外部世界的变化，不能及时到教学水平先进的地区去学习进修，接受培训，那么教师的教育观念和知识水平就很难得到提升，也无法把新的知识信息传授给学生。因此，有必要建立民族地区乡村教师定期外出培训进修的机制。根据实际情况，安排教师轮流到高校进行短期或中长期的学习进修。同时当地政府还应充分借助于对口帮扶政策，努力在当地中小学和发达地区优秀中小学间建立互联互通的平台，

---

① 党秀云：《民族地区公共服务体系创新研究》，人民出版社2009年版，第341—342页。

可以互派教师交流学习,也可以邀请对方学校的优秀师资来进行教学示范和指导。学校自身也有必要建立校本培训机制,为教师提供更新知识、开阔眼界的机会,努力挖掘教师的创造力等。

最后,还应积极推进校长、教师交流轮岗制度,让优质教育资源流动起来。在《国家中长期教育改革与发展规划纲要(2010—2020年)》中,以及十八届三中全会通过的《中共中央关于全面深化改革若干重大问题的决定》中,均明确指出,应努力推进校长、教师交流轮岗制度,这是从软件方面即师资水平上推进基础教育公平的一个有效举措。在此次国务院发布的《关于统筹推进县域内城乡义务教育一体化改革发展的若干意见》中也再一次强调了这一要求,即要推动城乡教师交流,城镇学校和优质学校教师每学年到乡村学校交流轮岗的比例不低于符合交流条件教师总数的10%,其中骨干教师不低于交流轮岗教师总数的20%。

目前,国内已有部分省份进行了先期的探索。2012年,成都市启动"县管校用"制度,即教师人事关系并不由学校管理,而由成都各区县管理,各区县对教师人事统筹安排。这种方式打破了学校对教师的"一校所有制",既推进了教师交流,也推进了教师轮岗。目前,全市共11293名教师纳入"县管校用"制度,工资待遇上实行"同县同酬",并努力建设"市域同酬"制度,最大限度地把优质师资资源在全市辐射开去,最大限度地科学配置和充分利用优质教师资源,推进教育公平。① 这一模式,民族地区也可借鉴学习。

3. 积极推进民族地区劳动者的职业技能教育

如前所述,政府提供基本公共服务的目的,归根结底是为了保障全体公民的生存和发展需要,也就是要满足人们的生存权和发展权。通过政府提供的基本公共服务,不仅要让每个社会成员都能够健康而体面的生存,更要不断地促进社会成员提升认识世界、改造世界的基本能力;并通过能力与素质的提高发展自己的自主可行能力,使其劳动范围不断拓展,不再仅仅局限于简单劳动,而是可以从事更加复杂性、现代性的劳动,使自身满足自己生存及发展需要的能力逐步得到增强。

---

① 倪霞:《教育公平视角下我国基础教育政策研究》,《中国教育学刊》2015年第11期。

从近几年的情况看,尽管民族地区劳动者的职业技能培训总体呈上升态势,但劳动者接受职业技能素质培训的整体情况并不令人乐观(见表6-5)。

表6-5　　　2007—2011年民族地区劳动者职业技能培训情况　　　单位:%

年份	七省区平均	内蒙古	宁夏	青海	新疆	云南	广西	贵州
2007	6.20	7.27	5.19	2.38	0.00	14.67	9.68	5.10
2008	6.77	9.09	6.33	1.19	3.08	12.00	9.68	7.22
2009	6.72	9.09	8.86	1.19	1.52	14.47	6.45	6.06
2010	8.27	12.07	6.33	1.22	1.59	12.50	20.29	6.19
2011	10.00	10.17	8.75	4.65	4.62	17.11	15.38	10.10

资料来源:中央民族大学经济学院与中国社会科学院民族研究所合作项目《中国西部少数民族地区经济社会问卷调查》,转引自李丽《少数民族服务基本公共服务均等化问题研究》,中国经济出版社2015年版,第155页。

从表中可以看出,2007—2011年民族地区劳动者培训总体呈现上升态势,但总体水平不高。2011年仅有10%的人接受过职业技能等培训,而且各省区间存在着较大的差异,最好的省份云南也仅为17.11%,最低的省区青海和新疆只有将近4.6%的人接受过不同类型的职业教育和培训。显然,接受国民教育程度有限,再加上未能接受更多更好的职业培训,使得民族地区劳动者的劳动技能、劳动素质受到极大的限制,由于缺少安身立命的技能,其就业往往只能集中于相对简单的体力劳动中,也无法获得相对高的收入来更好地改善自身与家庭的生活。

因此,要推进民族地区的基本公共教育建设,不仅是要努力加强国民教育系列的基础教育建设,还应注重加强职业教育、技能培训方面的建设,以提高人们的技能素质、增加实践能力。让民族地区的劳动者除了掌握一般的关于社会经济以及自然的基础知识外,更要掌握一种与现代工业文明相适应的劳动技能。而职业技能学校无疑是使人们获得劳动技能的最为便捷的途径,少数民族地区应重视发展以提高人们劳动技能为主的职业技术学校。

近些年来，国家高度重视民族地区职业教育的发展，于 2000 年 7 月专门印发了《关于加快少数民族和民族地区职业教育改革和发展的意见》，明确指出发展职业教育是少数民族和民族地区实现两个根本性转变、提高劳动者素质的必要而有效的手段。在《意见》指导下，相关部门除了注入大量经费加强民族地区职业学校基础能力建设外，还出台了一系列的相关资助政策。如 2009 年开始对中职学校农村困难家庭学生及涉农专业学生实行免费，各种培训也给予免费。中职学生助学金的发放资金由中央与地方共同承担。分担比例，中部地区为 6∶4，中央承担六成；西部地区为 8∶2，中央分担 8 成。东部地区由各省市酌情确定。①

这些政策的实施，给予了民族地区职业教育发展很大的支持，也使一批具有较强示范性、成效明显的骨干职业学校迅速成长起来，带动了少数民族群众脱贫致富，促进了当地经济社会的发展。但总体上民族地区职业教育的发展与汉族发达地区相比仍差距明显。全国政协民宗委曾组织了调研组，于 2014 年到贵州、湖南两省 15 个市、县中高职院校及职业培训机构进行了"民族地区职业教育发展"问题的调研，调研结果充分说明，民族地区的职业教育发展情况不容乐观，存在的问题多，困难更多。一方面，民族地区本身职业教育起步晚，加上受经济发展水平所限，财力薄弱，能够投入的建设资金有限，使得职业教育的发展水平不高；另一方面，当前国家对职业教育发展的政策支持总体仍显乏力，宣传口号很响，但具体落实不足。尤其对民族地区的职业教育发展还缺乏一些更有针对性的特殊扶持政策，社会界对职业教育的发展，在认识上还存在明显的短视，关注和支持力度仍需进一步提高。当前，大部分民族地区中等职业学校的数量不多、规模相对较小；职业教育的层次结构、专业设置以及办学形式等还不能完全适应民族地区经济社会发展的需求；民族地区忽视职业教育的现象还不同程度地存在，其办学规模、办学条件、教育质量、办学效益需要进一步提高。

---

① 周永平：《民族地区职业教育补偿的转型研究》，博士学位论文，西南大学，2012 年，第 1 页。

民族地区职业教育的发展，关系着民族地区群众的脱贫致富和社会的长治久安，也是国家产业布局调整、劳动力素质优化的内在要求。在发达地区，产业本身的高度发展内在形成了对职业教育发展的倒逼机制，而民族地区经济欠发达，本身产业发展弱小，倒逼力量不足，故在国家层面应有意识将民族地区的职业教育纳入到国家相关规划中重点安排，以此作为加快民族地区发展的一项重要举措。在重大产业布局上充分考虑民族地区的特殊性，对民族地区一些特殊优势产业发展给予一定的政策支持，进而推动民族地区职业教育整体水平提升。

第一，要加大资金支持和政策倾斜。应尽快调整国家教育投入结构，加大职业教育专项资金用于支持民族地区的投入，在安排职业教育专项经费时，对民族地区采取相应的倾斜政策；扩大国家职业教育资助和免学费范围，对集中连片特困地区和未纳入集中连片特困地区的少数民族县学生的生活补助给予大幅提高；参照农村义务教育阶段学校公用经费中央和地方8∶2的分担比例，制定民族地区职业教育生均经费拨款分担政策。

第二，优化职业教育布局结构和专业设置。对民族地区高中阶段教育结构进行适当调整，对中等职业教育进行倾斜性的扶持和发展，特别是一些办学质量高、特色鲜明的职业学校，要进行重点支持。针对目前民族地区职业教育资源分散、结构和层次单一的问题，应在办好现有学校基础上，科学整合现有教育资源，打破部门和不同所有制界限，实行集团化办学，忌贪多求全，避免过度分散和低水平重复办学所造成的资源浪费，真正提高办学质量和效益。

第三，结合地区优势促进产教融合。民族地区职业教育发展的一个基本出发点，应当是为区域经济社会发展提供人才服务和支持。因此职业教育应有意识与产业挂钩，专业设置与职业挂钩。在专业设置上要因地制宜，充分利用好民族地区丰富的自然和文化资源优势，体现出民族特色来。民族地区有着丰富多样的自然资源和特色鲜明的文化资源，还有独具民族风情的工艺资源。这些是民族地区新兴产业发展的重要依托，也可以成为民族地区职业教育发展中专业设置的切入点。如药材种植专业、民俗旅游专业、工艺美术专业等等，都可以为民族地区相关产业的发展提供人才。

　　第四,建立完善校企合作的长效机制,以"共赢"助推职业教育发展。校企合作是一种注重在校学习与企业实践,注重学校与企业资源信息共享,有利于提升学生培养质量,为企业输送所需人才的"共赢"模式。对学校而言,教学实训条件的不足是一个很大的困扰,而通过校企合作,就可以充分利用企业的现有生产环境和设备来解决;对学生来说,在学习理论知识的基础上进入到企业实地锻炼,实现了理论与实践的结合,同时在企业文化的熏陶下,能养成爱岗敬业、吃苦奉献的精神,有利于学生职业素质的养成,提高学生的就业竞争力;从企业角度讲,学生顶岗实习,能够成为有效的劳动生产力,降低了劳动力成本,对解决企业招工用人的成本和风险也有着明显的积极作用。当然要实现校企合作的良性对接,一方面,学校的教学大纲设定应适当结合企业的人力资源开发计划进行通盘考虑,另一方面,也鼓励企业采取委托培训的方式将员工培训放到学校进行,使学校教学环节与企业人力资源开发紧密结合,既有利于降低学校的就业压力,也可以降低企业的人力资源开发与职业培训成本;企业的技术人才通过带教实现教学相长,加强其自我能力的提升。

　　当然就目前来看,在当下民族地区职业教育的校企合作中,学校"一头热"的情况比较普遍。究其原因,主要是制度保障机制还没能建立起来。缺乏相应的经费保障、劳动准入制度执行难到位等等,让企业缺乏合作办学的内在动力。校企合作中要想使企业由冷变热,需要国家尽快从顶层设计上制定出台相关的法规、制度和奖励政策,以激发企业主动参与校企合作的积极性,更多地吸纳职业院校学生实习和就业。如对接收学生实习或工作的企业,可以在信用贷款、财政贴息、税收减免等方面给予适当的补贴和倾斜。同时在学生进入企业实习过程中,企业知识产权、商业秘密等的保护问题,也需要建立必要的长效机制来加以解决。此外,对学校来说,如何保障学生实习实训期间的劳动安全、劳动保障、劳动报酬等权益的诸多问题,也都需要尽快制定相关政策、制度加以明确。

　　第五,实施教师素质提高计划,加强职业院校师资建设。民族地区经济不发达，教师待遇和工作环境都难与发达地区相比，因此优秀人才引进往往比较困难，而本校的优秀骨干教师又容易外流。这些都造成了民族地区职业院校专业教师的数量和质量都相对不高，学历偏低。国家一方面应着力改善民族地区职业院校师资待遇和条件，另一方面应加强职业院校教师培训计划，适时启动专业教师免费定向培养工作，同时，把"双语双师"型教师培养整体纳入国家免费师范生政策范围，鼓励到西部任教。还可通过远程职教网络平台解决师资、设备不足问题。此外，有必要充分利用校企合作的平台，将企业中一些既有理论造诣又有丰富经验的专业技术人员纳入到职业学校"双师"队伍建设的人才库，更好地发挥其作用。

（二）推进民族地区基本医疗和公共卫生建设

基本医疗是全体社会成员所享受的医疗服务或医疗措施，旨在改善社会成员健康，提高国民素质。"公共卫生是一门通过有组织的社区活动来改善环境、预防疾病、延长生命和促进心理与躯体健康，并能发挥个人更大潜能的科学和艺术。其工作范围包括环境卫生，控制传染病，进行个体健康教育，组织医护人员对疾病进行早期诊断和治疗，并建立一套社会体制，保障公民都享有应有的健康与寿命"[①]。从健康需要角度来看，改善民族地区人力资源的身体素质，提高其健康水平，保证人们能够健康地、有尊严地生存与发展，关键在于基本医疗与公共卫生服务建设。

从民族地区基本医疗与公共卫生服务的总体情况看，近年来随着医疗卫生投入的不断加大，民族地区医疗卫生条件得到了较大的改善，每千人拥有职业医师数及每千人拥有病床数等指标大大提高，各种疾病的发病率明显下降，民族地区人民群众的健康水平有了大幅度提升，人口预期寿命也呈现出动态增长的势头。但从全国来看，民族地区的基本医疗卫生水平仍相当落后，而这个落后更多是反映在民族地区广大农村的落后上。民族地区城乡之间医疗卫生服务资源分布极不均衡，城市占有资源多，而广大农村却资源贫瘠。这也导致民族地区的广大农村仍是传

---

① 刘洋、高国顺等：《解析公共卫生内涵 推进政府管理职能转变》，《中国医院管理》2006年第5期。

染病发病率、孕产妇死亡率较高的区域。尽管在民族地区专门实施了"降低孕产妇死亡率和消除新生儿破伤风项目"等专项攻坚,但截至2010年底,该指标与发达地区相比仍然有3倍多的差距。① 这也从一个侧面反映了民族地区基本医疗与公共卫生服务的滞后。尤其是民族地区的偏远农村,是当前基本医疗与公共卫生服务的重点所在。因此,有必要从以下几个方面推进民族地区的基本医疗与公共卫生服务建设。

1. 合理配置与整合民族地区乡村医疗卫生资源

长期以来,城乡二元经济结构的存在,使得政府对城市和农村的医疗卫生投入结构呈现出明显的不均衡。1991—2000年这十年间,政府农村卫生预算支出仅占政府卫生总预算支出的15.9%,政府卫生预算支出增加额中用于农村卫生支出仅占12.4%。占中国总人口60%—70%的农村人口,只消耗了32%—33%的卫生总费用。② 导致城市和农村之间的医疗卫生服务有很大的差距。如果说就全国而言,农村的卫生与医疗问题是国家公共卫生的一个薄弱环节,那么民族地区农村的公共医疗与卫生情况则是弱中之弱,是基本医疗与公共卫生服务均等化建设的最短板(见表6-6)。

表6-6　2007—2011年少数民族地区乡村医疗点及设施覆盖情况　　单位:%

年份	全部	内蒙古	宁夏	青海	新疆	云南	广西	贵州
2007	14.58	18.18	10.13	28.72	8.82	10.67	19.37	13.00
2008	18.63	18.18	27.06	25.00	10.00	12.00	23.64	14.20
2009	20.26	20.75	23.75	24.24	13.04	12.82	24.71	18.16
2010	20.30	29.82	37.72	9.30	14.93	25.00	36.92	18.43
2011	30.02	33.33	41.95	13.19	27.40	20.00	42.43	22.04

说明:缺西藏数据。

资料来源:中央民族大学经济学院与中国社会科学院民族研究所合作项目《中国西部少数民族地区经济社会问卷调查》,转引自李丽《少数民族服务基本公共服务均等化问题研究》,中国经济出版社2015年版,第142页。

---

① 崔登峰、朱金鹤:《西部边疆民族地区基本公共服务均等化问题研究》,中国农业出版社2013年版,第111页。
② 孟志敏:《民族地区农村公共卫生研究——内蒙古自治区E旗调查分析》,《山西财经大学学报》2006年第2期。

从表 6-6 可见，尽管 2007—2011 年民族地区农村医疗点在不断增加，各省区也呈现增长的态势，但农村医疗点覆盖率仍相对较低。2011 年，七省区（缺西藏数据）全部加起来只有 30.02%，其中最低的青海仅有 13.19%，意味着绝大多数村庄没有基本医疗点。最高的广西也不过为 42.43%，仍有一半多的村庄没有医疗点。实际上，现行卫生机构设置多以行政区划为根据，没有考虑到民族地区地域广大、山高谷深、交通不便的因素，其结果就是县级卫生资源过剩而边远乡村医疗点稀缺，即便有乡村医疗点，很多也都缺医少药。如相关机构在对贵州省 10 个试点项目县内的村卫生室调查后发现，进行医疗服务所需的最基本的消毒条件，还有 50% 以上的村卫生室都不具备。① 由于缺少必备的医疗设备和诊疗技术，急性危重病人无法获得就近的医疗救治而延误甚至死亡；而县级卫生机构重复设置，医疗水平不高，医疗设备落后，没有达到县级医院应有的救治水准。真正有大病的时候，人们宁可选择到省级医院去接受治疗，也不会到县级医院。反而造成了当前本来非常有限的医疗卫生资源的不合理闲置。

当前要加强民族地区基本医疗与公共卫生服务建设，有必要对乡村医疗卫生资源进行合理配置和有效整合。按照 2009 年《中共中央国务院关于深化医药卫生体制改革的意见》提出的农村"县—乡—村"三级卫生保健网络各自的功能定位，"县级医院作为县域内的医疗卫生中心，主要负责基本医疗服务及危重急症病人的抢救，并承担对乡镇卫生院、村卫生室的业务技术指导和卫生人员的进修培训；乡镇卫生院负责提供公共卫生服务和常见病、多发病的诊疗等综合服务，并承担对村卫生室的业务管理和技术指导；村卫生室承担行政村的公共卫生服务及一般疾病的诊治等工作"。这意味着在"县—乡—村"三级医疗卫生服务网络中，农村公共卫生服务主要由乡、村两级医疗机构承担，乡镇卫生院是"枢纽"，村级卫生站点是"网底"。只有形成以乡镇卫生院为主的统一管理体制，开展以乡为中心、以村

---

① 钱序、李枫：《贵州省综合试点项目县村级卫生服务现状调查》，《中国初级卫生保健》2007 年第 7 期。

为站点的服务模式，乡村两级卫生机构才能形成功能互补、协调发展的服务体系。①

按照国外的经验，诸如社会保障、基本医疗卫生等公共产品的支出责任，并不是由基层地方政府来承担，而基本都由中央政府或者省（州）级政府来承担，因为他们更具有财政保障能力。公共卫生服务及基本医疗作为典型的公共产品和准公共产品，中央政府理所当然具有提供该类公共产品的社会责任。而且随着经济的发展和财力的增长，政府对人民群众的健康投资还应该随之而增加。②当前，政府应进一步完善财政转移支付制度，加大对民族地区农村卫生事业的支持和投入，确保民族地区农村公共卫生经费的来源，重点围绕乡镇卫生院、村卫生室的功能定位，有针对性地为其提供开展职能工作所需的医疗卫生资源和设备，确保乡镇卫生院和村卫生室的正常运行，使民族地区农牧民获得公平的基本公共卫生服务。

2. 着力提高民族地区基层医疗卫生队伍的数量与质量

民族地区基本医疗与公共卫生服务的落后，除了表现在硬件条件即医疗卫生设施资源配置的不到位不合理，更主要的是专业医疗卫生队伍的匮乏。从我国农村医疗卫生人员的学历构成情况看，超过90%以上的乡镇卫生院人员为大专、高中、中专及以下学历，高学历人员所占比例很小。当前乡镇卫生院公共卫生人员普遍学历、职称不高，公共卫生执业（助理）医师缺乏。在很多乡村医疗点，医务人员虽然一般都接受过医学教育，但大都或是中专卫校毕业，或是接受过医学卫生知识培训，但没有正规学历。尤其在广大的农牧区，基层卫生专业技术人员数量短缺，业务素质低，技术水平不高，诊疗水平有限的情况更是普遍存在。以至于一些乡镇卫生院花大价钱引进的先进医疗设备，因缺乏懂技术会操作的人，而使先进的设备也变成了一堆摆设。很多农村基层医疗机构陷入"缺人才—发展缓慢—经营困难—更缺人才"的恶性循环中。不仅

---

① 胡月：《基本公共卫生服务均等化视角下乡镇卫生院公共卫生人力资源配置研究》，博士学位论文，南京医科大学，2014年，第15—16页。
② 王建聪：《我国农村基本医疗卫生保障制度研究》，博士学位论文，东北财经大学，2011年，第114页。

难以充分满足基层农牧民对基本医疗和公共卫生服务的需求,也极大制约了农村医疗卫生服务质量的提高。

显然,在当前基层卫生事业亟须发展的情况下,政府应当考虑建立一种人才机制,通过专门培养、提高待遇、加大培训力度等方法,为民族地区农村医疗事业培养人才,吸引人才。在对现有公共卫生人力资源充分利用的基础上,加大高层次人才引进力度,从编制、待遇等各方面给予倾斜,以招贤纳士,补充民族地区医务专业人才缺口。在逐步增加基层医疗卫生队伍数量的同时,还应采取相应举措,努力提升基层医务人员的专业技术水平。各地应根据具体情况制定乡村医生培训规划,可以采取短期集中学习或函授的方式进行理论培训,或者通过到较高水平医疗卫生机构进修实习的方式,来提高民族地区基层医务人员的临床实践技能和水平。还可以制定优惠政策,鼓励支持乡村医生通过参加在岗专业学历教育,向执业(助理)医师转化等等。相关培训经费应列入县级财政预算。[①]

3. 立足民族地区实际,进一步完善新型农村合作医疗制度

新型农村合作医疗制度(简称"新农合")是我国农村医疗卫生体系的主要组成部分,是指由政府组织、引导、支持,农民自愿参加,个人、集体和政府多方筹资,以大病统筹为主的农民医疗互助共济制度。截至2014年底,全国参加新型农村合作医疗人口数达7.36亿人,参合率为98.9%。"新农合"在保障农民获得基本卫生服务、缓解农民因病致贫和因病返贫方面发挥了重要的作用。但在具体实施中,仍然出现了民族地区特别是一些偏远的贫困山区"有病不敢治""有病治不起",以及"因病致贫、因病返贫"等现象(见表6-7、表6-8)。

---

① 崔颖:《西部地区村卫生室卫生服务能力评价指标体系构建研究》,博士学位论文,华中科技大学,2009年,第140页。

表 6-7　　　　　　　　民族地区农村居民疾病诊治选择　　　　　　　单位:%

	自己买药	村卫生室	镇或县城医院	市或省城医院	在家用偏方	小病不看
选择比重	41.2	35.7	25.9	16.5	10.8	8.5

资料来源：中央民族大学经济学院与中国社会科学院民族研究所合作项目《中国西部少数民族地区经济社会问卷调查》，转引自李丽《少数民族服务基本公共服务均等化问题研》，中国经济出版社 2015 年版，第 146—147 页。

表 6-8　　　　　　　　民族地区农村居民看病难的原因　　　　　　　单位:%

	家庭贫困	交通不便	治疗费太高	医生技术不行	语言不通
选择比重	78.4	58.6	68.9	10.3	14.8

资料来源：同表 6-7。

　　从上述两个表格中可以看出，少数民族地区农村居民生病后选择最多的是自己买药，占到了 41.2% 的比重，其次是有 35.7% 的选择到村卫生室就诊，选择去乡镇或县城医院看病的位于第三位，甚至还有一小部分生病后在家用偏方治疗或干脆不去医治。在当前少数民族地区农村居民"新农合"参合比率已达 95% 以上的情况下，为什么人们生病后大多不选择去医保定点医院去医治呢？其原因，在表 6-9 中已经有非常清楚地显现。人们认为看病难的最主要的三个原因分别是：家庭贫困、治疗费用太高、交通不便。这与当前"新农合"的一些具体制度安排有关。目前，在"新农合"制度中，参保者一旦生病，得自己先垫支全部医疗费，治疗结束后才能拿着医院开具的发票去所在辖区相关部门机关申请报销。垫支的钱从哪里来，对很多收入并不宽裕的农民来说，这首先就是很头疼的事。即便最后能按一定比例报销部分医疗费，但个人仍需承担一定因医疗而发生的费用，以及相应发生的交通费用、住宿费用以及务工成本等。对一些得了大病的相对较贫穷的家庭来说，所能报销的这部分花费同实际支出的总的医疗费用相比，只能算是杯水车薪，他们仍旧看不起病。而相对富裕的家庭，则因为"新农合"的大病报支，得到了实实在在的优惠。所以从大病的角度来看，"新农合"没能解决农村中真正贫困家庭的医疗问题，不仅没有缩小农村中的贫富差距，反而拉大了他们与富裕农民家庭的差距。就这个角度看，"新农合"没能真正体现出公共卫生系统的公平性原则，反而使大部分参保农民因难以获得实惠而放弃了合作医疗。

再有，"新农合"作为一种农民医疗互助共济制度，其定位主要是以大病统筹、兼顾小病理赔为主，这也意味着只有在农民因大的疾患或重病而进行住院治疗的情况下才能获得相应的救助，救助范围基本不包含一般的门诊看病开药，这就使得农民的实际受益没有预想的大。因为在多数农民看来，生重病需住院治疗的情形不多，需要在门诊检查或者治疗的小疾病通常更多些，吃些处方药或者进行简单的针剂注射就可以解决。但目前药品价格总体偏高，一盒普通的感冒药就得十多块甚至二十多块钱，即便"新农合"给报销20%，但畸高的药价还是超出了农民能承受的范围。尤其是一些慢性病患者，需长年服药或者门诊治疗，但是按规定，在镇卫生院就诊可以报销40%，而每次就诊的检查费及手术费限额50元，处方药费限额100元；在三级医院就诊可报销20%，每次就诊的检查费、手术费的限额为50元，处方药费限额200元。显然，这样的报销上限同农民常年所负担的高额医疗费用相比，实在是九牛一毛。总之，起付线高、封顶线低以及报销比例不合理，保障水平低，参加和办理报销的程序烦琐等，让农民对"新农合"的满意度并不太高。相对东部发达地区，民族地区农牧民的保障意识和抵御风险能力较差。因此，新农合应综合考虑各地经济发展水平、农民经济承担能力和实际需要等，建立起多层次、多类型、有区别的农村合作医疗制度。在当前，急需立足民族地区农牧区相对贫困的实际，进一步完善新型农村合作医疗制度。

第一，适当增加政府投入，来弥补个人筹资的不足。从目前看，在"新农合"筹资模式由个人、集体和政府共同承担的机制下，承担分配比例不合理、各级财政筹资责任界定不清晰等也给执行过程留下了隐患。从出资能力看，在纵向上，由于分税制改革后，税收收入更多的集中到了中央，处于金字塔顶端的中央政府的出资能力显然高于各地方政府，然后逐级缩减。中央财政理应在新型农村合作医疗中承担更多的责任。在横向上，筹资能力则由东部向西部呈缩减趋势。在经济发展水平较低、相对落后的民族地区，农牧民收入水平总体不高，使得个人筹资能力非常有限。要适当增加政府、集体的投入，来弥补个人筹资的不足。甚至可以考虑在国家财政财力允许的范围内，面向民族地区的偏远贫困山区，构建一种免费的基本医疗服务，明确由政府免费提供基本医疗服务的清单，筛选一些常见病、地方病纳入基本医疗服务的免费清单。[1]

第二，在发展新型农村合作医疗保障制度的同时，适当把经济扶贫与卫生扶贫结合起来，对部分地区特别贫困的农村人口、或者是大病重病的特殊困难户可以通过实施医疗救助计划来进行救助，由政府或民政部门对其提供一定额度的补助，对帮助他们摆脱因病致贫、因病返贫具有重要作用。

第三，在"保大病"的基础上，探索"大小兼顾"的保障模式。在当前农村经济发展水平与地方政府筹资能力较低的条件下，对农民的医疗保障既"保大病"又"补小病"，显然也是难以兼顾的。集中有限的财力去分担农牧民的大病医药费负担，对于减少农民因病致贫、因病返贫情况确有实际意义，但从另一个角度看，保大病就不可避免会降低覆盖率，起付线越高，受益面越窄。毕竟患大病的概率不足5%，而95%的情况都是患各种小病。如果合作医疗仅补偿大病医疗费用，那么对绝大多数的农牧民来说，基本医疗保障和互助共济的优越性就无法体现出来，农牧民参加合作医疗的积极性就不会持久。因此，从受益面的角度来考虑，合作医疗也应对小病有所补偿。[2] 当然小病的补偿范围和额度，还需要探索研究。总之，需要在"保大病"的基础上，努力探索大小兼顾的保障模式，才会让这一互助共济的合作医疗制度在实际生活中真正发挥出应有的积极作用。

4. 大力加强农牧民医疗卫生及健康知识的宣传与培训

在人们通常的认识中，人的健康水平或预期寿命取决于外在医疗条件和医护人员救治水平，通过对疾病的救治来保证人们的身体健康。但

---

[1] 李丽：《少数民族服务基本公共服务均等化问题研究》，中国经济出版社2015年版，第147—148页。

[2] 党秀云：《民族地区公共服务体系创新研究》，人民出版社2009年版，第200页。

实际上，人们的健康水平更决定于自身对健康、医疗以及疾病的认识，通过懂得卫生保健知识，增强自我保健能力、预防疾病能力，进而促进健康。而且，自身对疾病、健康的认识和观念，以及因此而形成的良好健康的行为习惯对自身健康和预防疾病的作用更大。事实上，基本医疗与公共卫生服务资源能否得到有效利用一定程度上也是在于人们对健康、疾病的认识，否则其资源效率也将会受到影响。①

然而在民族地区特别是偏远的农牧区，由于生活贫困，自身文化素质相对较低，加上人们社会交往的能力和范围有限，普通群众的公共卫生及健康保健知识普遍不足，大部分医疗卫生知识主要是来自于媒体和道听途说，系统接受卫生保健知识的机会非常少（见表6-9）。

表6-9　　　　　　少数民族群众获取健康知识的情况　　　　　　单位：%

是否进行过健康检查或健康咨询的服务		获得健康或疾病知识的途径		是否想了解健康或疾病方面的知识	
从来没有	54.7	电视或广播	68.4	十分想	92.8
偶尔有	27.8	组织的健康或医疗讲座	5.3	一般	7.2
经常有	0.6	通过报刊、书籍	16.5	不想	0
不清楚	16.9	通过与他人交往	57.2		
		说不清	8.6		

资料来源：中央民族大学经济学院与中国社会科学院民族研究所合作项目《中国西部实施民族地区经济社会问卷调查》，转引自李丽《少数民族服务基本公共服务均等化问题研究》，中国经济出版社2015年版，第144页。

从表中数据可以看出，从未进行过健康检查或健康咨询服务的占54.7%，超过了受访者总数的一半，而能够经常做健康检查或咨询的仅有0.6%。这说明绝大多数人们并没有享有健康检查或健康咨询服务，包括由市场提供的健康保健咨询服务活动在内。另外，从人们对是否想了解健康或疾病方面知识的反馈中可知，有92.8%的受访者表示十分想了

---

① 李丽：《少数民族服务基本公共服务均等化问题研究》，中国经济出版社2015年版，第143页。

解。这说明人们对追求健康、免除疾病痛苦还是有着非常强烈的愿望的。但从目前来看，人们了解有关卫生健康知识的途径和渠道还比较有限，通过电视广播和报刊书籍等社会公共信息渠道了解卫生健康知识的占到了较大的比重，而通过各种组织的健康或疾病咨询讲座而获得相关知识的只有5.3%。从中可知，相关机构和部门对公共卫生宣传、健康教育咨询等方面的宣传普及活动重视不够，开展活动较少。

由于相关卫生健康知识的缺乏，许多人长期生活在亚健康状态，很多不良的生活习惯、生活方式导致一些慢性病的肆意流行，尤其是由于没有做好相应的预防措施，许多本来可以避免发生的疾病却得不到及早发现和及早治疗。因此，政府有义务有责任在公共卫生、健康知识的普及教育方面加大力度，让更多的人了解公共卫生、健康保健的重要性，这也是卫生工作者必须承担的义不容辞的责任。

公共卫生应以"预防为主"，通过宣传教育，强化人们的健康意识，养成良好的卫生习惯和健康文明的生活方式，帮助人们摆脱在疾病面前的被动地位，这才是永久保障人们身体健康的最有力武器。加强健康教育和宣传也是一项最为经济有效的卫生保健政策。因而世界卫生组织把健康教育和健康促进列为当前预防和控制疾病的重要措施之一。逐步建立以预防为主的国家公共卫生医疗防御体系本身也是我国公共卫生医疗改革的终极目标。而当前，之所以许多医疗卫生机构重医疗轻保健，更愿意开展以盈利为目的的病后医疗服务，而对于预防、保健等公共服务不关心，一部分原因是政府用于卫生服务的财政投入不足，使得很多医疗卫生机构不得不"自谋生路"，把挣钱吃饭当成自己的头等大事，无形中降低了它们在承担公共卫生服务宣传教育与培训中的积极性。① 因此，政府一方面要下大力气广泛开展公共卫生安全、健康保健方面的宣传教育和培训，另一方面还是要加大财政投入，解决基层医疗卫生机构的后顾之忧。

卫生健康教育作为社会的一个系统工程，必须要全社会共同参与，

---

① 王纪芒：《民族地区公共卫生事业的发展及其困境——以内蒙古自治区鄂托克前旗为例》，《中央民族大学学报》（哲学社会科学版）2008年第2期。

多方联动，形成卫生、宣传部门牵头，省、市、区（县）、街道（乡镇）、村等多级参与的健康教育网络，并要制定专项健康教育工作计划。同时要以学校、社区、各级医疗机构、主要公共场所等为主要教育阵地，保证系统化、日常化、制度化地开展卫生健康教育。此外，各级健康教育机构还要加强与大众媒体合作，利用电视、电台和报纸、期刊等传媒，宣传普及医药卫生知识。

在健康教育形式上，要力争多样化、通俗化、大众化，可以通过举办健康教育宣传栏、开展公众健康咨询、专家义诊及免费体检活动、举办健康知识讲座等服务形式来扩大宣传。还可以印制一些健康教育方面的知识普及读本，向农牧区的群众免费发放。有条件的地区，还可逐步建立居民的健康档案。同时，考虑到农村居民受教育程度较低，仅仅发放宣教材料很难达到健康教育目的，因此需还有必要进行面对面的宣传，包括上门宣传。

在教育内容上，应着重针对民族地区尤其是农牧区的群众日常生活中最为关切的问题，如一些常见病、多发病、地方病的防治讲解；合理用药知识的宣传教育，普及科学用药知识；意外伤害的应急处理；合理膳食、平衡营养方面的日常保健；心理健康知识的宣传普及等。以提高居民自我保护意识，改变其不合理、不科学的卫生习惯和生活方式。

（三）加快民族地区公共基础设施建设

一般意义上的基础设施是指直接为生产部门和人民生活提供共同条件和公共服务的设施和机构。通常包括运输、仓储、通信、发电和输变电、供气、供水和排污等城市设施，以及与农业有关的灌溉系统等。① 基础设施是现代经济发展的基本条件。基础设施的发展水平不仅直接影响着经济增长的产出效益（如发达的交通有利于降低直接生产部门的转移成本），同时对于改善贫困人口的生存发展条件，增加其收入，提高其生活质量也有直接的影响。

由于历史的原因，民族地区大多地处偏远，自然地理条件恶劣，基

---

① 黄健英：《加快基础设施建设　促进民族地区经济发展》，《黑龙江民族丛刊》1997 年第 4 期。

础设施建设极为落后。新中国成立后，民族地区的基础设施建设力度大大加强，道路交通状况有了明显改善。仅"十一五"期间，投入在民族地区公路、铁路、水运等交通设施建设上的国家投资就高达1670多亿元，是"十五"时期的2.2倍。① "截至2013年底，8个多民族省区公路通车里程超过100万公里，是2005年的近2倍；高速公路里程达到1.9万公里，是2005年的3.3倍；93.7%的乡镇、61.0%的建制村通了沥青（水泥）路。"② 在信息通信方面，到2011年3月，随着西藏尼玛县央龙曲帕村开通移动基站，我国包括民族地区在内实现了行政村100%"村村通电话"。此外，青藏铁路工程、贵广高铁、沪昆客运专线、小浪底水利枢纽工程、黔中水利工程等国家重大基础设施工程的建设实施，使民族地区交通、水利、能源等基础设施建设得到了较快发展。

但横向比较，民族地区基础设施的建设与发展仍相对落后。综合交通网络体系较不完善，部分水利设施老化和建设不足，道路交通建设还难以满足当地经济发展的需要，部分地区的农村饮水安全仍是很大的问题等等。基础设施薄弱严重制约了民族地区的发展和全面建成小康社会目标的实现。当前应着力加快以交通、能源、水利、信息为重点的基础设施及农村安全饮水等公共服务设施的建设，这不仅是加快民族地区发展的基础工程，对于带动民族地区其他相关产业的发展，也会产生明显的投资拉动的"乘数效应"。

1. 进一步完善民族地区道路交通设施的建设

民族地区地理位置偏远，广大群众居住分散，交通道路的畅通与否对他们的生活和发展有着巨大影响。近年来，随着众多公路、铁路、民航线路在民族地区的建成和开通，民族地区群众人均享有的铁路和公路里程数量已经达到甚至超过了其他地区。但总体上，与东部地区相比仍存在明显差距。据统计，截至2010年底，在全国不通沥青（水泥）路的

---

① 《"十一五"期间我国民族地区经济持续快速发展》，2010年12月22日，中央政府门户网站，http://www.gov.cn/jrzg/2010-12/22/content_1771056.htm。

② 《任锦雄谈加强民族地区交通运输发展》，2015年2月6日，中国公路网，http://www.chinahighway.com/news/2015/904003.php。

1200个乡镇、12万个建制村中,西部地区和边远贫困地区占到了90%。[1]即使是已经通了沥青路的一些地方,由于重建轻养,导致民族地区农村公路"油返砂""通返不通"问题较为突出。简言之,民族地区与东部地区交通基础设施的差距突出表现为"两低"和"两差"问题。"两低"就是路网密度低和通达水平低;"两差"就是道路等级质量差和出海条件差。[2]民族地区无论是铁路还是公路的路网密度均低于全国平均水平,更远远低于东部地区(见表6-10)。

表6-10　　　　　民族地区基础道路建设情况(2014年)

项目	全国(不含港澳台)	民族地区	东部地区
总人口(万人)	136782	19342	56540
区域行政面积(万平方公里)	960	566.1	107.8
铁路(公里)	103144.6	29919.7	31637
人均里程(公里/万人)	0.75	1.55	0.56
域均密度(公里/万平方公里)	107.4	52.9	293.5
公路(公里)	4356218	1051460	1218223
人均里程(公里/万人)	31.85	54.36	21.55
域均密度(公里/万平方公里)	4537.7	1857.4	11300.8

说明:1. 表中所统计的仅为民族八省区的数据。2. 东部地区数据则为"七五"计划所公布的11个省(市)的数据。

资料来源:根据《中国统计年鉴(2015)》数据计算得出。

从表中可见,民族八省区的铁路总里程和公路总里程与东部地区相差并不多,由于人口密度不大,甚至人均里程数还高于全国平均值和东部地区人均值。民族地区人均铁路里程数为1.55公里/万人,而全国的人均铁路里程为0.75公里,东部地区仅0.56公里;公路的人均里程数,民族地区为54.36公里/万人,全国为31.85公里,东部地区仅21.55公里。

---

[1] 国家发展和改革委员会:《农村基础设施建设发展报告》(2011年),内部资料,2011年,第111—112页,转引自张秀莲《我国农村基础设施投入及其影响因素研究》,博士学位论文,南京农业大学,2012年,第44页。

[2] 郑长德:《中国西部民族地区的经济发展》,科学出版社2009年版,第232页。

但民族地区地广人稀，如果从道路路网密度来衡量，民族地区远未达到全国平均水平，更与东部地区相去甚远。铁路路网的域均密度全国为107.4公里/万平方公里，东部地区为293.5公里，而民族地区仅为52.9公里，基本相当于全国平均水平的一半左右，为东部地区的18%。公路路网的域均密度全国为4537.7公里/万平方公里，东部地区为11300.8公里而民族地区仅为1857.4公里，相当于全国水平的40.9%，是东部地区的16.4%。

路网密度低虽然一定程度上与民族地区特殊的自然地理环境有关，地广人稀，人口密度比中东部地区低得多。但同时也反映出在交通基础设施供给上区域之间还存在较大的不均等。"要想富，先修路"这已成为人们的一种共识，而民族地区铁路和公路的路网建设显然还远未达到满足民族地区建设发展的需要。要让民族地区摆脱贫困，让蕴藏在民族地区崇山峻岭中的丰富资源走出深山，让困守在大山中的人们打破封闭，民族地区的交通基础设施的建设还需要大力推进。尤其在当前中央提出要加快陆海丝绸之路经济带建设、形成全方位开放新格局的新背景下，民族地区作为我国沿边开放的前沿地带，对其交通基础设施的建设提出了更高的要求。当前，民族地区交通基础设施建设应重点围绕以下几方面展开：

第一，应尽快完善民族地区以公路为主的综合交通网络体系。一方面全面实施"村村通、组组通"工程，打通民族地区交通网络上的毛细血管，争取使通村、通组水泥道路及有路无桥等问题在较短时间内得到全面解决。加强乡镇和建制村通硬化路建设和农村公路危桥改造，尽快解决和打通县际间、乡（镇）际间"断头路""卡口桥"现象。同时，调整完善民族地区普通国道网，使之与所有县城及县级以上行政节点建立起有效连接；并对民族地区的国道省道加大建设和改造力度，提高其整体的服务水平和能力。此外，要集中力量加快民族地区境内原"7918"国家高速公路网建设，努力完善区域高速公路网络，补齐沿边地区高速公路"短板"，打通民族地区对内对外联系的"大通道"。如宁夏，作为未来丝绸之路经济带的重要战略支点，应全面完善"三环八射九联"高速公路网建设，加快银川至青铜峡、彭阳至青石嘴、黑城至海原等高速公路及西吉至毛家沟一级公路建设，打赢六盘山交通扶贫攻坚战。贵州要加大"环贵州高速圈"建设,将"环贵州高速公路"外延与跨省高速通道建设结合起来,重点规划建设兴义—广西百色、天柱—湖南会同等贯穿民族地区与省外通道的高速公路。同时,高速公路建设要注重与铁路、航空、水运等运输网络及城市道路的衔接,发挥综合运输网络整体效益,服务经济社会发展。

第二,加大跨境道路通讯基础设施建设,提升民族地区扩大开放和大规模物流能力。民族区域自治地方边境线约占全国陆疆总长度的90%,但是货物进出口总额只占全国的2%左右,国际旅游人数和旅游外汇收入只占全国的4%—5%。这与民族地区的资源、人口、经济潜力相比极不相称。[①] 按照习近平总书记陆海丝绸之路经济带建设思想以及2014年初国务院颁布的《关于加快沿边开发开放的若干意见》精神,必须大力推进丝绸之路经济带、海上丝绸之路建设,形成全方位开放新格局。通过加快建设边境交通干道工程,充分提升民族地区的开放能力和开放水平,并充分利用民族地区与周边国家的陆界相连与人文交往密切优势,加强与周边国家的协调与沟通,建立起"政策沟通、道路联通、贸易畅通、货币流通、民心相通"的新格局,使沿边开放成为中国全方位开放的新支点。

第三,持续推进部分边远民族地区溜索改桥工程的后续建设与管理。在我国部分边远民族地区的大山深处,尤以云南、贵州、四川为主,因地势险峻,建桥成本高,溜索一直是当地居民出行最主要甚至是唯一的交通方式。溜索在特定时期解决了当地的交通阻碍,但存在很大的安全隐患。"十一五"期间,国务院扶贫办、交通运输部先后在西藏自治区和云南怒江州分别组织实施了84对、42对"溜索改桥"项目,一大批边远山区的农牧民告别了溜索这种落后的交通出行方式。2013年,交通部、国务院扶贫办又联合发布了《"溜索改桥"建设规划(2013—2015年)》,将四川、贵州、云南、陕西、甘肃、青海、新疆等7省(区)的289对溜索列入改造计划,改造成相应的车行桥或人行桥,并配套建设连接道路,基本结束"溜索时代"。目前,项目总体进展顺利,部分还在持续推

---

① 王延中等:《加快民族地区小康社会建设的挑战、问题及对策》(下),《广西民族研究》2015年第5期。

进中。目前一方面要做好有序巡查工作,保证项目按时完工;另一方面,更重要的要做好已完工项目的跟踪落实和后期管理,在质量监管、工程验收、养护移交等方面把好关。

从目前民族地区交通设施建设过程中存在的困难看,投资主体单一所导致的财力不足是主要的一个制约因素。来自于政府的投资几乎是唯一来源,企业和民间资本参与到农村交通设施建设中的机会和渠道都很少。受财力所限,地方财政对农村及农业的支持力度长期不足。如2008年新疆地方财政中对农村和农业支出为143.16亿元,仅占财政总支出的13.51%,比例极低。而且这些有限的投资大部分也都集中于农业方面上,用于交通建设、社会保障等的支出就更加有限。由此导致新疆农村基础设施供给的匮乏或不足。新疆固定资产投资完成额中,农村固定资产投资完成额所占比重仅为9.50%,明显偏低。① 从地形地貌来看,民族地区地形复杂,地势险峻,山区多平地少,导致交通建设投资成本高,加上民族地区本身缺乏大规模建设资金和市场化融资能力,配套建设资金也很困难。因此,对民族地区的基础设施建设,中央政府有必要长时期实施倾斜、扶持政策,在资金上、优惠政策上给予大力支持。此外对地方配套资金的要求也应具体情况具体分析,对一些确实财力不足、没有能力提供配套资金的民族地区可以实施一揽子解决办法,如实施以工代赈、技术援助等有利于当地发挥劳动力资源优势的措施,而不必强行要求资金配套。② 同时,有必要在投融资机制上进行大胆创新,改变投资主体过于单一的局面,健全国家、企业、集体、农民和社会各界相结合的多渠道农业投资体系。灵活运用税收、补贴、奖励等财政和行政杠杆,如可通过设立建设基金,对建设乡村道路的投资者给予一定补助等方式,鼓励民间投资者积极参与到农村的基础设施建设中。

2. 持续加大民族地区农村安全饮用水供给

水是生命之源,饮用水的安全卫生越来越成为当今社会人们高度关

---

① 朱金鹤、崔登峰:《新疆农村基础设施建设问题研究——基于公共服务均等化视角》,《石河子大学学报》2011年第2期。

② 王延中等:《加快民族地区小康社会建设的挑战、问题及对策》(下),《广西民族研究》2015年第5期。

注的问题。我国民族地区由于自然地理条件复杂，经济发展相对缓慢，饮水不安全问题一直是民族地区尤其是广大农村普遍存在的一个难题，严重影响人民群众的身体健康。如宁夏的南部山区和中部干旱带，因地质等自然条件的原因，标准饮用水资源极为稀缺，只有1.5亿立方米，人均水资源为51立方米，仅为全国平均的2%，是我国极为缺水地区之一。而且地下水质全盐量和含氟量很高，水质矿化度4—7g/L，有些地方含氟量在7g/L以上，人畜不能饮用，称之为"苦水"。[1] 在云南，由于不少农村供水设施是村集体和农民自建的，投入资金有限，供水设施往往比较简陋、落后、分散，水源极易污染，水体质量较低。长期以来，很多民族地区的农民普遍吃着不太干净的自来水。在凉山彝族地区，由于彝族农民通常不喝开水，有直接饮用自来水的习惯，使得患水质性地方病和水质性传染病（如结石病、肝炎、血吸虫病）的人增多，饮水安全问题给农民的健康带来了严重的威胁。[2]

近年来，中央高度重视农村饮水安全问题，加大了对农村供水设施的投资力度，实施了一系列工程和管理措施。据《全国农村饮水安全工程"十二五"规划》资料显示，"十一五"期间共解决了2.1亿农村人口的饮水安全问题，尤其对老、少、边、穷地区在农村饮水安全项目安排、资金投入等方面给予倾斜政策，特别是向边疆地区、少数民族地区重点倾斜，不仅极大地改善了少数民族地区的生活条件，而且有效地减少了群众因争水而引发的纠纷，维护了社会和谐稳定。据新疆自治区调查，农村饮水安全工程的实施有效遏制了介水传染疾病和水质地方病的传播，项目区肠道传染病、伤寒等发病率明显降低。但截至"十一五"末，农村饮水安全形势仍然十分严峻，饮水安全工程建设任务依然繁重。据《全国农村饮水安全工程"十二五"规划》中的数字显示，确定纳入到"十二五"规划的农村饮水不安全人数仍有29810万人，其中饮用水水质不达标16755万人，占饮水不安全人数的56.2%，因水量不足或方便程

---

[1] 吴敏、霍翠萍：《宁夏农村饮用水安全存在的问题及对策》，《宁夏农林科技》2014年第6期。

[2] 阿说日吉：《民族地区农村饮水安全问题分析及建议》，《水利经济》2008年第5期。

度不高及保证率不达标等而导致的缺水问题大约有13055万人，占饮水不安全人数的43.8%。

第一，应继续加大对民族地区农村饮用水工程建设的投资力度。饮用水工程是保障农民基本生存条件和身体健康的一项重要工程，关系到农村广大群众的饮水安全问题，是农村公共基础设施和农村公共卫生体系的组成部分，也是广大农民群众迫切需要的一项民生水利工程。通常情况下，工程较分散、规模也较小，投资和运行成本相对较高，靠农民个体的力量显然难以负担，非常需要政府公共财政给予强有力的扶持。尤其对于相对贫困的民族地区，饮水工程建设更应以政府补助为主，农民自筹为辅。因此，各级政府应当充分重视，加大投入。如当前农村饮用水工程建设中，按照要求在中央政府拨付一定资金的同时，还需地方政府按一定比例进行配套。但目前相当多的地方财政配套资金不能足额到位，主要靠农民投资投劳。其原因还是由于民族地区总体经济实力有限，地方财政很多属于吃饭财政，能够拿出的配套资金非常有限。在这种国家扶持资金相对有限、地方财政又配套不足、农村自身资金筹集困难的情况下，往往造成了工程建设的简约化，或难以提供较完善的配套设施。如有些民族地区虽基本实现了自来水村村通，但是相应的排水道和污水处理厂却相对偏少，大多数乡镇和行政村都没有处水工程，以致大量生产、生活污水排入渗坑或直接排进河道，造成严重的地下水和地表水污染，直接威胁居民的用水安全。同时也正是因为地方政府财政困难，造成了农村饮用水安全工作后续管理的弱化，长期缺乏安全饮水监管机制。因此，在现有地方政府负责本级基础设施供给体制下，还需进一步明确中央和上级政府在饮水工程建设中的责权利，中央政府有必要进一步加大对民族地区饮水工程的专项投入力度，同时积极鼓励和引导民间资金参与投资，可适当采用股份制等形式吸纳社会资金或利用贷款进行建设。部分小型设施建设项目可以鼓励当地受益农户在自愿的基础上，采取集资或以工代资等多种方式进行。同时，完善相应激励机制，以鼓励信贷向农村基础设施建设方面倾斜。对诸如农村饮水安全、垃圾污水处理工程等民生项目的贷款可给予一定的税收优惠，并推动农业信贷担保体系、农业保险体系和农业贷款风险补偿机制建设，以解决农村基础设施项目信用不足问题。

第二，努力加强水资源保护，确保饮用水水源水质安全。水源和水质的污染是当前造成民族地区农村饮水不安全的重要因素，必须加大水源保护工作力度。一方面应着力完善科学有效的水质监测体系，健全水质卫生常规监测制度，提高监测水平和质量。对农村水厂通过建立严格的取样和检测制度来加强水质管理；对一些小型分散的饮水工程可采取巡回检测等方式，由县水质检测室（中心）不定期检测，以及时排查和发现问题。对供水工作的人员进行技术指导以及定期健康体检，建立健康档案。加大治理污染力度，定期检查，严禁施用高毒、高残留农药，严厉打击非法排污。另一方面还应充分利用广播电视等媒体作用，广泛进行水资源保护工作的宣传和引导。可组织多种形式的宣传活动，如现场贴标语，不定期的广播宣传演出以及其他喜闻乐见的方式，对农村居民进行饮用水卫生知识的普及和宣传，引导农民群众逐渐养成污水合理排放的习惯和方式。还要引导农民积极参与和支持农村水源地建设规划的实施。

第三，改革和完善农村饮水工程的管理体制和运行机制。在工程建设中，受多年形成的重建设轻管理思想的影响，维护的专项资金缺乏，激励和考核机制不健全，工程的运行及养护管理往往是一个薄弱环节。许多设施有人用，却没人管。由于缺乏应有的检修，一些设施的功能发挥日趋减弱，而运营成本却不断增高。这些都在一定程度上影响着饮水工程的实效。当前有必要创新思路，应按照"谁投资、谁所有、谁受益"原则，对农村饮水工程落实产权和管理主体。针对不同的工程类型和规模采取不同的管理模式。对水窖、水池等微型集雨工程，可采取国家补助，农户自建、自管、自用的体制；对自然村或行政村为单元的小型农村饮水工程，采取国家补助，农户自筹，由受益农户在民主协商的基础上成立群众管水协会，并推荐选择具有一定的文化知识、责任心强、公道正派的人员作为专门的管水员，代表农户实行自主管理，监督工程资金使用，承担工程建成后的水费收取、管网维护等职能；对跨乡、村的区域集中供水工程，采取专管机构、受益村和用水户协会管理相结合的办法，实行有偿供水，合理收费，促进工程良性运行。包括县、乡镇水利局或水利站在内的基层服务体系，应将技术培训、经验交流、推广先进实用技术、进行行业指导与服务等，作为一项经常性工作来开展，以逐步完善农村供水社会化服务体系。①

3. 进一步推动民族地区农村电网的改造升级

农村电网是农村重要的基础设施，对促进农业和农村发展、改善农民生产生活条件具有极其重要的作用。但长期以来，农村尤其是少数民族偏远地区的农村一直是电网规划和建设的薄弱区，电力供应非常有限，对农村农业发展以及农村日常生活带来了很大的影响。自1998年以来，我国在全国范围内实施了两期农村电网建设与改造工程，"十二五"期间又通过农村电网改造升级工程的实施，进一步改善了农村电网结构，提升了农村电力供应能力。2013年，为了解决最后的主要分布在新疆、西藏、四川、青海等偏远少数民族地区的273万无电人口用电问题，国家能源局制定了《全面解决无电人口用电问题3年行动计划（2013—2015年）》，共安排投资247.8亿元，其中中央资金145.5亿元，实施无电地区电网延伸和可再生能源供电工程建设。截至2015年底，随着青海省最后3.98万无电人口通电成功，我国全面解决了无电人口用电问题。② 一定程度上满足了当地农牧民的用电需求，改善了民族地区群众的生产和生活。

然而，目前来看，城乡电力服务的差距仍较为明显。日益增长的农村地区的用电需求同现有的农村电力保障能力之间还存在较突出的矛盾，尤其是在较为贫困的民族地区的偏远农村，电网建设更是相对滞后。尤其当前，随着新农村建设的推进、"家电下乡"政策的深入实施以及农村经济的快速发展，农村电力需求呈现出快速增长的势头。但由于前期农网改造的标准较低，且大部分设备运行多年已陈旧老化，随着农村用电负荷的不断加大，部分地区已改造过的农村电网又出现重载、超载、甚至"卡脖子"现象，农网供电能力出现了新的不足问题，急需增容扩建。此外，农村排灌、农副产品加工等设施用电问题日益明显，这些供电设

---

① 翟浩辉：《切实做好农村饮水安全工作》，《中国农村水利水电》2005年第1期。
② 《我国全面解决无电人口用电问题》，新华网，2015年12月24日。

施大部分没有得到改造，供电可靠性和安全性差，用电价格也比较高。需要在进一步推动农网改造、深化农电体制改革的基础上，推动城乡各类用电同价，减轻农村生产生活用电负担，为农村经济社会发展创造公平的环境。[①]

目前，应认真贯彻和落实好国家发展改革委《关于"十三五"期间实施新一轮农村电网改造升级工程的意见》（下文简称《意见》）精神，进一步推进民族地区农村电网改造升级工程，这也是加强民族地区农村基础设施建设，推进城乡基本公共服务均等化进程的迫切之需，对带动民族地区相关产业发展、促进民族地区农村消费结构升级等具有重要作用。当前的重点：一是要加快新型小城镇、中心村电网和农业生产供电设施改造升级。充分满足农产品加工、乡村旅游、农村电商等新型产业发展以及农民消费升级的用电需求。二是扎实推进农村电网投资多元化。探索通过政府和社会资本合作（PPP）等模式，运用商业机制引入社会资本参与农村电网建设改造。三是开展西藏、新疆以及四川、云南、甘肃、青海四省藏区农村电网建设攻坚，加快孤网县城的联网进程。四是加快西部及贫困地区农村电网改造升级，提升电力普遍服务水平。

民族地区的农村电力供应问题不仅是一个能源发展问题，也是能源公平问题。向农村持续提供高品位的电力和能源服务不仅是建设新农村的需要，更是农村居民的基本需求和基本权利。[②] 要保证上述工作在民族地区得到较好的落实和完成，从中央到地方各级政府、各级各类电网企业以及全社会都应努力给予支持。

首先，各级政府要加大对民族地区农村电网建设的政策和资金支持，积极扶持农电企业发展。民族地区的广大农牧区，地域广阔分散，人口密度低，居住较分散，且远离大城市和负荷中心。从电力供应的角度看，用户不够集中，消费量低，负荷系数低。从而使民族地区的农村电力供

---

① 国家发展和改革委员会：《农村基础设施建设发展报告》（2011年），内部资料，2011年第111—112页，转引自张秀莲《我国农村基础设施投入及其影响因素研究》，博士学位论文，南京农业大学，2012年，第44页。

② 罗国亮：《中国农村电力发展政策：演变、问题与展望》，《经济研究参考》2011年第51期。

应不仅供电线路长,投资大,而且受地域环境和气候影响大,供电质量相对较低,维护费用高。从投资—收益的角度看,农村电网建设费用较高,投资收益较低,且建设资金缺乏,导致农村电气化的发展缓慢。① 也使得民族地区各类农电企业盈利能力普遍较弱。部分民族地区电网长期处于高负债经营状态。据统计,2008 年,甘肃、青海、宁夏、新疆电力公司平均资产负债率已达到 69.6%,总资产收益率分别为 0.86%、-0.41%、1.65%、0.31%,普遍低于全国平均水平。因此,对这类地区的农电企业国家应给予重点支持。②

其次,还要加快民族地区农电管理体制改革。一方面,要建立分工合理、协调配合的政府农电管理体系,明确中央与地方管理的职责权限。由于农村电力无论是对于农民生活,还是对农业生产及农村的整体发展都有着重要影响,有着很强的政策性,政府必须承担农电管理中的主导作用,是农电发展规划和长期政策的制定者,以加强政府农电政策支持和管理。同时还要充分发挥地方政府在推动农电管理体制改革和发展的作用。另一方面,厘清农电资产的归属,明确界定产权。以优化资源配置、调动产权主体的投资积极性为原则,解决好地方政府与省级电力公司在农村电力资产上的纠纷。在产权明晰的基础上,对县级供电企业改组改制,促进企业联合重组,建立现代企业制度,为农村电力可持续发展提供制度基础。③

再次,还应着重加强农村电网的维护管理,以提高农村供电可靠性。针对目前广大农村中供电网络地域广、分散、供电线路设备日常维护困难等问题,合理设置农村供电营业所,至少保证每个乡镇有一个农村供电营业所,较大的乡镇考虑分设服务站,方便农村电网的维护和管理。加强供电所内部教育培训和管理,不断提高供电所员工的业务素质、技能水平,确保安全供电。同时,加强线路定期巡视,及时消除设备缺陷和安全隐患。在强化农村电网维护管理过程中,还应强化农村安全用电

---

① 罗国亮:《中国农电管理体制:演变、问题与改革》,《经济研究参考》2012 年第 27 期。
② 罗国亮:《中国农村电力发展政策:演变、问题与展望》,《经济研究参考》2011 年第 51 期。
③ 罗国亮:《中国农电管理体制:演变、问题与改革》,《经济研究参考》2012 年第 27 期。

意识和安全用电技能。多措并举，实现农村电网安全可靠供电。①

二 健全和落实民族地区的生态补偿制度安排

生态补偿是近二三十年来随着人类生存环境的恶化以及人们对生态保护的日益重视而兴起的一个热门话题。由于生态补偿本身涉及面广，问题复杂多样，以至于到目前为止，对生态补偿并没有一个统一、公认的定义。但总体上都认为，生态补偿是为了抑制生态破坏、鼓励生态保护，由生态保护的受益者向生态保护者提供一定补偿，来调动生态保护者积极性，解决生态产品消费中的无偿受益现象，实现生态保护中经济外部性的内部化，以维护和改善区域生态系统服务功能。生态补偿机制，就是指为促进生态补偿活动的发展、调动社会各方生态保护积极性，对补偿主体、补偿对象、补偿方式、补偿标准等方面做出的一系列制度性安排。"其理论基础是环境外部成本内部化原理，其目的是通过经济、政策和市场等手段，在解决生态重建资金的同时，形成一种激励生态环境保护并约束自然资源破坏行为的机制，以解决一个区域内经济社会发展中生态环境资源的存量、增量问题和改善区域间的非均衡发展问题，逐步达到和体现区域内的平衡和协调发展，使生态资本增值、资源环境永续利用。"②

建立健全生态补偿机制，明确界定生态保护者与受益者的权利与义务，是我国建设生态文明的重要制度保障。以财政转移支付或市场交易等方式，对生态保护者给予合理补偿，有利于实现生态保护经济外部性的内部化，对于促进人与自然和谐发展，以及推动主体功能区战略的实施等都具有重要意义。近些年来，党中央、国务院对生态文明建设的重视程度日益提升，在每年的经济体制改革意见和政府工作报告中，以及五年环保规划、党的十八大报告，还有新修订的《环境保护法》等政策文件中，都对建立和完善生态补偿机制问题进行过论述，也提出了任务

---

① 张金荣、李巍、李华鹏：《黔西南州新农村用电分析及其电网发展研究》，《水电能源科学》2011年第3期。

② 王信、尹杞月：《建立西部地区生态补偿机制的对策探讨》，《生态经济》2009年第2期。

和要求。

我国民族地区是全国的"百水之源"和主要的风沙源头,我国最大的两条江河长江、黄河均发源于此,既是我国重要的生态屏障区,又是国家资源与能源的重要战略基地,其生态环境的质量好坏不仅影响到大江大河的中下游地区,甚至对全国都有重要影响,对维护国家生态环境安全有着决定性作用。然而,随着人口的增加以及长期不断的开发,这些地区的生态环境已严重退化,沙漠化加剧、植被破坏严重、自然灾害频发,资源可利用率大幅度降低。为此,从20世纪初开始,国家在民族地区实施了一系列的生态建设工程,包括退耕还林、退牧还草等,某种程度上讲也是为全国承担起了生态保护的责任。2010年,全国主体功能区规划出台,更是根据资源环境承载能力、现有开发密度和发展潜力等,将我国民族地区的大部分区域划归为限制开发区和禁止开发区,区域主要功能被定位为生态功能,从而限制或禁止进行大规模的工业开发活动。这样的定位,是坚持可持续发展的时代要求,从全局和长远来看,无论对全国还是对民族地区自身,也都是有利的。然而,不能不看到的一个现实是,这样的定位,使得原本就欠发达的民族地区,由于产业上的限制而在某种程度上损失发展的机会,且还要为实现其主体功能而承担额外成本。无形中可能进一步加剧东西部之间、西部各区域之间的利益失衡。更何况,作为国家重要的能源资源战略基地,在几十年的国家经济建设中,西部民族地区承担着生态环境破坏的巨大成本,以低廉的价格向东部地区输出了大量优质的能源资源,导致该地区长期承受着经济落后和生态恶化的双重压力,但一直以来却并没有得到应有的补偿。从这一角度看,对西部民族地区的生态保护和建设行动给予相应的生态补偿,也是社会公平原则的必然要求。健全和落实好民族地区生态补偿制度安排迫在眉睫。

(一)加快建立以政府为主体,多方参与的生态补偿投入机制

生态建设具有一定的特殊性,它所提供的是公共物品,由于公共物品本身的非竞争性和非排他性,决定了其供给主要应由政府提供。同时,生态改善的结果往往具有"溢出效应",其受益者是多方的。因此,除政府外,其他因生态改善而获益的各方也都有义务承担一定的补偿责任。

1. 政府作为生态补偿的投入主体，应承担首要的主体责任。在生态补偿的实施中，政府具有明显的优势：首先，政府具有强大的资金实力。生态补偿往往需要有大量资金投入，这笔巨额支出靠个人或者企业显然是难以承担的，但政府具有这方面的优势。其次，在生态补偿的组织、宣传和协调上政府也具有优势。生态补偿涉及不同的补偿对象，不仅包括生态建设区的个体农牧民，还包括相关企业和当地政府。他们各自所追求的目标是不相同的，因此对生态补偿的要求也不同。而政府则可以充分发挥各级组织的力量，在组织宣传上、协调各方利益上充分发挥作用，以促进生态补偿的有序协调开展，从而实现更大区域内生态环境的协同发展。

2. 中东部地区作为生态改善的受益者也应分担相应的生态补偿责任。生态建设作为一种公共物品，具有很强的外部性。通常而言，只有将外部性内部化，才能保障该产品的正常供给。但民族地区的生态建设则有所不同，生态建设者并不能通过自身的成本与收益核算来决定是否进行生态建设，因为这一政策是由政府自上而下安排实施的，即使产生了正外部性也不能停止它的供给。而对东中部地区来说，他们没有付出任何的成本就可以享受到生态建设区的建设成果，成为生态改善的免费受益者，这对进行生态建设的民族地区来说是不公平的。事实上，西部民族地区所提供的这种生态服务对中东部地区的持续稳定发展是有着明显的促进和保障作用的。如我国青海三江源地区，过去十年来投入了大量的人力物力财力开展生态保护和恢复工程，实施了退牧还草、生态移民、湿地保护、封山育林等多项措施，取得了显著的成效。三江源区的水资源量增加近 80 亿立方米，相当于增加了 560 个西湖，年出境水量持续保持在 500 亿立方米左右，黄河源头 4000 多个湖泊整体恢复。而由此带来的生态效益也产生了明显的溢出效应。十年来在三江源地区生态建设上的投入，使"两江一河"下游地区的经济建设因得到了良好的环境效益而实现了较大发展，对这些地区产生的生态回报已超过 30 倍。而反观三江源地区自身的发展，多年的生态保护实践增加了额外的资金投入，对本地相关产业的发展也有一定程度的限制。自 2005 年至今的十年间三江源生态区实施了将近 20 万牧民的生态移民，减少牛羊 400 万头只，这个代价是巨大的，对当地居民的生存权与发展权产生了影响。① 显然，按照"谁受益，谁补偿"的原则，作为生态建设的受益者，中东部的下游地区有义务对西部上游地区给予一定的生态补偿，成为西部生态建设的补偿者。但目前在我国的生态建设实践中，生态补偿基本上都是由政府买单，资金来源主要就是财政转移支付和专项基金两种。流域上下游之间、不同社会群体之间的横向转移支付则微乎其微，客观上也导致了目前补偿标准偏低的问题。这种完全由中央政府买单的方式显然与"受益者付费"的原则很不协调，不仅不能调动全社会的积极性，而且使许多地方产生了依赖思想。②

因此，应加快探索多元化生态补偿方式，充分运用经济手段和法律手段，将更多的受益者也纳入到生态补偿的责任主体中来。在国务院刚刚发布的《关于健全生态保护补偿机制的意见》（国办发［2016］31号）中也特别提出，要研究制定以地方补偿为主、中央财政给予支持的横向生态保护补偿机制办法。鼓励受益地区与保护生态地区、流域下游与上游通过资金补偿、对口协作、产业转移、人才培训、共建园区等方式建立横向补偿关系。鼓励在具有重要生态功能、水资源供需矛盾突出、受各种污染危害或威胁严重的典型流域开展横向生态保护补偿试点。在长江、黄河等重要河流探索开展横向生态保护补偿试点。总之，只有让受益者都参与到生态补偿中来，才能使生态建设区的正外部性内部化，保障这些地区生态建设的顺利开展。至于东中部地区具体采取怎样的补偿方式，有学者提供了三种思路：一是由东中部地区对西部民族地区进行直接的财政转移。即东中部地区从各自的财政中拿出一部分资金作为专项生态补偿资金，专门用于支持民族地区的生态建设。并建立起相应的资金管理和监督体系，保障这些资金真正用于生态建设而不是挪作他用。二是借助中央政府来转移支付。即从中央财政每年给东中部各省、市、区的转移支付中扣除一部分，将扣除的这部分资金拨付给民族地区，专门用于当地的生态建设。三是可采用技术补偿、智力补偿、实物补偿等

---

① 《青海三江源生态保护取得显著效果》，央广网，2016年7月10日。
② 王丛霞：《主体功能区划下的西部生态补偿机制研究》，《社科纵横》2010年第6期。

其他补偿方式。将东中部地区在技术、智力等方面的优势补偿性地借用于民族地区的经济社会建设和生态建设中，助推民族地区的发展，亦不失为一种较为灵活和现实的补偿方式。总之，通过东中部地区生态补偿的资金、技术等的推动，增强西部民族地区的自我发展能力，这应当成为对这些地区生态补偿的一个重要途径。①

（二）提高生态补偿标准，加大生态补偿力度

科学合理的补偿标准能够调动各方进行生态建设的积极性，反之则会制约生态建设的发展。从当前看，生态补偿实践中的一个突出问题就是对生态保护者的补偿标准偏低，合理补偿还不到位。重点生态区的人民群众以放弃自身发展机会为代价，为保护生态环境作出了巨大的贡献，但因种种原因，保护成本高、补偿标准低、补偿不合理的问题还普遍存在。例如，在公益林的生态补偿方面，按目前确定的标准，国有国家级公益林每亩每年补助5元，集体和个人所有的国家级公益林补偿标准已从最初的每亩每年5元提高到了2013年的15元。但与生态公益林经营者的实际投入成本、直接间接的经济损失以及后续形成的社会效益相比，按这一标准核算所获得的补偿资金仍明显偏低。因此，政府作为生态公共品的主要提供者，有必要在拓宽生态补偿资金来源的基础上，进一步提高生态补偿标准，加大生态补偿投入力度。

至于生态补偿的标准究竟以什么为依据来确定更为合理，学界目前看法不一。有主张以生态保护的成本作为确定生态补偿标准的依据；有的则主张以生态服务的价值为依据；还有一种主张则介于生态保护的成本与生态服务价值之间。目前看，要对生态服务的价值做出较为科学准确的估算，实践中难度很大，还缺乏可操作性。从可行性的角度出发，本课题比较赞同王青云学者的观点，即可以考虑分三个阶段来逐步提高生态补偿标准：即直接成本补偿阶段、直接成本＋间接成本补偿阶段、全部成本＋部分生态服务价值补偿阶段。其基本思路是：首先按照生态保护的直接成本给予足额的资金补偿，然后再逐步将生态保护的间接成

---

① 李长亮：《西部地区生态补偿机制构建研究》，中国社会科学出版社2013年版，第226页。

本纳入补偿范围，此后再根据经济水平的提升状况、考核评价指标体系的逐步完善，再渐进增加生态服务价值的补偿。而现阶段，从可操作性的角度看，依据生态保护的直接和间接成本来确定生态补偿的标准相对更具现实可能性。其中，生态保护直接成本的核算，至少应包括：一是生态建设的直接资金投入。如退耕还林（草）工程中，将原来的耕地改为林地或草地，所需的树苗、草籽购买费用，退牧还草工程中草场围栏所需的围栏材料等。二是生态建设中的直接劳动投入。包括种树、种草的人工投入，以及林木和草原的日常管护等。在直接成本补偿方面，当务之急是要增加有关生态保护工程和国家级自然保护区中管护成本的补偿，特别是加大用于购买公益性管护就业岗位的补偿力度。生态保护间接成本的核算，则包括：一方面是土地用途改变后的直接经济损失。如耕地变成了林地、草地后农民减少了粮食收益，草地禁牧后牧民养殖增加了购买饲料的支出，目前国家分别给予了粮食和饲料粮补助。再如天然林禁伐后，原用材林土地变成了生态林土地，森工企业的利益直接受到影响，这种直接经济损失部分应纳入生态保护的间接成本核算中；另一方面是土地用途改变后的间接经济损失。主要是生态保护工程实施后造成的其他相关产业萎缩的损失，以及实施生态工程的相关组织费用，包括生态建设区有关劳动力转产转业的技能培训费用及其他相关资金等等。①

在加大生态补偿投入力度上，此次国务院在《关于健全生态保护补偿机制的意见》中也已明确提出：多渠道筹措资金，加大生态保护补偿力度。中央财政考虑不同区域生态功能因素和支出成本差异，通过提高均衡性转移支付系数等方式，逐步增加对重点生态功能区的转移支付。中央预算内投资对重点生态功能区内的基础设施和基本公共服务设施建设予以倾斜。各省级人民政府要完善省以下转移支付制度，建立省级生态保护补偿资金投入机制，加大对省级重点生态功能区域的支持力度。逐步扩大资源税征收范围，允许相关收入用于开展相关领域生态保护补偿。完善生态保护成效与资金分配挂钩的激励约束机制，加强对生态保

---

① 王青云：《关于我国建立生态补偿机制的思考》，《宏观经济研究》2008 年第 7 期。

护补偿资金使用的监督管理。① 随着以上举措的推进和落实，对民族地区生态保护者的补偿力度将会逐步趋于合理，对激发人们投身生态保护事业必会产生积极效应。

（三）健全民族地区生态补偿机制的相关法律及配套制度体系

1. 加快生态补偿领域指导性法律法规的建设。目前，我国还没有生态补偿的专门立法，现有涉及生态补偿的法律规定散见在多部法律中，如已颁布的《森林法》《草原法》《渔业法》《土地管理法》《水法》《水土保持法》等法律中都有一定生态补偿的理念，或有一些相关的生态环境补偿规定，对土地、林地、草原、滩涂的使用权及在各自领域的补偿有一些原则性规定，但其权威性和约束性不够，也缺乏系统性和可操作性。在生态补偿的试点实践中，基本是部门各自推进，还缺乏宏观上的战略指导。总体上看，还缺乏顶层设计，系统性安排不足。现有的政策法规，也存在着有法不依、执法不严的现象。也正是由于我国生态补偿方面的立法落后于生态保护和建设的发展实践，法律上还缺乏对各利益相关者的权利、义务的明确界定，补偿内容、补偿方式和补偿标准等也没有明文规定，使得在生态保护中无法按照共同原则和法律法规指导和约束各方经济行为。

实际上，国务院早在 2010 年就将生态环境补偿列入了立法计划，并由国家发改委牵头成立了工作启动暨起草领导小组、工作小组和专家咨询委员会。先后赴江西、内蒙古、黑龙江、山西等多地开展生态补偿调研工作，并起草了《生态补偿条例（草案）》。但因时机不成熟、条件不到位及利益诉求多样、争议比较大等原因，《生态补偿条例》一直未能出台。基于这一状况，为了能在《条例》出台前对生态补偿的地方试点和实践工作提供指引，国务院于 2016 年 5 月发布了《关于健全生态保护补偿机制的意见》，在生态保护补偿机制的顶层设计上取得了一个重大进展，明确了生态补偿的责任主体、目标任务以及补偿办法等。为下一步国家和地方深化生态补偿机制建设探索提供了指导，也为推动今后《生

---

① 《国务院办公厅关于健全生态保护补偿机制的意见》，中国政府网，http://www.gov.cn/zhengce/content/2016-05/13/content_5073049.htm。

态补偿条例（草案）》的制定，打下了一个重要基础。今后还需要进一步深化对"谁来补、怎样补、补多少"等一系列问题的研究，以明确生态补偿的补偿范围和对象、资金来源、补偿标准、相关利益主体的权利义务、考核评估办法、责任追究等问题，以更好地协调和指导各地的生态补偿实践。

2. 进一步深化相关配套制度体系建设。首先要深化产权制度改革，明确界定林权、草原承包经营权、矿山开采权、水权，完善产权登记制度。当前，民族地区的群众保护和建设生态环境的积极性不高，一部分原因就在于产权没有得到明确界定，或是界定的产权没有得到有效保护，或者有产权无产出。① 长期以来，生态环境资源往往被作为一种公共物品来使用，由于其产权的非排他性，且生态产品的产权边界不易界定，导致搭便车现象大量存在，人人都可以随意使用且无须付出成本。正是由于我国现有的生态资源产权制度不健全，导致生态资源成为"免费午餐"。人们肆意地开采资源，破坏环境，导致西部地区生态环境急剧恶化，自然资源日益紧缺，产生了大量的负外部性。② 因此，要进行有效的生态补偿，其前提和基础首先是要明确生态环境的产权界定，对环境归属问题、环境侵权问题进行明确的使用约束和行为规定。应在全社会强化社会经济主体的环境产权意识，把生态资源视为生态资源资产，将其产权界定和资产管理逐步纳入法制化轨道，明确生态资源的所有权、使用权、收益权等。通过建立完善的产权机制以及完善的产权交易市场，使生态建设主体投入可变成相应的收益，从而加速生态建设的进程。

（四）推进民族地区生态补偿与精准脱贫的有机结合，提升群众自我发展能力

生态补偿不能仅仅满足于维持被补偿者当前的基本生活，更重要的应当是在生态补偿的基础上，使被补偿地区及群众获得自我发展能力的提升，以帮助其实现自身更长远的发展。这样才能形成生态保护与经济社会发展的良性互动，实现生态建设的持久性。否则就可能出现补偿结

---

① 王丛霞：《主体功能区划下的西部生态补偿机制研究》，《社科纵横》2010年第6期。
② 黄志勇、苏勇：《西部生态补偿机制创新研究》，《经济纵横》2012年第4期。

束后，人们因缺乏脱离贫困的能力而复归贫困，最终只能再以破坏生态的方式谋求生计。如当前实施的退耕还林（还草）工程，按照国务院相关文件和2003年实施的《退耕还林条例》规定，生态补偿主要是通过粮食补助和现金补助两种方式对退耕农牧民的基本生产生活进行补贴。补助年限一般均为：还草补助2年，经济林补助5年，生态林补助暂按8年计算。那么，随着退耕还林补偿期陆续到期，在补偿陆续结束之后，如果大多数生态建设区及当地群众依然缺乏自我发展能力，那么很多地区就很有可能再出现毁林复耕、毁草复耕的现象。显然，这样的补偿只能帮助退耕还林者解决眼前的生活困难，却没有给人们提供后续发展的能力，因而不能从根本上帮助人们脱离贫困，最终只能陷入再贫困—再破坏的怪圈中。这是当前在建立健全生态补偿机制中尤其需要高度重视的问题。

必须看到，我国目前14个集中连片特殊困难地区、592个国家扶贫开发工作重点县、12.8万个贫困村、2948.5万个贫困户和5575万贫困人口，大部分集中于西部民族地区，其中95%的贫困人口和大多数贫困地区都分布在生态环境脆弱、敏感和重点保护的地区。这些地区和人口也是我国当前脱贫攻坚的重点地区和人群。如何做到既解决好当地的生态环境保护问题，也兼顾到当地群众消除贫困和发展经济的问题，此次国务院印发的《关于健全生态保护补偿机制的意见》，给出了生态补偿与精准扶贫相结合的一条脱贫新思路。指出"结合生态补偿推进精准扶贫，对于生存条件差、生态系统重要、需要保护修复的地区，结合生态环境保护与治理，探索生态脱贫新路子。生态保护补偿资金、国家重大生态工程项目和资金按照精准扶贫、精准脱贫的要求向贫困地区倾斜，向建档立卡贫困人口倾斜。重点生态功能区转移支付要考虑贫困地区实际状况，加大投入力度，扩大实施范围。开展贫困地区生态综合补偿试点，创新资金使用方式，利用生态保护补偿和生态保护工程资金使当地有劳动能力的部分贫困人口转为生态保护人员"。显然，这一意见和要求是推进生态保护补偿体制机制创新的重要举措。这种"造血型"生态保护补偿有利于解决贫困地区生态工程建设资金不足、贫困人口因保护生态环境收入不高的问题，确保这些贫困地区生态屏障功能的稳定。

长期以来，生态脆弱贫困地区脱贫工作的深度、广度、力度和精准度基本上取决于外部"输血量"的多少，一旦输血停止，很容易造成返贫，究其原因是这类区域缺乏有效的造血功能。因此，加大"造血型"生态保护补偿力度，通过创新资金使用方式，利用生态保护补偿引导贫困人口有序转产转业，使当地有劳动能力的部分贫困人口转化为生态保护人员，引导贫困群众依托当地优势资源发展"绿色产业"，这是确保这些地区真正脱贫的根本所在。①

在这方面，部分地区的探索和实践很有借鉴意义。如少数民族较为集中、贫困面比较大的湖南吉首市，以发展"生态补偿脱贫"为主线，把"生态保护+产业发展"作为扶贫的新模式和新方向。一方面，推动旅游业与其他产业融合发展，全面推动生态农业观光游等。另一方面，大力发展生态林业经济带，实施"产业建设生态化"扶贫工程，对油茶、木本药材等特色林业产业加大帮扶力度，推动贫困户增收脱贫。并优先选聘贫困户担任生态公益林护林员，将生态保护和扶贫工作结合起来。②青海省也采取了类似的行动，2014年安排15万护林员，提高了贫困农牧户的收入，有效呵护了碧水蓝天；贵州毕节、遵义地区通过烟草产业扶贫让农民获得巨大收益，脱贫致富换新颜。

今后的生态补偿要努力与被补偿地区的后续产业发展相结合，确保农牧民收入的持续增长。在找准自身优势的基础上推进后续产业发展，有意识选择那些带动性强、产业化水平高、能与生态建设地区农牧民经济发展密切结合的产业，以提高生态建设地区的经济增长能力。同时始终坚持后续产业发展的生态原则，后续产业的选择不能对生态环境造成破坏，而要有助于对生态环境的保护，为生态建设服务。总之，民族地区的生态补偿应注重后续产业的发展，将生态补偿与提升群众自我发展能力、实现精准脱贫有机结合，在生态建设的同时实现民族地区的发展。③

---

① 《发改委解读：生态保护补偿助力精准脱贫》，中央政府门户网站，2016年5月25日。
② 《吉首生态保护补偿助力精准脱贫》，吉首新闻网，2016年10月14日。
③ 李长亮：《西部地区生态补偿机制构建研究》，中国社会科学出版社2013年版，第226页。

三 努力做好少数民族优秀传统文化的保护与发展

文化是一个民族最具特色和最有生命力的部分，是民族的重要特征，也是一个民族生存、发展和繁荣的灵魂和源泉所在。民族文化中往往不同程度地积淀着一个民族的发展历程以及生产和生活方式。作为中国传统文化的重要组成部分，少数民族传统文化是各少数民族历史上各种思想文化、观念形态的总体表征。"是各少数民族在长期的历史活动中，在认识、改造世界和形成、维系社会秩序的过程中，逐渐形成的稳定持久的、世代相传的文化遗产，具有物质和精神两种形式，体现为制度、习惯法、习俗、道德、艺术等，直接反映着本民族的价值观念、思维方式和生活方式。"① 少数民族文化与汉文化一起共同构成了绚丽多彩、风格多样、博大精深的中国传统文化。

少数民族传统文化内容丰富，既有精神方面的文化，也有物质方面的文化；既有衣食住行方面的生活文化，反映规制礼仪的人生礼仪文化，也有内容独特的信仰崇尚文化、民族禁忌文化，还有多彩的民族节日文化、民族生态文化等等。就少数民族传统文化的特点来看，一方面，其多样性突出且地域特色鲜明。我国民族地区历史悠久，地域广阔，民族众多。从北端白雪皑皑的东北雪原到南端碧海蓝天的海南岛，从东部的台湾中央山脉到最西端的帕米尔高原，从西南的云贵高原到西北的黄土高原等等，几乎处处都有少数民族的分布。正是由于自然环境、生态环境等生存条件的特殊性，从而无论在经济形态、文化形态，或是建筑风格、宗教信仰上，每一个民族都形成了自己多样性的、独具地域特色的民族文化。以不同形态和方式向人们展示着各民族独特的发展历程、伦理道德和审美意识。另一方面，多姿多彩的民俗礼制成为少数民族传统文化的主要展现形式。它渗透在人们的日常生活中，尤其表现在少数民族的衣食住行、娱乐艺术、节庆礼仪等各个方面。这些民俗礼制不仅使得少数民族传统节日丰富多彩，也反映出了一个民族的共同心理情感，

---

① 孙舒景、吴倬：《社会主义先进文化框架内少数民族优秀传统文化的当代价值》，《青海社会科学》2015 年第 3 期。

发挥着社会规范的制约作用,维护和巩固着民族共同体的稳定。再有,少数民族传统文化多与一定的宗教文化相交织。在许多少数民族社会中,宗教信仰和宗教活动历史悠长,使宗教文化在当地社会往往有着较深的影响力和渗透力,且与这些民族的历史、社会生活紧密相连。故许多少数民族的文化活动都带有强烈的宗教色彩或以宗教的形式表现出来。宗教成为文化传承的重要手段,甚至成为维系民族认同、民族情感的重要标志。

以上特点使少数民族文化在内容和形式上与汉文化呈现出很大差异,也因此成为中国传统文化宝库中不容忽视的一个重要组成部分。了解一个民族,必须了解它的文化;尊重一个民族,必须尊重它的文化;发展一个民族,必须发展它的文化。① 因此,要推进民族地区的社会建设,对少数民族优秀传统文化的保护与发展是不能忽视的重要方面。这对于增进少数民族群众的文化自信,增强民族地区经济社会发展后劲,具有重大而深远的意义。

(一)充分认识和大力宣传少数民族优秀传统文化的当代价值

民族文化是各民族人民长期生产、生活的产物,是该民族智慧的结晶,也成为构成该民族的重要标志。各民族群众在长期的生产生活中创造了自己的民族文化,反过来其文化又不同程度地影响着该民族成员的生产生活方式、社会制度及思想观念等。在现实生活中,每个民族都以自己独特的文化显示着自己的存在,同时,各民族所创造的多种多样的文化,本身也蕴含着创造社会财富的巨大潜力。② 当今世界,一个国家或民族的经济发展、社会进步乃至人民素质的提升越来越离不开文化的熏陶和引领,文化在深刻影响着人们生产和生活方式的同时,也深刻影响着经济社会发展的走向。历史一再向世人证明,拥有持久强大的精神力量和优异的文明素质,才是一个国家和民族最具有生命力和创造力的标志所在。

---

① 李成武、李文:《当前我国民族地区社会建设刍议》,《毛泽东邓小平理论研究》2012年第9期。
② 李资源:《中国共产党与少数民族传统文化的保护与发展研究》,人民出版社2014年版,第43页。

当前在大力推进民族地区现代化的进程中，必须高度重视发挥少数民族优秀传统文化的价值引领作用，通过大力宣传、保护和发展民族优秀传统文化，增强少数民族群众的自信心和凝聚力，提升民族地区政府和群众自我发展的意识与能力。同时，加大对民族优秀传统文化经济功能与价值的挖掘，带动民族地区走出一条不同于传统的现代化发展之路。

1. 保护和发展少数民族优秀传统文化，有助于增强民族地区群众的自信心和凝聚力。一段时间以来，全球化、现代化的大潮对民族传统文化产生了前所未有的冲击和渗透，在这种冲击下，一些偏狭的、急功近利的观点似乎认为只要是现代的就都是好的，而民族的、传统的东西则被当成是落后愚昧的罪魁祸首，传统文化得不到应有的尊重，似乎只有用"现代"的方式和内容去进行全面的改造，少数民族和民族地区才能实现现代化。而这种片面认识不仅严重打击了少数民族群众对自身文化的自信心，更打击了少数民族群众自我发展的自信心，滋生了"等靠要"的惰性，导致他们在整个发展过程中始终处于弱势地位。一些少数民族群众尤其是青年对本土民族文化缺乏自信，不愿穿本民族服饰、不愿唱本民族山歌、不愿使用本民族语言、不愿建本民族特色楼房。把本民族的传统知识和文化看成是落后的东西加以摒弃，而宁可去学习外来文化。致使一些民族服饰、歌谣、曲艺、传说等逐渐失传，一些精湛的民族工艺开始变味、衰退，甚至消亡。

事实上，正如德国哲学家赫尔德所说，"每一个民族都有一个内在核心，就像任意一个球都有重心一样"，每个民族都是独一无二、不可重复的。相对于汉文化来说，云南纳西族的东巴文化、苗族和布依族等蜡染技术、挑花艺术、佤族的木鼓、大理的手工扎染、南涧的彝族跳菜等都是极具民族性的文化，有着鲜活的民族生活内容、独特的民族表现形式、鲜明的民族气派和民族审美风格。在文化艺术领域，少数民族文化受朝代更迭影响小，更具有连贯性，所以保留了很多原初的美学元素，为全世界文化所认知与共鸣，是中国美学与文化创意产业用之不竭的源泉，实际上也不断给世界很多文化与消费品牌提供创意灵感。仅就西南少数民族来说，继侗族大歌之后，以苗绣、银饰为主要工艺的苗族盛装，已在2014年成为世界级非物质文化遗产；贵州的黔东南地区，也早被联合国列入十大"人类最后的心灵家园"。不仅如此,对于世界上的很多艺术家、设计师以及其背后的商业品牌来说,他们一直将苗族文化作为一个实在的宝藏来挖掘与利用。在法国,苗绣的收藏量甚至超过了中国。① 在民族医药方面,独特的自然条件和生活习俗使少数民族创立了独具特色的民族医药,功效独特。如青藏高原等高寒地区对于风湿病的治疗有着独有的经验和疗效,鄂伦春族则有独特的方法来治疗冻伤,治跌打损伤和脑震荡等在草原游牧民族中则非常擅长。还有当今世界饱享盛誉的云南白药也是直接来源于彝族医学的配方。苗族医药、藏族医药、蒙古族医药等,都是传承千年的民族瑰宝。少数民族文化中更有许多具有本民族特色的积极的文化因素值得发扬,如敬老爱幼、团结互助的美德,自强不息、刚毅勇敢的民族精神,以及具有重要协调功能和价值的"劝善戒恶"的伦理规范等等。此外,在少数民族文化中还有许多闪烁着人文主义思想光辉的独特创造,需要我们去重新认识,重新开掘,重新提炼。上述种种都是值得我们骄傲和自豪的少数民族优秀传统文化,对于增强少数民族群众的民族自豪感和民族自信心,凝聚力量共同奋斗,形成良好的凝聚力、向心力,具有重要的黏合剂的作用。

当前,在现代化的语境中,我们一方面仍需要坚守和张扬自身独特的民族性,坚定自己的文化自信,同时也需要在发展中突破和提升民族性。民族性不是僵化的一成不变的,不能固步自封、画地为牢,还要在不断地与他民族交流学习的过程中与时俱进,不断完善自我。民族性只有不断发展变化、自我更新,把民族与时代结合、民族与世界结合,才有生命活力和文化光彩。②

2. 保护和发展少数民族优秀传统文化有助于提升民族地区的自我发展意识和能力。文化具有内在的经济社会功能,能够对地方经济社会发展产生深远的影响。从而使民族文化能够成为民族地区经济社会发展的源动力和一大支点,推动民族地区自我发展。一般而言,民族传统文化对民族地区经济社会发展的影响往往体现在三个方面:一是通过传统文

---

① 何博闻:《西南少数民族文化的发展性保护》,《瞭望》新闻周刊,2014 年 2 月 24 日。
② 纳张元:《文化自信:民族性的坚守与超越》,《中国艺术报》2016 年 8 月 24 日。

化的熏陶和教育，培养适合本民族生存方式的劳动者，并在一定意义上决定了本民族的生产、生活方式及其水平；二是由传统道德观、价值观带来的消费观念、经营观念等，会直接影响消费内容和消费结构，从而影响甚至决定当地的产业结构；三是传统习俗、道德观念、社会组织制度等文化内容，对整个民族起着一种调适、整合作用，是一个民族内部保持联系并产生凝聚力的纽带，在经济落后、法制不健全的情况下，这种纽带作用尤为突出。① 在我国少数民族传统文化中，有许多优秀的文化传统，在今天民族地区的现代化建设中依然有着积极的现实价值，对于少数民族和民族地区自我发展意识和能力的提升都有重要作用。

如吃苦耐劳、艰苦创业、自强不息的精神传统。我国少数民族大多居住在自然环境较差的高原、山区、峡谷、丘陵地区，封闭的环境，险阻的交通，使他们谋求生存发展的道路异常艰辛，但同时也养成了他们吃苦耐劳、坚韧不拔的习性和道德风尚。以劳动为荣，以懒惰为耻，反对好吃懒做，是少数民族社会普遍奉行的道德风尚。这从很多少数民族的谚语中可见一斑。蒙古族有"鸟的美在羽毛，人的美在勤劳""勤勉是幸福之本，勤俭是富裕之源"的谚语；藏族谚语称"求幸福何必去拜佛，劳动能赐给你硕果"；壮族认为"勤劳无价宝""劳动是甘泉"；在彝族地区同样有"种田的农夫，耕作要劳苦，晚睡要早起，干活要出力，穷富由天定，饥饱随自己"的谚语；水族的谚语更是简洁明了地告诉人们"要吃大米饭，开山把田办""有吃有穿，开好河山"。即一切都要靠自己去努力去争取，辛勤劳动才能过上好日子。这些都反映了少数民族群众艰苦奋斗，吃苦耐劳，希望用汗水换取幸福生活的文化传统和追求。

此外，团结协作也是很多少数民族非常重视的精神传统。如苗族认为"我们团拢才成寨子，团结才成地方。合作做活路，互相砍柴烧"；彝族谚语云："不维护一户，全家支保不住；不维护家支，一片被抱光。"布依族谚语说："一支筷子易折断，十支筷子如铁棒"。在南方各民族中，"出入相友，守望相助，疾病相扶"是人们起码的道德标准和行为准则。

---

① 李盛刚：《中国西部民族地区农村发展：基于自我发展能力研究》，民族出版社2010年版，第78页。

他们重人伦、讲道德，在人际关系上主张团结和谐，以助人为乐。村寨中每逢婚丧嫁娶或天灾人祸，各户都会慷慨相助，且不求回报。如若有人遇到别人有难而不施以援手，绝对会为全村人所不齿，在村民中都抬不起头来。如贵州水族村寨中，一家有事，众邻相帮已成为一种约定俗成的传统。尤其在抢收抢种季节，劳力强的家庭完成自己的农活后，都会主动帮助那些缺少劳力的亲族干活，给予无偿的劳力支援，或进行人力与畜力的互换互助。① 这种集体至上的思维趋向和共同心理，对于维持民族成员之间的团结，抵御自然灾害，反抗外来压迫和发展生产过程中起了重大的促进作用。②

再有，诚实守信也是少数民族传统文化中最基本的伦理准则。一诺千金、信守承诺被众多少数民族视为宝贵的精神财富，大量的少数民族谚语中充分反映了这一点。蒙古族的谚语有云"衣服美在领子上，人品美在诚实上""好人以诚信为人处世，大雁以叫声统一队形"；哈萨克族认为"千里马，人人喜欢；诚实人，人人尊重"；水族谚语有"无真心，映山红也会凋谢；有诚意，枯竹也会生笋"；瑶族谚语说"烧火要空心，为人要实心"；白族的谚语说"高价买不到良心，信任价值千金"；侗族谚语说"博得人家信任全凭诚恳，得到朋友帮助全凭真诚"；纳西族同样十分重视诚信，他们关于诚信的谚语有很多："竹要空心，人要实心""你诚我信是立友谊的桥梁，你坑我骗是树仇敌的门槛""天给厚道人饭吃""骗别人骗着一时，哄自己耽误一世"等等。③ 这些少数民族谚语中体现出的诚信文化价值观的一个共同点是：把诚信看成是一个人在社会生活中安身立命的道德起点，是做人的基本品格，是人之所以为人的道德标准。在与人交往时更是以诚信作为要遵守的原则，讲诚信的人被推崇，而不讲诚信的人会被人唾弃。在市场经济蓬勃发展的今天，少数民族传统文化中这种诚实守信、信守承诺的优秀品质尤其值得肯定和发扬。

---

① 索晓霞：《少数民族传统文化中积极的文化精神与文化主张》，《贵州社会科学》2003年第4期。

② 邓光平、周鸿：《西南民族地区现代化：传统与现代的文化整合》，《广西大学学报》2007年第4期。

③ 李树新、王冲：《汉、蒙、藏谚语与诚信文化》，《内蒙古大学学报》2015年第6期。

因为市场经济本身是"契约经济""信誉经济",诚实守信是市场经济正常运行的基础。民族地区的经济社会发展与全国其他地区一样,也正处于市场经济不断发展完善的过程中,尤其需要以诚信立世。只有让诚实守信、一诺千金的精神品质深入人心,并真正打造出一个讲信誉守承诺的市场经济软环境,民族地区未来的经济社会发展就能在一个良性发展的基础上得到顺利运行。

总之,这些优秀的少数民族传统文化和伦理道德,具有重要的价值导向作用。使绝大多数少数民族成员能够明辨是非、善恶、美丑,自觉塑造道德形象和提升自身的道德素质。不仅如此,这些优秀的少数民族传统文化和精神品质还是民族地区建设现代化的重要的力量源泉。应当看到,在民族地区建设现代化不是一蹴而就的事情,也不是可以坐享其成的事,而是一项需要经过民族地区各族人民几代人甚至十几代人艰苦奋斗、前赴后继的伟大工程,没有吃苦耐劳的精神、团结协作的意识以及诚实守信的品质是不行的。要改变贫困落后的面貌,创造和谐和美的社会环境,必须大力保护、传播和发展少数民族的优秀传统文化。并将这些优秀的文化传统和精神品质转化为建设现代化的力量源泉,提升少数民族和民族地区自我发展的意识与能力,努力建设自己美好的家园。

3. 保护和发展少数民族优秀传统文化,有助于民族地区生态文明的建设和生态环境的改善。大量的民族学资料表明,我国许多少数民族非常重视人与环境之间的协调,创造了大量各具特色的生态文化。这些传统生态文化借助宗教、神话、传说等形式,以艺术化的手法表达了人与自然互动共生、和谐相处的朴素思想,也形成了许多朴素而有益的有关保护自然生态环境的文化习俗和禁忌,充分体现了少数民族群众的生存智慧。提炼少数民族传统生态文化中合理和科学的成分,并做好优秀少数民族传统生态文化的保护和传承,对于今天有效实现民族地区生态环境保护、探索符合民族地区实际状况的新型发展道路有着很强的现实价值。

首先,少数民族敬畏自然,崇尚天人合一的自然观,有助于人们重新反思和认识人与自然的关系。人是自然的产物,自然又是人类生存的基础,自然界的生态平衡是影响人类生存和发展的重要条件。人与自然是共存共荣的，人必须要尊重自然。对这一点，许多少数民族都有朴素却又深刻的认识。在很多少数民族文化中都有敬畏自然、崇尚天人合一的朴素思想理念和习俗。如我国西南地区的傣族、彝族、苗族、瑶族、土家族等许多少数民族中，普遍存在一种神林文化，即在村寨后方或附近都有一块充满神秘色彩或被当作崇拜对象的"龙林"或曰风水林，这些神林都被看成是神的"家园"，这里的动植物都是神的"家园"里的生灵，是不容伤害的。傈僳族的始祖认为，天神意志是自然万物存在的根据，人类的一切事物包括人们赖以生存的山川、河流、森林等，都是天神和大自然给人类的慷慨赐予，因此，傈僳族人对天神始终抱有虔诚的感恩之心。他们热爱自然、善待自然、与自然和睦相处。① 傣族也有"森林是父亲，大地是母亲，天地间谷子至高无上""有了森林才会有水，有了水才会有田地，有了田地才会有粮，有了粮才会有人的生命"的观念和说法。② 充分体现了人与自然是对立统一、相互联系、相互依赖的整体。维吾尔族先民也认为大地是世间所有动物、植物乃至人类的母亲，而天空则是父亲。因而维吾尔人有腾格里崇拜、树木崇拜、苍狼崇拜等观念。"腾格里"即指苍天，又指至高无上的天神。藏族也有"万物有灵"的观念，人们把山川、湖泊、树木、动物等都看成是有神灵的，因而绝不容侵犯。总体上看，少数民族的这些认识和做法无不体现出了人对自然崇敬、感激、顺应和尊重的一种态度。虽然有些观念和认识未必一定是科学的严谨的，有些仅是一种朴素的、直观的功利思想所主导，但他们能在物质生活和精神生活中都将自然、人与万物放在一个共生的、同构的关系中，客观上起到了规范人们行为，维护自然生态平衡的作用。

其次，少数民族取之有度，懂得节制的可持续发展观念，有助于人们反思和改变那种无止境地向自然索取的错误做法。人类和自然万物都需要得到持续性的发展，因此，人应学会节制，自觉限制对资源的索取，不能放纵自己的贪欲。如彝族、傈僳族的先民在获取野生动植物资源时，

---

① 斯陆益：《傈僳族文化大观》，云南民族出版社1999年版，第304页。
② 者丽艳：《云南少数民族传统文化中的生态伦理观》，《云南民族大学学报》2010年第1期。

会遵循取之有度、用之以时的自然法则，不允许乱捕滥杀乱采行为，在采摘野生菌时会注意保护菌种、采摘折耳根等时，也会留一小段藤蔓复埋土中；纳西族、苗族、哈尼族等还制定了保护生态资源的各种乡规民约，如纳西族认为："非猎户，勿捕虎；非射手，勿擒鹤；非樵者，勿伐木。"① 即如果你不是以狩猎樵采为生，就不应出于一己贪欲而去捕杀动物和砍伐森林，否则动物资源和森林就会枯竭，最终危及甚至剥夺狩猎樵采者的生存权。他们还认为："粮谷丰，勿垦荒。"意思是，只要粮食丰足够吃，就不应为了使粮食更丰足而去开垦山林，否则，这一辈人倒是富足了，下代人就要沦落到山穷水尽的田地。这种思想体现出一种代际公平原则。② 据学者记述，迪庆藏族牧民中曾流传一种传说，即当饲养的牛群数量达到100头时，必须采用滚檑木的办法杀死数头牛，否则牛群将不再发展。这里实际也体现了一种朴素的节制欲望和需求的思想，因为"再好的草场也有个载畜量问题，个别户主的超多饲养，其实是剥夺了别人的饲养权。如果地球上的所有人都节制自己的资源占有欲望，对人类而言将是福音"③。这无疑也体现了藏族人民为后代的生存发展，而要节约资源的观念和做法。

再次，少数民族朴素而实用的生态维护经验及智慧，对于当前的生态环境保护有直接的借鉴作用。千百年来在认识和改造自然的漫长实践活动中，少数民族群众逐步认识和掌握事物发展的一些内在规律，积累了朴素的生态维护经验和人与自然和谐相处的智慧，形成一套与自然和谐相处的道德观念和行为规则。比如在侗家有句俗语"不饱不饿三石米，不咸不淡九斤盐，用油多少没止境，柴火一丈烧一年"。即柴堆成一丈高、一丈长、一丈宽，就够烧一年，每年不多砍，以使柴薪林达到长久的可持续利用。侗族还有着非常典型的轮伐、轮歇制度，也就是将土地划分为若干片，逐年开辟新的轮歇地，保证每片土地至少可以休闲十多

---

① 中国哲学史学会云南省分会：《云南少数民族哲学社会思想资料选辑内部资料》，1990年。
② 者丽艳：《云南少数民族传统文化中的生态伦理观》，《云南民族大学学报》2010年第1期。
③ 齐扎拉、勒安旺堆：《云南迪庆——香格里拉揭秘》，云南人民出版社1999年版，第83页。

年。土地在经过十几年的休闲、恢复,又基本类似于自然林。土地肥力不退化,使侗族地区始终保持着很高的森林覆盖率。① 而在黄土高原干旱少雨的生存环境中,回族群众也是在千百年的劳作中逐步掌握了黄土高原的自然习性,摸索出了一些适合本地区自然条件的耕作技术,通过倒茬、歇地、换种、套种等农业生产方式,利用农作物物种多样性的协调机制和有意识的歇换张弛,改善土壤和保持土质,维持土壤的可持续性生长功能。体现出回族人合理利用自然资源、注意保持人与自然和谐的生态意识。②

少数民族的生态智慧和价值观念,实际上是少数民族群众尊重自然,对自然怀有敬畏之心的一种内在反映,体现了当地群众朴素友好的生活方式或行为方式。自然界是人类的精神家园,人只有遵循自然规律,合理利用自然,才能在人与自然之间建立起共生共存的和谐关系。当前我国日益严峻的环境问题从根本上说是人及其文化与自然适应不良的恶果。在生态环境逐渐恶化的今天,少数民族传统文化中所蕴含的丰富的生态文化,不失为保护自然环境重要的人文资源,具有重要的生态价值。对于推动实现少数民族地区生态平衡的重建、带动民族地区走上可持续发展道路具有重要的现实意义。

(二)突破工具理性的思维模式,实现少数民族优秀传统文化的良性开发

文化就像自然界的物种一样,其多样性是构成社会可持续发展的条件,任何一项优秀民族传统文化的毁灭和消失,都是世界民族文化的损失。保护和发展各不同民族的优秀传统文化,是维护世界文化多样性的前提和基础,是推动人类可持续发展的必要条件。我国少数民族有着丰富多样的传统文化资源,并且这些文化资源同时还是许多少数民族重要的优势资源,做好少数民族优秀传统文化的保护和发展,能够在民族地区现代化建设中发挥出不可估量的作用。

---

① 李俊杰:《少数民族传统文化中的和谐元素及现代价值——以侗族为例》,《民族论坛》2008年第2期。
② 马宗保、杨文笔:《视角转换与人文生态价值的时代再造——西北少数民族民俗文化中的生态价值》,《中南民族大学学报》2007年第6期。

近年来，我国政府非常重视少数民族优秀传统文化的重要作用，在民族传统文化的保护与发展上投入了大量的人力、物力和财力，及时有效地抢救了一大批濒临消亡的少数民族优秀文化。"自 2003 年开始实施非物质文化遗产保护工程以来，国家先后公布了 3 批 1219 项国家级非物质文化遗产名录，其中少数民族项目有 515 项，占项目总数的 42%；公布的 3 批 1488 名国家级非物质文化遗产项目代表性传承人中，少数民族传承人有 393 名，约占传承人总数的 26%，中国入选联合国教科文组织非物质文化遗产项目 34 项，少数民族项目有 13 项，占 38%。"① 同时还积极争取国际基金来促进少数民族文化保护。"1996 年，中国和挪威政府在贵州六枝特区梭戛乡建立了中国第一个苗族生态博物馆。1997 年，云南省在福特基金会的资助和项目官员的支持下，建立了马卡基诺族文化生态村、仙人洞彝族文化生态村、月湖彝族文化生态村、南碱傣族文化生态村等民族文化保护村。"② 与此同时，努力推动少数民族文化走出国门，参加在国外举办的中国文化年、文化周等活动，在国际舞台上展示少数民族文化的独特魅力，使少数民族文化的国际影响力不断提升。

尽管在民族传统文化的保护上，各级政府给予了很大的投入和支持，但毋庸置疑，在全球化和现代化大潮的冲击下，当前我国少数民族传统文化的保护和发展仍处于重重困境之中，所面临的形势仍十分严峻。在现代语境下，一些民族地区的年轻人对本民族传统文化产生了深深的自卑感，他们把独特的民族传统文化当成是本民族贫穷落后的根源，以至于不能理性的对待本民族文化，冷落和疏远本民族文化，甚至还出现民族文化虚无主义现象，致使少数民族文化的认同与传承遭遇到严重危机③。许多精湛的民族传统手工工艺和民族口头文学与表演艺术因后继无人而日渐衰微，濒临失传；用以培养人们良好行为规范和美德的日常生

---

① 丹珠昂奔：《多彩的画卷　壮美的交响——我国少数民族文化事业繁荣发展的 10 年》，《求是》2012 年第 21 期。
② 李丽娜：《文化多样性视域下我国少数民族文化建设研究》，博士学位论文，辽宁大学，2014 年，第 72 页。
③ 鲁全信、颜俊儒：《文化自觉：推进少数民族文化认同与传承的有效路径》，《贵州民族研究》2015 年第 5 期。

活风俗和礼仪在一些少数民族村寨中也逐渐被丢弃,部分少数民族文化正以难以想象的速度急速远去甚至消失,种种现象令人堪忧。一个民族如果失去了自身传统文化的滋养,也就有可能失去自己的精神家园,成为"无根"的漂泊者,其前景是很令人担忧的。① 因此,当前不仅要高度重视少数民族传统文化的保护、继承和发展,还要采取正确的态度和方式来进行保护和开发。

从目前来看,各民族地方政府都非常重视对当地民族文化资源的开发和利用,但在开发中普遍存在一种工具理性的思维模式,即所谓"文化搭台,经济唱戏",仅把传统文化仅作为物质发展的动力和工具来看待,使得对民族文化资源还停留在浅层次的开发上,导致实践中产生一系列的误区。特别在少数民族旅游文化资源的开发上,少数民族的民俗文化被过度商业化、低俗化的现象极为严重。民族节日、民族风俗等正日渐失去其文化传承的媒介功能,越来越成为为吸引游客而展示奇观的工具和手段,导致了少数民族文化的异化,丧失了其本真的东西。在旅游景点上,常常可以看到许多当地群众(特别是年轻人)为了招徕游客,都穿着为发展旅游而特意制作的本民族特色服装,旅游者散去之后则马上换掉,穿上各种现代时装。② 一些人们耳熟能详的少数民族节日,如大理白族的"三月三"、傣族的泼水节、彝族的火把节等,尽管规模越来越大,但其原有的文化内涵越来越淡化,日益退化为一个只为经济利益服务的配角。个别地方为了迎合旅游者的猎奇心理,甚至以背离传统的方式诠释和重造自己的民族传统文化。更有甚者,一些不良商家还对民族传统文化肆意曲解和歪曲炒作,为牟利不惜进行低俗化、色情化改造,导致原本有着特定文化内涵的一些礼俗习惯被严重污名化。

对急于摆脱贫困的少数民族地区而言,尽快脱贫,缩短与发达地区的差距,是民族地区最首要的任务。显然,在这一压力下,用经济杠杆来衡量,民族传统文化中那些最能吸引眼球、能在短时间内带来巨大经

---

① 李成武、李文:《当前我国民族地区社会建设刍议》,《毛泽东邓小平理论研究》2012年第9期。

② 王建民:《扶贫开发与少数民族文化——以少数民族主体性讨论为核心》,《民族研究》2012年第3期。

济收益的部分必然会首先成为开发者关注的焦点。而忽视了文化是一个长期孕育积淀的过程,其深厚的底蕴内涵绝非靠符号化、形式化一些节庆礼俗活动就可以展现出来。文化可以成为也必然是经济发展的助推器,但这种作用不是短时间内就可以显现出来的。需要以长远的眼光、平和的心态、稳健的步伐逐步去实现。文化创造若单纯通过外部力量,即依靠所谓的文化产业模式难以实现。即便有某些成功个案也往往是"绑架"少数民族,将他们捆绑在全球化、现代化的花车之上,在增加其经济收入的同时,却难以使他们体会到来自文化实践者自身的创造喜悦。[①] 因此,在未来民族传统文化的保护与发展中,如何克服当前少数民族文化旅游开发中的这些短视现象,是必须关注的重点。

(1) 以"尊重差异、包容多样"的多元民族文化观来看待少数民族传统文化。少数民族文化是多元一体的中华文化中不可缺少的组成部分。在漫长的历史进程中,汉文化和少数民族文化相互交融,相互吸收,相互依存,既发展了自己的文化,也丰富和壮大了中华文化,形成了"你中有我,我中有你"的不可分割的紧密联系。正是多样化的少数民族文化造就了中华民族多元一体的格局,造就了多元一体的中华文化。当今中华文化要有新的发展,要呈现和谐、平等的状态,必须遵循和而不同的原则,做到各种文化的"多元互补",才能实现"各美其美,美人之美,美美与共"。而多元民族文化观,就是以"尊重差异、包容多样"为思想核心,主张以开放和包容的态度来对待不同的民族文化,承认和尊重各民族的文化差异和存在合理性,尊重其独有的文化传统,并自觉学习和借鉴其他民族的优秀文化。"尊重差异、包容多样,不仅是出于对我国社会生活领域阶层、利益、思想等多样性的现实认识,而且也是对多民族、多宗教、多文化国情的深刻把握"[②],是社会主义和谐社会的重要观念。当今世界,是一个各种思想、文化多元共存的世界,文化多样性的存在,本身就体现了不同文化的价值及相互间的依存关系。要处理好

[①] 王建民:《扶贫开发与少数民族文化——以少数民族主体性讨论为核心》,《民族研究》2012年第3期。

[②] 郝时远:《繁荣发展的中国特色民族学研究事业》,《光明日报》2008年11月29日。

不同文化之间的关系，必须首先解决文化尊重的观念问题，决不能以一种猎奇的心理和眼光来对待少数民族传统文化，否则就会导致少数民族文化开发上的过度商业化和低俗化的出现。"在跨文化交流中，如果不懂得如何尊敬他人及其文化差异，其结果往往使满意度降低。"① 当前要构建社会主义和谐社会，推动民族地区现代化发展，不仅要努力统筹各民族利益，而且应当建立尊重差异、包容多样的社会观念和社会环境。这也是真正做到保护和发展少数民族传统文化的前提所在。

（2）要充分重视和发挥少数民族自身在文化传承与发展中的主体性作用。民族文化只有在孕育和产生它的土壤上才能得到弘扬广大，因此，在少数民族文化的传承和发展中，其文化的创造者即少数民族自身应当是传承和发展自己文化的真正主体。要大力宣传，让各民族群众进一步认识到自身传统文化的价值，深化对自身文化的自我欣赏，自我理解，使之认识到传承和发展民族文化是义不容辞的责任，从而充分调动少数民族在传承自己民族文化方面的主动性和积极性。因此，文化发展项目的规划和选择，一定要尽量征求和充分尊重少数民族群众的意愿，尊重他们自己的选择权。当前，只有努力让传统文化重新回归、融入少数民族群众的现代生活中，重新建构起文化边界，才能更有效地激发起少数民族群众的主体意识，担负起民族文化的传承责任。具体来说，一方面要注重发挥民间文化精英的文化传承"领军人物"的重要作用。充分利用他们在文化传承方面的民间影响力和号召力，激励他们的荣誉感和自豪感，更加主动地、创造性地去做好传承、重塑、传扬民族文化传统的工作；另一方面，在中国社会，家庭是最基本的社会单元。因此，以家庭为单位，重新唤起广大少数民族群众的文化记忆，并有意识地将一些优秀的、朴素的民族文化传统观念和行为践行在家庭生活中，还原传统文化的"生活本相"，以小见大，以己及彼，逐渐恢复和拓宽文化传承的环境和条件，增强少数民族群体对于民族传统文化保护的责任感和自觉

---

① ［美］拉里·A. 萨默瓦、理查德·E. 波特：《文化模式与传播方式——跨文化交流文集》，麻争旗等译，北京广播学院出版社2003年版，第453页。

意识，形成民族文化生态建设强大的群众基础。① 当然，在充分发挥少数民族自身文化传承主体作用的同时，也不能忽视和排斥政府及社会在少数民族文化传承中的重要作用。对于某些人口较少、发展态势总体较弱的少数民族来说，他们自身尚未对本民族文化的价值及所面临的危机有足够清醒的认识，因此要保护和传承好其民族传统文化，还必须要有外力的参与和扶持。

（3）要超越文化推动经济发展的单一向度，从经济社会与人的发展的双向互动中推动民族传统文化的良性开发。在当前开发和保护民族文化资源的过程中，要突破工具理性的思维模式，超越以往单纯将文化视为推动经济社会发展工具的单一思维，以人的发展为着眼点，在经济社会与人的发展的双向互动中，去思考和认识民族传统文化资源的开发。文化就是人化，是人的全面发展的本质所在，对整个社会生活和人的发展起着基础和灵魂的作用。文化作为社会历史发展进程中自然环境及经济、政治等多种因素综合作用下的产物，能够潜移默化地引导人们如何去认识和处理人与自然、人与社会、人与自身的关系，从而对经济社会发展和生态建设产生重大影响。从这个意义上讲，对少数民族风俗、节日、服饰、语言、建筑等方面的研究和利用，不能将之简单地作为经济效益的工具，更应该注重文化内涵的揭示。② 在少数民族文化的开发创造中，应当基于本民族的文化概念系统、意义体系和情感模式来进行，而不应是随意的拼凑杂糅，这是对少数民族文化极不尊重的体现，至于盗用少数民族文化符号进行肆意篡改更是不能被容忍的。对少数民族传统文化资源的保护、传承和发展，不应该是在抽掉其文化信仰和精神内核的状态下，仅仅只作为单纯静止的展示物去艰难地、孤立地谋求生存。而应在建立各民族群众文化自信的基础上，通过参与式活动，在文化展

---

① 崔榕：《新时期少数民族传统文化的开发利用与传承研究——以贵州省为例》，《中南民族大学学报》（人文社科版）2015 年第 5 期。

② 阮金纯、杨晓雁：《云南少数民族文化传承模式及其现代化进程中的困境》，《云南民族大学学报》（哲学社会科学版）2014 年第 3 期。

示者和旅游者之间实现文化的自我欣赏和相互交流。①

（三）要在创新中实现对少数民族传统文化的保护与发展

在保护和发展少数民族文化过程中，还应避免一个认识误区：就是只追求"原汁原味"，认为只有原封不动的展现少数民族文化的原始状态，才是对少数民族文化的保护。这种偏狭的认识只会导致民族文化传承发展的道路越走越窄。必须看到，对少数民族传统文化的保护，绝不是简单地将之作为一种物质化形式静态地"抢救性"典藏下来，也不应该谋求创建一个与世隔绝的、充满异邦想象的文化孤岛。文化是在现实生活中通过文化实践者的不断创新而实现发展的。②历史上任何一个民族想要实现更好的发展，文化就必须不断创新而非停止不前。

因此，应当以"扬弃"的态度来传承和发展少数民族文化，既要对民族文化遗产进行合理的取舍，摒弃其中过时陈旧的文化成分，激活其中适合现代发展要求的文化内涵，并赋予其新的时代价值，以实现少数民族文化的现代转型；同时也要通过深化不同文化间的交流合作，加强对话，互学互鉴，推进文化共同发展。世界是一个整体，文化也是相互影响多元共存的，与世隔绝的文化必然会因封闭而失去活力乃至衰落消亡。"一个国家，一个民族，它的文化体系是整合了不同的文化特质，那么，其文化体系就愈丰富，愈有生命力，而一个文化体系愈丰富，愈有生命力，它的整合力就愈强。无整合能力的文化，则是脆弱的，经不起历史挫折的。"③历史的发展进程充分证明，任何一种文化都只有在学习借鉴和吸收其他文化精华的基础上才能实现自身的发展，保持强大的生命力，一味排斥所有外来文化，并不是对民族文化的真正保护。只有秉持海纳百川、开放包容、吸收借鉴的态度，才能真正实现民族传统文化的丰富和发展。

此外，民族文化的保护和发展还要注重其内容形式和传播方式的创

---

① 王建民：《扶贫开发与少数民族文化——以少数民族主体性讨论为核心》，《民族研究》2012年第3期。

② 王克修：《将文化保护与扶贫开发联系起来》，《贵州民族报》2016年1月8日。

③ 邓光平、周鸿：《西南民族地区现代化：传统与现代的文化整合》，《广西大学学报》2007年第4期。

新。少数民族文化资源相对丰富，有着较为广阔的开发前景。但也必须注意生产工艺和技术手段的不断创新，否则也难以取得突破性的发展。这就要求在民族传统文化资源的开发上，要合理地利用和结合现代科学技术手段，将科技、民族文化与创意三者有机结合，就可以有效提升少数民族文化资源的内在张力和外在传播力，甚至会产生意想不到的效果。在传播方式上，可以充分挖掘当前互联网平台的强大功能来更好地传播少数民族文化。不断创新文化样式和丰富文化载体，增强少数民族文化的吸引力、影响力和感染力。

第三节　社会建设优先发展的政策建议

坚持民族地区社会建设优先发展，实际上体现的是以人为本、富民优先的基本价值取向。由此，在相应政策的制定上就不能单纯以经济增长为政策目标，而应当基于增进民族地区群众个人福利的出发点，通过政策引领，不断创造条件，改善民族地区人文社会环境，提高社会发育程度，为民族地区群众提供更多提升个人能力、增加个体发展的空间和机会，为最终民族地区现代化的实现打下良好的社会基础。

一　尽快调整政府的投资领域和投资重点

要优先推进民族地区社会建设，率先缩小在社会发展领域中民族地区与汉族较发达地区之间的差距，意味着政府投资的领域和重点要进行一个新的调整。必须更多地向教育、医疗、基础设施及人力资源开发等与人的直接需求密切相关的方面倾斜和转移。通常来说，国家投资对落后地区开发具有重要的导向性作用。从几十年来政府对民族地区的资本投资方向来看，在以往传统的发展模式下，投资多集中于资源密集型产业和资本密集型产业的发展，而投资于知识密集型产业、劳动密集型产业的资金则明显不足。包括西部大开发十多年来，仍然保持了这种传统的发展思路。政府投入的大量资金，仍主要集中在民族地区资源密集型产业的开发利用上。在这种以资源开发为主的大规模投资下，尽管民族地区经济实现了较高速的增长，但由此所形成和延续的重化工业为主的产业结构并不能产生较高的就业效应；城乡居民收入水平虽有大幅度提升，但自我发展能力不强。总体上仍然是一种外生的、粗放的、投资驱动型的经济增长方式。根据相关统计资料计算表明，民族地区资源密集型产业、资本密集型产业的就业—资本系数为 0.0801 和 0.2119，分别只相当于内地汉族聚居地区、全国平均水平的 63.12%、68.35% 和 66.99%、66.41%；劳动密集型产业、知识密集型产业的就业—资本系数为 4.7154 和 0.8066，劳动密集型产业就业—资本系数高于内地汉族聚居地区和全国平均水平，知识密集型产业就业—资本系数略低于内地汉族聚居地区和全国平均水平。[①] 这表明大量投资于民族地区资源密集型产业和资本密集型产业，虽投入资本多，但能吸纳的劳动力却相对较少。相反，能够吸纳较多劳动力、有利于保护民族文化、能带动少数民族自我发展能力提升的劳动密集型产业和知识密集型产业投资却相对较少。其结果就是易于造成民族文化多样性丧失和资源环境的破坏。为此，应积极改变传统发展路径下的政策方向，对民族地区的产业投资领域和产业发展重点进行有针对性地调整。

（一）中央政府应积极调整对民族地区的产业投资领域

应从对竞争性产业、盈利性行业投资逐步转向对广大少数民族群众优先受益的公共服务领域投资，从对资源开发、资本密集型产业投资转向对人力资源的投资、改善生活条件设施的投资，特别是加大对教育、医疗卫生等领域的投资力度，改善投资结构。把提高民族地区人力资源的身体素质、文化素质、技术技能放在首要考虑的位置。真正投资于人民，使广大农牧民等社会弱势群体优先受益。以使民族地区获得自我发展、内生发展的能力。应把教育发展状况作为优先考量的指标，作为对政府考核的重要依据，在规划上、教育投入上以及教育资源配置上优先安排。争取在"十三五"时期，使民族地区的教育投资在稳定实现普及九年义务教育基础上，实现高中教育的普及。同时加强民族地区的职业技术教育体系建设，在提高劳动者平均素质的同时，更加重视适应市场

---

① 温军：《民族与发展：新的现代化追赶战略》，博士后研究报告，清华大学，2001 年，第 142 页。

需求的劳动力技能水平培训，把技能劳动力的比例提高到15%以上。① 这样才能使民族地区的人力资源更加平等地获得公平参与竞争的机会，从而实现民族地区包容性增长和现代化发展。

（二）政府应逐渐改变建设项目的投资重点

投资重点应当从追求缩小民族地区与内地发达地区的经济发展差距，转向追求缩小社会发展差距。因此，项目投资不应再简单地以经济效益、经济产出为考量依据，而要以社会效益以及对民族地区群众生活改善的程度为考量依据。当前，是对于那些能够直接改善民族地区群众生活质量和水平的设施建设以及对于提升民族地区群众适应现代发展要求的素质、能力方面的项目建设、有利于增强其未来选择机会的项目建设，应加大投资。包括民族地区基层农村特别是边远农牧区最迫切需要的道路交通项目建设、安全饮用水项目建设、小型水利项目建设、能源电网项目建设、农村综合文化站等文化惠民项目建设，以及那些既有利于环境保护、又有利于民族地区群众增收的一些生态项目建设，都应作为今后政府建设项目的投资重点，加大投资力度。

二 制定有民族特色的产业发展政策

广阔的地域环境、多样的自然条件，以及悠久的人文历史和独特的民族风情，共同孕育了民族地区丰富多样的生物资源和多姿多彩的民族文化资源。这为民族地区推动产业结构转换升级，发展民族特色经济，创造了极为有利的条件。立足于民族地区的基本区情，利用丰富的"生物多样性、民族多样性"的优势，建立本土化的民族特色经济，构筑具有民族特色、区域特色的产业结构体系②，这是民族地区加快发展的关键。

长期以来，民族地区产业发展政策的制定，多是依据比较优势原则而构筑的区域产业发展政策，基本与国家宏观指导一脉相承，但在体现

---

① 郑长德、钟海燕：《"十二五"时期推进民族地区实现全面小康的基本思路与政策建议》，《西南民族大学学报》（人文社会科学版）2015年第1期。
② 温军：《民族与发展：新的现代化追赶战略》，博士后研究报告，清华大学，2001年，第144页。

少数民族和民族地区的自身特点与条件上明显不足，从而难以真正带动民族地区发展。当前应尽快制定既符合民族地区发展实际、体现少数民族特点，又能将少数民族经济纳入民族地区城市化以及现代化发展进程的产业政策。尤其是当前，有必要结合加快转变经济发展方式这一中国经济社会领域的深刻变革，通过产业发展政策的适时调整，一方面积极推进民族地区的产业转型，逐步淘汰那些高污染、高耗能的产业；另一方面加快进行民族地区产业升级，突出民族地区特色，因地制宜，发展特色优势产业。产业发展政策的制定应重点围绕以下特色优势产业而展开：

（一）大力扶持能带动农牧民致富的特色农牧业发展

随着当前城乡居民生活条件的不断改善，人们越来越追求更高的生活品质，对农产品在营养功能、保健功能等方面的个性化需求日益提高。市场上越是个性化、有特色的农产品越容易受到人们的青睐。而独特的地理环境和自然条件，使民族地区的农牧业发展独具特色。如新疆、河西走廊和陇东地区，具有特色瓜果生产的优势；新疆还是全国有名的特色棉花产区；云南元谋、甘肃河西走廊、青海河湟谷地、西藏—江两河地区则有很好的条件发展反季节蔬菜和人工驯化栽培野菜；新疆、宁夏、甘肃等地受污染程度低、气候适宜，很适宜搞设施农业，建无公害蔬菜生产基地；此外，很多民族地区还是我国中草药原料和中成药的主产地，今后如能提高加工力度，突出特色，还能进一步使民族地区的中草药生产获得一个更大的发展。

今后应制定相应的产业扶持政策，大力鼓励和支持民族地区特色农牧业的发展，重点培育特色林果业、畜牧业、经济作物等新兴支柱产业，开拓水土保持型生态农业、特色农业及其加工业，以特色资源型产业带动地方经济发展，帮助少数民族群众致富。对符合产业政策、能较好地引领和带动当地经济发展的项目，应在项目审批、核准、备案等方面加大支持力度。可以有针对性地在特色农产品优势产区内建设一批生产示范区，积极改善其生产设施及条件，提升技术水平，进行产业化生产，以发挥相应的带动和辐射作用，提高市场竞争力，形成区域特色名牌产品。此外，还要采取资金扶持、税收优惠等政策鼓励发展特色农产品加工业，使其产业链向纵深方向发展，争取开发出特色农产品在营养、保健和药用等方面的多种功能，最大限度地挖掘特色农产品增值潜力，带动当地群众致富。

同时，在推动民族地区特色农牧业发展上，抓好民族地区生态农业建设也是一个新思路。通过健全和完善生态农业的有关配套政策、措施，使生态农业发展逐步走上规范化轨道。一方面充分利用民族地区独特的传统生态农业的技术和经验，另一方面还要将传统生态农业技术与现代生态农业技术有机结合起来，依靠科技进步，不断提高农业产品附加值和竞争力。① 把生态农业建设与农牧民等的增收结合起来，提高农业综合生产能力。例如广西恭城瑶族自治县，近年来在实践中成功走出了一条"养殖—沼气—种植—加工—旅游"五位一体的现代生态农业模式的新路子。同时，将恭城特有的文物古迹、饮食习惯、当地淳朴好客的民风等极富民族特色的因素有机融入生态旅游中，为当地生态农业的开发建设增添了无穷的魅力，使瑶乡的民族特色和生态旅游建设达到了完美的结合。②

（二）以政策扶持推动民族地区发展"旅游+文化+生态"的生态旅游业

旅游业是公认的朝阳产业、无烟产业，对环境压力小。旅游业作为第三产业的大项，具有很强的关联带动作用和"脱贫功能"。不仅能直接带动交通、游览、住宿、餐饮、娱乐、购物等相关行业发展，而且还能对农业、工业、城建、文化、体育等行业发展起到间接地推动和影响作用。从环境保护与经济发展的关系上看，旅游业是与环境保护、生态建设冲突最少、目标最为接近的产业。生态旅游作为一种新兴的健康旅游产品已越来越发展成为当今旅游市场的主流。而我国民族地区自然生态环境等资源丰富，并具有独特的民族文化。这里不仅山地、高原、丘陵、盆地、平原五大地貌齐全，而且旅游地貌发育较为典型，既有地文景观、

---

① 王金叫、梁佳、张静：《加快我国西部地区生态经济发展的对策研究》，《生态经济》2013年第6期。

② 陈蜀花：《少数民族地区生态旅游评价指标体系构建与应用研究——以广西恭城县为例》，《科技创业家》2013年第3期（上）。

水系景观、生物景观及自然保护区等自然资源，又包含宗教文化、民俗风情等人文资源。民族生态旅游能够实现集欣赏风景、研究野生生物、感受民族文化、普及环保知识于一体，是一种维持生态平衡又独具文化特色的旅游形式。[①] 因此，发展具有民族地方特色的"旅游＋文化＋生态"的现代旅游业不仅是民族地区人与社会、人与环境和谐发展的需要，也是最适宜少数民族地区发展的一种产业经济形式，是少数民族群众脱贫致富的有效途径。并且，从实践来看，生态旅游业对生态农（林牧）业产业链和生物药业链的带动作用也已大见成效。因此，大力发展民族地区旅游、文化、生态相结合的现代旅游业，是当前推进民族地区现代化的一个可行选择。当前不少民族地区已经在这方面进行了一定的探索。如广西阳朔，以家喻户晓的刘三姐文化为品牌，将美丽的故事传说与现代的光电技术和舞美设计巧妙结合，打造了"印象刘三姐"的大型实景演出节目，极具震撼效果，在国内外产生了巨大影响，极大带动了阳朔县域经济发展；云南随之也推出了"印象丽江"等与当地纳西族文化紧密结合的旅游演出项目，使人文资源型经济发展模式取得了成功。[②]

在推动民族地区发展"旅游＋文化＋生态"的生态旅游业的过程中，始终要牢记生态旅游是将保护环境作为第一要义的一种旅游形式，对民族地区生态旅游业的开发必须把保护环境放在首位。同时还要将保护民族人文历史遗产作为重点，在推进经济发展的过程中尽可能地保留民族文化与特色。当然，生态旅游的开发还需要兼顾当地少数民族群众的脱贫致富问题。在开发中应充分利用当地资源、文化和产业发展优势，做好生态旅游产品的开发、加工和营销，打造出既体现生态特征、又凸显民族特色、还具有文化内涵和价值的特色产品，不仅能够满足现代游客多样化的心理需求和物质需求，也能给当地群众带来实实在在的收益，有利于富民增收。但同时，要避免过度商业化、低俗化，避免民族文化

[①] 宋加山：《民族地区生态旅游开发条件及策略研究》，《西南民族大学学报》（人文社科版）2015 年第 5 期。

[②] 王金叶、梁佳、张静：《加快我国西部地区生态经济发展的对策研究》，《生态经济》2013 年第 6 期。

的失真,在全面提升民族地区的生态旅游品质的同时,实现可持续发展。①

对于当地政府部门而言,应做好相应的顶层设计,制定出符合本地实际和特点的旅游产业发展战略,以加强对民族地区生态旅游开发的指导与扶持。从目前民族地区生态旅游业的发展现状看,很多地方相关的旅游配套服务设施建设还很不到位,尚未形成吃、住、行、游、购、娱乐等有机衔接的配套体系,许多景点的价值尚未得到深入开发和有效利用。在开展生态旅游的广告宣传方面,还没能宣传到位,没有将生态旅游同时也是环境学习的信息传播给旅游者。同时民族地区生态旅游开发对当地人力资源要求较高,需要包括导游在内的旅游服务人员不仅要具备旅游知识,也要熟悉当地民族文化和民俗、更要具备相应的生态知识、管理知识等。因此政府部门无论在资金上、政策上、还是教育培训上,都应加大支持力度,注重培育符合现代旅游业发展需求、具有多层次、多领域知识的综合性人才,以提高民族地区生态旅游的服务能力。

(三) 推动发展具有民族和地域特色的文化产业

当今时代,文化产业作为一种新的经济形态正在强劲崛起,文化产业所产生的巨大经济价值也越来越被更多的人所认同。而民族地区本身也具有发展文化产业的极为丰富的文化资源。发展具有民族特色和地域特点的文化产业不仅能够增加民族地区文化产品与服务供给,满足少数民族群众日益多样的文化消费需求,也有利于实现民族地区丰富多样的自然与文化资源的合理开发与利用,以带动民族地区经济社会发展。② 近些年,各民族地区也都陆续出台了符合区域发展实际的文化产业支持政策,如《云南省"十二五"时期文化改革发展规划纲要》《贵州省文化产业振兴规划》《内蒙古自治区民族文化大区建设纲要》《宁夏文化产业发展"十二五"规划》等。在政府政策的引导下,民族地区凭借丰富的文化资源大力推动文化产业发展,取得了一定的成绩。"2001—2008 年,

---

① 宋加山:《民族地区生态旅游开发条件及策略研究》,《西南民族大学学报》(人文社科版) 2015 年第 5 期。

② 李丽娜:《文化多样性视域下我国少数民族文化建设研究》,博士学位论文,辽宁大学, 2014 年,第 75 页。

我国少数民族地区文化产业年均增长率皆超过 GDP 的增长，平均达到 27.5%，宁夏最高达到 68.3%"，"2008 年，我国少数民族地区文化产业 0.27% 的就业人口实现了 0.4% 的产值，其中贵州 0.14% 的人口完成了 0.52% 的产出"①，充分展示了民族地区文化产业发展的影响力。但与东部较发达地区相比，民族地区文化产业发展基础薄弱、起步较晚、专业化程度和规模不高，文化资源整合不足，产业竞争力不强，这些都在一定程度上制约了我国少数民族文化产业的进一步发展。据上海交通大学 2012 年发布的《中国文化产业发展指数报告》数据显示，我国民族地区"十一五"期间除云南省文化产业增加值占 GDP 的比重超过全国平均水平，达到 5% 以上外，新疆、内蒙古、宁夏、青海、贵州、西藏等省（区）均低于全国总体水平。②

当前应当把民族地区文化产业的建设和发展放在重要位置加以推动。政府有必要设立专项的民族地区文化产业发展资金，用以扶持民族地区的文化基础设施建设和文化专业人才培训；继续实行减免税收、贷款优惠等鼓励和支持民族地区文化产业发展的相关配套政策。各民族地方政府也需要确定更为具体的产业振兴政策，进行分类指导。同时政策制定上要注重促进文化产业与旅游业、高科技行业、金融业、制造业等相关产业的深度融合。同时，还应大力推动文化产业政策创新，通过优惠的投资政策、良好的投资环境，积极鼓励、支持和引导民间资本通过多种方式如建立文化活动场馆、兴办文化产业、结对帮扶、评比表彰等，参与到民族地区文化建设中来。在文化产业的发展上，要注重文化产品的品牌化建设，通过对品牌的准确定位和形象塑造，经适当方式的策划和推广，逐渐形成品牌效应，以达到被更多消费者接受和认可的效果，以提高文化产品附加值。同时，还要努力提升民族地区文化产业的创意设计水平，以不断创新的思维和全球化视野引领民族特色文化产业走向国际市场，推动文化产业成为引领民族地区全面协调发展和产业结构升级

---

① 熊正贤、杨艳辉：《中国少数民族地区文化产业发展方式转变研究》，《民族学刊》2011 年第 1 期。
② 孟来果：《我国西部民族地区文化产业发展对策研究》，《学术交流》2013 年第 8 期。

的战略性支柱产业。①

（四）引导民族地区资源型特色产业向生态化转型

资源要素是经济活动的基础。而丰富的能源和矿产资源一直以来是民族地区的优势所在，也是民族地区第二产业得以迅速发展的主要立足点，并以此为基础形成了各具特色的优势产业。如新疆的天然气产量居全国首位，内蒙古稀土保有储量居世界首位，煤炭储量居全国第二，天然气资源也相当丰富，青海为最大钾肥生产基地等。然而由于民族地区技术水平整体落后，产业发展上多以能源、采掘、原材料工业为主，技术含量低，多以粗加工工业为主，深加工工业所占比重偏少。总体上，产业链条短、附加值少、资源利用率低、且"三废"排放严重，其粗放式的增长对环境造成了严重破坏，不利于民族地区的生态保护和绿色发展。而且目前市场低迷、价格低位。显然，在产业长远发展的内在需求和当前我国"新常态"外在环境的倒逼下，一方面要通过调整、改组和改造，在现有资源型产业基础上淘汰落后工艺和生产能力，关闭那些浪费资源、技术落后、污染严重、质量低劣的企业；另一方面，要求资源型特色产业必须实现生态化转型，即产业活动要转向"资源—产品—再生资源—再生产品"的良性循环方式。这就需要通过相关政策的制定，如可以制定技术创新的补贴和奖励政策等，对民族地区资源型企业中所取得的自我创新成果，特别是具有产业应用意义的技术创新进行补贴和奖励，以引导民族地区的资源型企业努力克服体制缺陷、技术瓶颈等方面的困境，推进相应的技术改造，延伸产业链，逐步向深加工工业推进，进而提高经济效益和生态效益。在产业链前端的设计、研发环节，可以充分利用国家对民族地区"对口支援"的扶持政策，鼓励东部核心企业为基地进行"精准技术扶贫"，解决特色产业技术难题；另一方面，抓住产品项目的导向（比如低脂、低糖型清真食品），加强与国家重点科研机构和高校（比如中国食品发酵研究院、中国农业大学等）的合作，组建

---

① 李丽娜：《文化多样性视域下我国少数民族文化建设研究》，博士学位论文，辽宁大学，2014年，第75—94页。

技术研发创新团队，实施重大科技专项进行"精确"技术攻关。① 以培育和提高其产业竞争力与经济社会发展后劲。

三 加大对民族地区的财政支持力度，并适当调整财政支出结构

（一）切实增加对民族地区的财政转移支付力度

基本公共服务事业的发展是当前民族地区社会建设的首要任务，是民族地区寻求发展的现实突破口，也是实现我国小康社会建设目标的一项重要内容。但就民族地区的自身财力状况来看，其社会建设的推进常常处于资金乏力的窘境。正如在上一节中所分析的，由于自然历史及发展基础薄弱等多方面因素制约，民族地区在社会建设特别是基本公共服务的供给上，存在着供给成本高、需求范围广、而自身财政收入规模偏小，供给能力严重不足等一系列困境。因此，民族地区社会建设事业的发展还必须要借助国家财政的大力支持。

从目前来看，财政转移支付作为当今各国较为通用的一种财政管理方式，是缩小地区间财力差距、均衡基本公共服务配置、实现基本公共服务水平均等化的重要手段。在我国《民族区域自治法》第六十二条中明确规定："随着国民经济的发展和财政收入的增长，上级财政逐步加大对民族自治地方的财政转移支付力度。通过一般性财政转移支付、专项财政转移支付、民族优惠政策财政转移支付以及国家确定的其他方式，增加对民族自治地方的资金投入，用于加快民族自治地方经济发展和社会进步，逐步缩小与发达地区的差距。"十八届五中全会也强调要"加大对民族地区的转移支付"。因此，进一步加大对民族地区的财政转移支付力度，这是保障其社会建设事业取得较大发展的一个重要手段。

现阶段，中央对民族地区的财政转移支付主要包括四种类型。其一是中央对地方的税收返还，这是比较固定的、年年都有的经常性收入返还；其二是一般性转移支付，是为均衡各地区的财力差距，由中央财政对财政实力薄弱地区给予一定的补助，以弥补其财力缺口。属于一种均

---

① 郭景福、师颖新：《"新常态"下民族地区特色产业如何实现转型升级》，《中国民族报》2016年3月26日。

衡性转移支付；其三是专项转移支付。主要是为实现特定的宏观政策及事业发展战略目标，以及对委托地方政府代理的一些事务进行补偿，由中央财政专项设立的补助资金；其四是民族地区转移支付。这是为配合西部大开发的实施，在2000年设立的专门针对民族自治地方进行的优惠政策性转移支付。当前来看，有必要从以下几个方面加大对民族地区的财政转移支付：

（1）增加民族地区转移支付的比例。在上述四类转移支付中，第四类即民族地区转移支付是整个转移支付体系中最能体现对民族地区优惠性、倾斜性的一种财政支持方式，在均衡区域基本公共服务差距上的效果也最为明显。但目前的现实状况却是，尽管近几年中央财政对地方的民族地区转移支付额度在不断增长，但总体上这一类转移支付在民族地区所获得的转移支付总额中占比仍是最小，仅为1.5%左右，所能发挥的实际效应也相对有限。[1] 为真正体现帮助民族地区发展经济社会事业的设立初衷，专家建议应当按照各民族地区的总人口、财政困难程度以及民族地区所承担的民族事务情况等因素进行测算，增加民族地区转移支付的额度，逐步提高其在整个转移支付总额中的比重，使之达到较为合理的区间，以支持自治地方政府有效完成所承担的民族地区特殊事权，解决好民族地区特殊事务，逐步缩小与发达地区的差距。[2]

（2）提高民族地区一般性转移支付系数。一般性转移支付的设立初衷主要是为平衡各地区的财力差距，以促进基本公共服务均等化。考虑到民族地区基本公共服务供给和需求的特殊性，加上本身还承担许多额外的特殊事权，如维护边疆安全与稳定支出、调处民族矛盾、维护民族团结等方面的支出，以及作为生态环境保护重点区域等方面的支出等等，行政成本较高，相应的机构设置和人员配备也高于非民族地区。故应在综合考虑这些特殊因素的基础上，核定民族地区标准财政支出和确定转移支付系数，客观反映民族地区相对较高的成本，以完善成本支出差异

---

[1] 李德英：《民族地区财政转移支付制度的完善》，《人民论坛》2013年第8期。
[2] 魏后凯、成艾华、张冬梅：《中央扶持民族地区发展政策研究》，《中南民族大学学报》（人文社会科学版）2012年第1期。

体系。

（3）整合专项转移支付。专项转移支付属于一种有条件拨款，其拨付是基于特定的政策目标或为促进地方设置或增加某些项目的支出，而拨给地方政府用于特定用途的补助资金。通常规定有严格的使用方向，且附加有配套比例及其他各种要求。当前，中央对民族地区的专项转移支付种类多、规模大且不固定，专项转移支付资金的管理也较为分散，条块分割，使用中存在一定的浪费现象；加上专项转移支付的预算管理不透明，部分专项资金分配不及时，层层滞留，资金使用效益不高；部分专项转移支付要求地方要拿出较高的配套资金，对地方财政构成了不小的压力；同时，专项转移支付资金通常都要求有明确的使用方向，但现实中因民族地区自身有限的财力，面对各方面快速增长的支出需求，挤占、临时挪用上级补助的专项资金现象也时有发生。因此，建议对当前的各项专项转移支付进行有效整合，可将部分针对民族地区的专项转移支付转化为一般性转移支付，使民族地区具有更充分更自主的支配权。① 这样既避免了实践中的一些问题，又可以增加转移支付资金的使用效率。当然，必须要建立规范、透明、合理的分配机制和长效机制，并加强监督检查和绩效评估，以防被截留、挪用，真正提高其使用效果。

（4）提高民族地区税收返还的基数和比例。在我国现有的转移支付体系中，税收返还是其中最主要的一类，所占比例较大。税收返还主要以地方上缴中央的税款为来源，地方上缴的税收越多，那么享有的税收返还就越多。显而易见，对一些较发达地区来说，其税收资金多，所享受的税收返还也就多。而民族地区，本身经济发展水平落后，税收资金少，得到的税收返还也就少。从财政部"2015 年中央对地方税收返还和转移支付分地区预算汇总表"的数据情况看，2015 年广东省税收返还预算金额为 477.66 亿元，而一些少数民族地区，例如青海，税收返还只有 18.06 亿元，相差 26 倍多。② 这一制度设计得不合理，源于最初分税制改

---

① 段晓红：《促进民族地区财政均衡的转移支付制度探析》，《中南民族大学学报》2012 年第 5 期。

② 《2015 年中央对地方税收返还和转移支付分地区预算汇总表》，中华人民共和国财政部预算司网站，http://yss.mof.gov.cn/2015czys/201503/t20150324_1206398.html。

革起点的制约，主要考虑的是各地区的既得利益，是以税收来源地的税收为基础来进行分配的。这种制度既与中央政府特定的宏观调控目标无关，也未与均等化目标相联系，实际上是固化了延续多年的不合理的利益分配格局。[1] 从某种程度上讲，目前的税收返还甚至呈现出一定的逆均等化效果，扭曲了政府之间的分配关系。当然，考虑到改革的渐进性和可行性，现阶段完全取消税收返还无疑还很不现实。但基于均等化的考虑，可以先适当提高民族地区税收返还的基数和比例，待条件成熟后，再进一步予以调整。[2]

(二) 调整民族地区财政支出结构，增加社会公共服务支出比重

通常而言，财政支出结构是与政府服务的类别相对应的。政府服务一般划分为经济性服务、社会性服务、政府一般性服务。由此财政支出从结构上也相应分为经济建设支出、社会公共服务支出、政府一般性服务支出三类。其中，经济建设支出是指用于经济发展方面的支出，通常是生产性支出，主要包括基本建设支出、支持企业发展支出和支农支出；社会公共服务支出是指促进社会事业发展、增进国民社会保障和社会福利而发生的费用，主要包括教育支出、医疗卫生支出、科技支出、文化支出、社会保障支出、生态环境支出；政府一般性服务支出是指国家机器为履行其职能、保证其正常运转而发生的费用，包括行政支出、公检法司支出、国防支出等等。[3]

一般而言，财政支出结构的演变主要取决于区域经济所处的经济发展阶段，并根据一定时期的发展战略和政策目标以及经济形势发展变化的需要做出灵活调整。从当前民族地区经济结构调整的角度来看，人力资源的培育和储备、科学技术的发展和进步、基础设施条件的改善等，都是民族地区分工发展和市场繁荣的前提条件，也是民族地区经济结构

---

[1] 稽明：《促进民族地区发展的财政政策研究》，博士学位论文，东北财经大学，2011年，第42页。
[2] 段晓红：《促进民族地区财政均衡的转移支付制度探析》，《中南民族大学学报》2012年第5期。
[3] 稽明：《促进民族地区发展的财政政策研究》，博士学位论文，东北财经大学，2011年，第62—63页。

自演化能力逐步形成的基础性环节。因而，应以促进人的全面发展和公共基础设施的全面改善为财政支出目标，大力推动民族地区社会人文的发展，把民族地区人的发展与经济增长、把帮助民族地区群众脱贫致富和区域经济总量的扩张统筹协调起来。① 即在优先发展民族地区社会建设的总体思路下，财政支出的重点应侧重于加大社会公共服务的支出。应有针对性地向文教、卫生、环保等领域，以及其他非竞争性、非经营性公共投资领域倾斜。首先就是要增加民族地区的教育支出。通过教育和技能培训来改善民族地区人力资源状况，提升其适应现代发展要求的技能与素质，这是当下民族地区最重要的任务之一。毕竟，人力资源的竞争力强弱，是决定区域经济发展成败的关键。其次，还要着力增加财政在医疗卫生、社会保障等公共服务上的支出比重。目前，民族地区的社会保障体系建设还很不完善，统筹范围窄，统筹层次低。民族地区财政有必要加大对当地社会保障体系建设的投入。将改善民族地区公共卫生条件、文化设施和人居条件等作为财政支出的主要方向，以促进民族地区各项民生事业快速发展，加快基本公共服务均等化的实现。再次，进一步加大对非竞争性、非营利性公共投资的支出。这既是公共财政的职责所在，也是由民族地区基础设施总体落后的局面决定的。在现有的经济发展阶段上，在市场经济运行的外部环境下，对于经济基础薄弱的民族地区来说，充分发挥政府作用，加大对基础设施、公共设施、自然垄断行业的财政投入力度显得尤其重要。通过加大投入，可以有效改善民族地区现代化建设的物质基础和条件，为民族地区进一步发展夯实基础。

四 加快民族地区服务型政府的构建

对于现代政府而言，为社会提供公共服务是一种基本的理念和价值追求。我国民族地区大多集"老、少、边、穷"于一体，客观上更需要地方政府把为社会、为公众提供更多更好的公共产品和服务当作政府存在和运行的基本追求。在《全国主体功能区规划》出台后，各省区未来

---

① 李皓：《民族地区经济结构研究》，博士学位论文，四川大学，2005年，第160—162页。

的主体功能已经有了新的更明确的定位。大多被划归为限制开发区和禁止开发区的民族地区，其政府的角色定位、职能作用、运行方式及工作重心都需做出相应的调整和改变。民族地区政府除了要继续发挥好制定方针、统筹规划、筹集资金、政策扶持等方面的重要作用外，在当前日益重要的民族地区教育、医疗、社会保障、环境保护等社会事业的发展上，还需要政府更加主动积极地发挥自身的公共职能，充分运用政府集聚和调动资源的优势，[1] 以更主动的服务意识、服务理念和服务能力，最大限度地为公众提供优质的公共产品。这些都需要大力加强民族地区公共服务型政府的建构，以服务型政府的理念来提升当地政府公共服务的供给能力和供给水平。

现阶段，民族地区在教育、医疗、社保和文化等公共服务供给上以及其他社会事业的建设上还存在明显的不足。从当地政府的角度来分析，其原因可以归结为：一是政府公共服务的供给机制不健全；二是政府公共服务的供给方式单一；三是政府的公共服务决策缺乏应有的群众参与度；四是当地政府对民族地区公共服务的特殊性认识不足。以上状况无不反映出，民族地区政府及公务人员还缺乏应有的服务意识和人本思想，政府行政的透明度和法治化水平不高，政府公共财政支付体系不健全等等。当前迫切需要用服务型政府的理念来重塑民族地区地方政府，才能有效提高当地政府公共服务的效率。[2]

（一）努力转变民族地区政府公务人员的服务理念和工作作风

政府公务人员是公共服务提供过程中的直接主导者，其自身素质和理念直接影响着政府公共服务供给的效率。要通过持续的教育和培训，一方面加强世界观、人生观、价值观教育，提高政府工作人员的思想道德修养；另一方面还要不断强化"民本"观念的教育，使政府公务人员在管理理念上实现由"官本位"向"民本位"的转化，摆正自己的位置，在管理方式上实现由"管理为大"向"服务为本"的转变，真正树立

---

[1] 郑友强：《经济转型过程中民族地区政府作用研究》，博士学位论文，中央民族大学，2011年，第93页。

[2] 党秀云：《民族地区公共服务体系创新研究》，人民出版社2009年版，第61—69页。

"执政为民""以人为本,依法行政"的服务理念。同时要通过严格的制度建设来转变政府机关工作作风。强化责任意识,按照决策、执行、监督相协调的要求,明确和理顺部门职能,确保部门责任落实,目标兑现。此外,还应进一步完善过错责任追究制,建立责任倒查机制,避免权力运行的随意性、主观性,确保各级机关、各级官员能够慎重行使权力,忠实履行职责。做到不失位,不越位,不错位。坚持公开透明原则,进一步规范政务公开、办事公开等制度,确保社会团体、公民个人的知情权,自觉接受群众监督,促进依法行政。健全权力监督机制,从源头上预防各种腐败行为,防止权力滥用。①

(二)大力推进民族地区政府服务方式的创新

建设服务型政府归根结底是为了更高效地向社会和公众提供公共服务,更好地满足人民群众的社会公共需求。这既是现代政府的基本职责,也是民族地区现代化发展对地方政府所提出的现实要求。因此,民族地区构建服务型政府,就是要把关注和改善民生、进一步强化公共服务、加强社会建设放在至关重要的位置上,把如何更好地服务于少数民族群众放在工作的首位。因此,有必要要根据服务对象、服务环境等的不同,在政府服务方式上不断进行创新,以便更好地为少数民族群众提供高效优质的服务。

例如,在各地服务型政府的探索上,很多地方都将"一站式政府"("政务超市")、"代理政府"("服务代理制")作为一种最优的服务方式加以打造。但也正如任维德学者提出的:在少数民族边远农牧区,"流动公共服务"模式也许是比"一站式政府"或"代理政府"等服务形式更适合的一种公共服务供给方式。如果说"一站式政府"模式的优势主要在于能够集中性、一次性地为公众提供便捷的"坐等"服务,"代理政府"模式具有义务性、半主动性和非专业性服务的优势和特征,那么"流动公共服务"则具有主动、灵活、便捷、专业化的优点,是政府主动的、专业化的"送服务"上门,尤其对地处偏远、居住分散、文化知识

---

① 孟必光:《解放思想转变职能,扎实推进边疆民族地区服务型政府建设》,《学术探索》2008年第5期。

水平不高的少数民族农牧民来说更能起到实实在在的作用。从这个角度讲,"流动公共服务"是民族地区探索服务型政府模式的一种创新。而且"流动公共服务"的理念和模式还同样可以适用于教育、科技、文化、卫生、司法等多个专业性较强的公共事务领域。如建立"流动科技服务站""流动图书馆""流动医院""流动法庭""流动警务室""流动剧院"等,可以更好地为少数民族偏远地区提供实地上门服务,从而使偏远农牧区的基层民众可以更便利、快捷地享受到优质高效的科学技术、文化、医疗卫生、公共安全、司法救助、社会保障等公共服务。有助于缩小基本公共服务在地区间、民族间的差距,逐步实现基本公共服务的全国均等化。① 显然,在建设民族地区服务型政府的过程中,类似于这样的政府服务方式的创新,应当成为各地方政府深入思考并着力推进的。

(三)努力建立畅通的公民公共服务需求表达和参与机制

目前民族地区公共服务的供给大多仍属于政府主导型、强制型的供给,广大民族地区群众充分参与和表达自己对公共服务真实需求的渠道和途径尚不够畅通,从而使得政府供给的公共服务与当地群众真正需要的公共服务之间存在一定的不对等,这就难以充分满足民众对公共服务的有效需求和享受。显然,只有当公共服务的对象能够主动有效地参与到公共服务计划中来,公共服务的供给才能真正具有效率,实现应有的效能。"对于某些服务对象而言,参与对于成功地提供服务来说是相当重要的。"② 当前,应通过多种方式努力培育民族地区群众参与公共服务决策的意愿和能力。打破两千多年根深蒂固的封建专制传统对公民主体意识所形成的桎梏,并建立相应的表达和参与机制,逐步改变广大基层群众在参与政治决策上的被动状态,激发公民主体作用的发挥。这在教育落后、公民文化和政治素质普遍较低、长官意志、宗法势力或传统习俗

---

① 任维德:《"流动公共服务"研究论纲——兼论边疆少数民族地区服务型政府建设》,《内蒙古社会科学》2014年第1期。

② [美]B.盖伊·彼得斯:《政府未来的治理模式》,吴爱明译,中国人民大学出版社2001年版,第65—66页。

还有着较大控制作用的民族地区尤为重要。① 地方政府应通过各种教育宣传手段，广泛宣传，帮助民族地区群众了解公共政策制定的程序和过程，了解维护自身权利和利益的途径，并构建多样化的表达和参与的渠道、途径，如相关事项主动面向社会征求意见，也可以召开听证会、进行事项公示等等，增强群众参与度，接受群众监督。形成畅通的表达参与机制，协助公众更主动更充分地进行公共服务供给与需求的意见表达，以保证政府公共服务供给的有效性。

总之，建设服务型政府是当前优先发展民族地区社会建设事业的迫切要求，也是民族地区民主政治建设的必然方向。这也意味着服务型政府的建设必须要围绕民族地区民众的根本利益展开，从政府职能转变、政府机构设置、出台政策等方面来推进相关目标的实施，使政府建设更好地维护和保障少数民族民众的根本利益。

---

① 党秀云：《民族地区公共服务体系创新研究》，人民出版社 2009 年版，第 71—72 页。

结　　语

民族地区的现代化建设是我国整体现代化建设事业不可分割的一个部分。我国要全面建成小康社会，离不开少数民族和民族地区的全面小康。民族地区作为我国集资源富集区、水系源头区、生态屏障区、文化特色区、边疆地区、贫困地区于一身的欠发达地区，其现代化建设既有自身特色和独特优势，也有诸多汉族较发达地区在发展中所不曾遭遇的困难和障碍。由此注定了民族地区的现代化建设必然是一个漫长、复杂而艰巨的过程。这就要求我们在推进民族地区现代化建设事业的过程中，不能盲目复制和模仿汉族发达地区的发展模式和道路，而必须从民族地区的自身实际和区情特点出发，"实事求是、因地制宜，既坚持一定标准，又防止好高骛远，多做打基础、谋长远、见实效的事情，不断增强民族地区的发展后劲"[①]。

就民族地区的现实基础、发展环境和新的约束条件而言，当前民族地区的现代化建设面临着双重任务和使命，即不仅要谋求发展，还要保护生态。这就要求民族地区在选择发展道路的时候，必须改变以往"见物不见人"的传统发展模式，以人为中心，以人的能力素质提升为重点，优先发展社会建设事业，优先考虑缩小民族地区与汉族较发达地区之间的社会发展差距。努力提升民族地区以基础设施建设、文化教育及医疗卫生事业建设等为核心的基本公共服务水平，注重改善民生，重视人力资本投资，帮助民族地区群众改善生活、提高素质，增强他们的自我发

---

① 人民日报评论员：《加快民族地区奔向全面小康的步伐——三论学习贯彻习近平中央民族工作会议重要讲话精神》，《人民日报》2014年10月11日。

展能力，使之在现代社会的激烈竞争中更具竞争力，进而获得更多的生存与发展机会，让各族群众都能切实享受到发展成果；同时，健全和落实民族地区的生态补偿制度安排，使之与精准扶贫有机结合，在保护生态环境的同时，帮助民族地区贫困人口实现脱贫；此外，努力做好少数民族优秀传统文化的保护和发展，以此来带动和增强少数民族群众的文化自觉和文化自信，使其摆脱等靠要的依赖思想，树立起自我发展的信心和动力。只有解决好以上问题，才能把国家的政策动力和民族地区的内生潜力有机结合起来，形成加快民族地区发展的强大合力。这不仅有助于推动民族地区现代化建设加快发展，对于促进和维护社会公平，有效地化解民族矛盾，培育社会信任和合作精神，也都有着极其重要的现实意义。

参考文献

著作类：

1. 曹海英：《中国西部民族地区新型工业化》，中国经济出版社2010年版。

2. 陈达云、郑长德：《中国少数民族地区的经济发展：实证分析与对策研究》，民族出版社2006年版。

3. 陈东林：《三线建设，备战时期的西部开发》，中共中央党校出版社2003年版。

4. 陈庆德：《中国少数民族经济开发概论》，民族出版社1994年版。

5. 《当代中国》丛书编辑委员会：《当代中国的基本建设（上）》，中国社会科学出版社1989年版。

6. ［美］丹尼斯·米都斯等：《增长的极限：罗马俱乐部关于人类困境的报告》，李宝恒译，吉林人民出版社1997年版。

7. 党秀云：《民族地区公共服务体系创新研究》，人民出版社2009年版。

8. 国家民族事务委员会、中共中央文献研究室：《民族工作文献选编》（1990—2002），中央文献出版社2003年版。

9. 国家民族事务委员会经济发展司、国家统计局国民经济综合统计司：《中国民族统计年鉴》（2011），中国统计出版社2012年版。

10. 国家统计局：《中国统计年鉴》（1990），中国统计出版社1991年版。

11. 国家统计局：《中国统计年鉴》（2008），中国统计出版社2009

年版。

12. 国家统计局：《中国统计年鉴》（2010），中国统计出版社 2011 年版。

13. 国家统计局：《中国统计年鉴》（2015），中国统计出版社 2016 年版。

14. 国家行政学院进修部：《主体功能区建设读本》，国家行政学院出版社 2013 年版。

15. 国务院发展研究中心课题组：《主体功能区形成机制和分类管理政策研究》，中国发展出版社 2008 年版。

16. 郝时远、王延中、王希恩：《中国民族发展报告（2015）》，社会科学文献出版社 2015 年版。

17. ［美］H. 钱纳里：《工业化和经济增长的比较》，吴奇、王松宝等译，上海三联书店 1995 年版。

18. 胡鞍钢、邹平：《社会与发展——中国社会发展地区差距研究》，浙江人民出版社 2000 年版。

19. 黄光学：《当代中国的民族工作》（上、下），当代中国出版社 1993 年版。

20. 胡锦涛：《在国务院第五次全国民族团结进步表彰大会上的讲话》（单行本），人民出版社 2009 年版。

21. 高永久：《西北民族地区现代化与可持续发展研究》，兰州大学出版社 2004 年版。

22. ［美］吉尔伯特·罗兹曼：《中国的现代化》，国家社会科学基金"比较现代化"课题组译，江苏人民出版社 2010 年版。

23. 李长亮：《西部地区生态补偿机制构建研究》，中国社会科学出版社 2013 年版。

24. 李丽：《少数民族地区基本公共服务均等化问题研究》，中国经济出版社 2015 年版。

25. 林耀华：《民族学通论》，中央民族大学出版社 1997 年版。

26. 李盛刚：《中国西部民族地区农村发展：基于自我发展能力研究》，民族出版社 2010 年版。

27. 李资源：《中国共产党与少数民族传统文化的保护与发展研究》，人民出版社2014年版。

28. 李资源：《中国共产党民族工作史》，广西人民出版社2000年版。

29. 龙远蔚：《中国少数民族经济研究导论》，民族出版社2004年版。

30. 罗荣渠：《现代化新论——世界与中国的现代化进程》（增订本），商务印书馆2009年版。

31. 《马克思恩格斯选集》第1—4卷，人民出版社2012年版。

32. 《马克思恩格斯文集》第1—3卷，人民出版社2009年版。

33. 马泉山：《新中国工业经济史》（1966—1978），经济管理出版社1998年版。

34. ［美］M. J. 列维：《现代化的后来者与幸存者》，吴荫译，知识出版社1990年版。

35. 戚本超、景体华：《中国区域经济发展报告》（2007—2008），社会科学文献出版社2007年版。

36. 《全国主体功能区规划》（单行本），人民出版社2015年版。

37. 《十六大以来重要文献选编》（中），中央文献出版社2006年版。

38. 施正一：《中国西部民族地区经济开发研究》，民族出版社1988年版。

39. 滕堂伟：《双重视角下的西北民族地区经济发展问题研究》，人民出版社2008年版。

40. 王桂琴、刘秉龙：《民族地区工业化进程的研究》，中央民族大学出版社2007年版。

41. 王存河：《宗教与西部少数民族现代化》，民族出版社2012年版。

42. 卫忠海：《现代化的理论与实践》，四川大学出版社2008年版。

43. 吴晓蓉：《外推与内生：西南民族地区经济生产方式转型与社会文化变迁》，广西师范大学出版社2010年版。

44. ［美］西奥多·W. 舒尔茨：《论人力资本投资》，吴珠华译，北京经济学院出版社1990年版。

45. ［美］西蒙·库兹涅茨：《现代经济增长》，戴睿、易诚译，北京经济学院出版社1989年版。

46. ［美］亚历山大·格申克龙：《经济落后的历史透视》，张凤林译，商务印书馆 2009 年版。

47. 杨润高、李红梅：《限制开发类主体功能区主体行为与发展机制研究——以云南省怒江州为例》，中国环境科学出版社 2012 年版。

48. 杨云：《西部民族地区经济跨越式发展研究》，民族出版社 2007 年版。

49. 姚慧琴、徐璋勇：《中国西部发展报告》（2012），社会科学文献出版社 2012 年版。

50. ［美］阿历克斯·英格尔斯：《人的现代化》，殷陆君译，四川人民出版社 1985 年版。

51. 岳天明等：《中国西北民族地区经济与社会协调发展研究》，中国社会科学出版社 2009 年版。

52. 张培刚：《新发展经济学》（增订本），河南人民出版社 1999 年版。

53. 张庆安：《中国民族地区经济发展与差距问题研究》，中国经济出版社 2013 年版。

54. 张友、庄万禄：《西部民族地区经济发展研究》，民族出版社 2007 年版。

55. 赵德馨：《中华人民共和国经济史（1964—1984）》，河南人民出版社 1989 年版。

56. 郑长德：《中国少数民族地区的后发赶超与转型发展》，经济科学出版社 2014 年版。

57. 郑长德：《中国西部民族地区的经济发展》，科学出版社 2009 年版。

58. 中国科学院国情分析研究小组：《民族与发展——加快我国中西部民族地区社会经济发展研究》，辽宁人民出版社 2006 年版。

59. 朱金鹤、崔登峰：《以限制开发为主的边疆地区主体功能区建设研究》，中国农业出版社 2013 年版。

60. ［美］朱利安·林肯·西蒙等：《没有极限的增长》，黄江南等译，四川人民出版社 1985 年版。

期刊类

1. 蔡云辉：《论限制开发区的经济突破发展》，《长白学刊》2011年第1期。

2. 陈栋生：《中国西部大开发10年回顾与前瞻》，《云南财经大学学报》2010年第1期。

3. 陈栋生：《历史启迪与思路创新——西部地区工业化的回顾与前瞻》，《上海社会科学》2000年第6期。

4. 陈全功、程蹊：《民族地区的基本公共服务均等化：涵义、现状水平的衡量》，《中南民族大学学报》（人文社会科学版）2008年第5期。

5. 陈映：《西部限制开发区域产业政策探析——以国家层面的农产品主产区和重点生态功能区为例》，《经济体制改革》2013年第5期。

6. 崔榕：《新时期少数民族传统文化的开发利用与传承研究——以贵州省为例》，《中南民族大学学报》（人文社科版）2015年第5期。

7. 丹珠昂奔：《多彩的画卷壮美的交响——我国少数民族文化事业繁荣发展的10年》，《求是》2012年第21期。

8. 邓光平、周鸿：《西南民族地区现代化：传统与现代的文化整合》，《广西大学学报》2007年第4期。

9. 董震源：《外商对中国直接投资的情势及对中国经济发展之贡献》，《中国大陆经济分析》2003年第2期。

10. 段晓红：《促进民族地区财政均衡的转移支付制度探析》，《中南民族大学学报》2012年第5期。

11. 丰子义：《全球化视域中的马克思社会发展理论》，《高校理论战线》2011年第1期。

12. 国家发展和改革委宏观经济研究院国土地区研究所课题组：《我国主体功能区划分及其分类政策初步研究》，《宏观经济研究》2007年第4期。

13. 何传启：《第二次现代化理论与中国现代化》，《世界科技研究与发展》1999年第6期。

14. 胡鞍钢：《社会与发展：中国社会发展地区差距报告》，《开发研究》2003 年第 4 期。

15. 胡鞍钢、温军：《社会发展优先：西部民族地区新的追赶战略》，《民族研究》2001 年第 3 期。

16. 黄健英：《加快基础设施建设促进民族地区经济发展》，《黑龙江民族丛刊》1997 年第 4 期。

17. 黄志勇、苏勇：《西部生态补偿机制创新研究》，《经济纵横》2012 年第 4 期。

18. 洪名勇、董藩：《西部地区重工业发展构想》，《民族研究》2003 年第 4 期。

19. 李成武、李文：《当前我国民族地区社会建设刍议》，《毛泽东邓小平理论研究》2012 年第 9 期。

20. 李德英：《民族地区财政转移支付制度的完善》，《人民论坛》2013 年第 8 期。

21. 李红梅：《民族地区人口现代人格的建构》，《北方民族大学学报》2015 年第 1 期。

22. 李俊杰：《少数民族传统文化中的和谐元素及现代价值——以侗族为例》，《民族论坛》2008 年第 2 期。

23. 林建华、任保平：《主体功能区建设：西部生态环境重建的新模式选择》，《生态经济》2009 年第 2 期。

24. 刘立志、孙启明、韦结余：《西部地区经济可持续发展的关键因素分析》，《国际商务》（《对外经济贸易大学学报》）2014 年第 2 期。

25. 罗洪群、田乐蒙等：《西部民族地区产业发展的结构障碍及调整策略》，《软科学》2012 年第 8 期。

26. 鲁全信、颜俊儒：《文化自觉：推进少数民族文化认同与传承的有效路径》，《贵州民族研究》2015 年第 5 期。

27. 卢淑艳：《历经十年发展　成就今朝辉煌——西部大开发十年发展成就综述》，《中国农村科技》2010 年第 6 期。

28. 马凯：《实施主体功能区战略　科学开发我们的家园》，《求是》2011 年第 17 期。

29. 孟必光：《解放思想转变职能，扎实推进边疆民族地区服务型政府建设》,《学术探索》2008年第5期。

30. 孟来果:《我国西部民族地区文化产业发展对策研究》,《学术交流》2013年第8期。

31. 马骥:《我国地区工业竞争力CIP指数中的异常状况分析》,《南京师大学报》2005年第3期。

32. 马凯:《构筑协调、和谐、可持续的家园——全国主体功能区规划的总体考虑》,《科技与经济画报》2007年第5期。

33. 马宗保、杨文笔:《视角转换与人文生态价值的时代再造——西北少数民族民俗文化中的生态价值》,《中南民族大学学报》2007年第6期。

34. 任维德:《"流动公共服务"研究论纲——兼论边疆少数民族地区服务型政府建设》,《内蒙古社会科学》2014年第1期。

35. 阮金纯、杨晓雁:《云南少数民族文化传承模式及其现代化进程中的困境》,《云南民族大学学报》(哲学社会科学版)2014年第3期。

36. 石翠红:《民族地区人力资源开发的现状及对策研究》,《前沿》2011年第1期。

37. 宋加山:《民族地区生态旅游开发条件及策略研究》,《西南民族大学学报》(人文社科版)2015年第5期。

38. 孙舒景、吴倬:《社会主义先进文化框架内少数民族优秀传统文化的当代价值》,《青海社会科学》2015年第3期。

39. 索晓霞:《少数民族传统文化中积极的文化精神与文化主张》,《贵州社会科学》2003年第4期。

40. 谭振义、赵凌云:《中国西部大开发进程的历史审视》,《云南民族大学学报》2013年第2期。

41. 王川、朱润喜:《内蒙古农村基础设施建设的现状、问题与对策》,《经济论坛》2012年第1期。

42. 王丛霞:《主体功能区划下的西部生态补偿机制研究》,《社科纵横》2010年第6期。

43. 王春业、聂佳龙、陈翠翠:《产业结构趋同背景下的行政地区垄断探析》,《产经评论》2011年第1期。

44. 王鉴、张海：《我国少数民族地区人力资源现状及开发研究》，《西北师大学报》2010 年第 11 期。

45. 王建民：《扶贫开发与少数民族文化——以少数民族主体性讨论为核心》，《民族研究》2012 年第 3 期。

46. 王金叶、梁佳、张静：《加快我国西部地区生态经济发展的对策研究》，《生态经济》2013 年第 6 期。

47. 王青云：《关于我国建立生态补偿机制的思考》，《宏观经济研究》2008 年第 7 期。

48. 王晓鲁：《各省区市场化进程排行榜》，《中国改革》2001 年第 11 期。

49. 王小章：《从"以经济建设为中心"到"以社会建设为重心"》，《浙江学刊》2011 年第 1 期。

50. 王信、尹杞月：《建立西部地区生态补偿机制的对策探讨》，《生态经济》2009 年第 2 期。

51. 王延中等：《加快民族地区小康社会建设的挑战、问题及对策（下）》，《广西民族研究》2015 年第 5 期。

52. 魏后凯、成艾华、张冬梅：《中央扶持民族地区发展政策研究》，《中南民族大学学报》（人文社会科学版）2012 年第 1 期。

53. 魏后凯：《我国西部大开发的成效、问题及思路》，《西南金融》2010 年第 1 期。

54. 魏后凯：《对推进形成主体功能区的冷思考》，《中国发展观察》2007 年第 3 期。

55. 吴家琴：《西部民族地区城镇化进程与经济发展的实证分析》，《统计与决策》2016 年第 3 期。

56. 熊正贤、杨艳辉：《中国少数民族地区文化产业发展方式转变研究》，《民族学刊》2011 年第 1 期。

57. 徐宁、赵金锁：《西部民族地区限制开发区经济发展方式评价》，《甘肃理论学刊》2014 年第 3 期。

58. 许鑫：《十年西部大开发 民族地区大受益》，《中国民族》2009 年第 12 期。

59. 薛品：《十二五时期民族地区社会发展报告》，《青海民族研究》2016年第3期。

60. 杨国安、徐勇：《中国西部城乡收入差距与城镇化的关系检验——以青海省为例》，《地理科学进展》2010年第8期。

61. 杨美玲、米文宝、周民良：《主体功能区架构下我国限制开发区域的研究进展与展望》，《生态经济》2013年第10期。

62. 杨霞、单德朋：《转型期中国民族地区产业结构与就业结构演化实证研究》，《经济问题探索》2013年第2期。

63. 张丽君、张斌：《民族地区生态功能区建设》，《黑龙江民族丛刊》2008年第1期。

64. 张炜、丁静伟：《论民族地区工业化道路选择——关于中国西部民族地区结构转化与经济开发的思考》，《西北民族学院学报》（哲学社会科学版）1992年第3期。

65. 张蕴萍：《西方发展经济学研究述评——兼论发展中国家经济发展战略的变迁》，《理论学刊》2010年第9期。

66. 赵曦、丁如曦：《资源诅咒与中国西部民族地区资源开发机制设计》，《西南民族大学学报》（人文社会科学版）2014年第12期。

67. 郑长德：《西部民族地区工业结构的逆向调整与政策干预研究》，《兰州商学院学报》2011年第6期。

68. 郑长德：《基于新结构经济学视角的民族地区产业结构调整与升级研究》，《西南民族大学学报》（人文社会科学版）2013年第12期。

69. 郑长德、钟海燕：《"十三五"时期推进民族地区实现全面小康的基本思路与政策建议》，《西南民族大学学报》（人文社会科学版）2015年第1期。

70. 者丽艳：《云南少数民族传统文化中的生态伦理观》，《云南民族大学学报》2010年第1期。

71. 周群英、陈光玖：《西部民族地区人力资源结构特点与少数民族人才培养研究》，《贵州民族研究》2014年第8期。

72. 朱金鹤、崔登峰：《新疆农村基础设施建设问题研究——基于公共服务均等化视角》，《石河子大学学报》2011年第2期。

73. 邹建萍：《人的发展与社会发展的内在同一性刍议》，《兰州大学学报》（社会科学版）2010年第2期。

报纸类

1. 郭景福、师颖新：《"新常态"下民族地区特色产业如何实现转型升级》，《中国民族报》，2016年3月26日第7版。

2. 柳建文：《民族地区如何推进新型城镇化》，《中国民族报》2013年9月20日第5版。

3. 纳张元：《文化自信：民族性的坚守与超越》，《中国艺术报》2016年8月25日第3版。

4. 人民日报评论员：《加快民族地区奔向全面小康的步伐——三论学习贯彻习近平中央民族工作会议重要讲话精神》，《人民日报》2014年10月11日第1版。

5. 王克修：《将文化保护与扶贫开发联系起来》，《贵州民族报》2016年1月8日第1版。

学位论文类

1. 边旭东：《我国区域基本公共服务均等化研究》，博士学位论文，中央民族大学，2010年。

2. 稽明：《促进民族地区发展的财政政策研究》，博士学位论文，东北财经大学，2011年。

3. 胡月：《基本公共卫生服务均等化视角下乡镇卫生院公共卫生人力资源配置研究》，博士学位论文，南京医科大学，2014年。

4. 李丽娜：《文化多样性视域下我国少数民族文化建设研究》，博士学位论文，辽宁大学，2014年。

5. 温军：《民族与发展：新的现代化追赶战略》，博士后研究报告，清华大学，2001年。

6. 张秀莲：《我国农村基础设施投入及其影响因素研究》，博士学位论文，南京农业大学，2012年。